高等职业教育汽车制造类专业系列教材

新能源汽车结构原理与检修

主　编　刘福华　康朝国
副主编　宫　涛　江　海
参　编　万光兵　卿　龙　王文慧　罗美琴

中国轻工业出版社

图书在版编目（CIP）数据

新能源汽车结构原理与检修/刘福华，康朝国主编．—北京：中国轻工业出版社，2021.5
高等职业教育汽车制造类专业系列教材
ISBN 978-7-5184-3093-2

Ⅰ.①新…　Ⅱ.①刘…②康…　Ⅲ.①新能源-汽车-构造②新能源-汽车-车辆检修　Ⅳ.①U469.7

中国版本图书馆 CIP 数据核字（2020）第 131457 号

责任编辑：张文佳　宋　博
策划编辑：张文佳　　责任终审：李建华　　封面设计：锋尚设计
版式设计：霸　州　　责任校对：吴大朋　　责任监印：张　可

出版发行：中国轻工业出版社（北京东长安街 6 号，邮编：100740）
印　　刷：三河市国英印务有限公司
经　　销：各地新华书店
版　　次：2021 年 5 月第 1 版第 1 次印刷
开　　本：787×1092　1/16　印张：11.25
字　　数：280 千字
书　　号：ISBN 978-7-5184-3093-2　定价：35.00 元
邮购电话：010-65241695
发行电话：010-85119835　　传真：85113293
网　　址：http://www.chlip.com.cn
Email：club@chlip.com.cn
如发现图书残缺请与我社邮购联系调换
210207J2X102ZBW

前　言

根据新能源汽车市场发展趋势，为了满足技术人才的培养需要，我们组织编写了新能源汽车结构原理与检修方面的教材。在课程教学内容编制方面，我们努力按照“实用”“实操”“实战”要求来设计项目化学习内容，以新能源汽车技术服务职业岗位的关键能力培养为核心点设计教学内容、教学案例，并聘请企业专业技术人员针对新能源汽车技术特点和实践需要进行内容的组织和项目的确定，并融入生产案例于教学内容中，使教材针对性、可操作性更强。

本书共分九个项目，包括新能源汽车结构原理以及常见车型故障检修思路与方法。本书由宜宾职业技术学院刘福华、康朝国任主编，宫涛（宜宾职业技术学院）、江海（长宁县职业技术学校）任副主编，参编的还有万光兵（企业技术人员）、卿龙、王文慧、罗美琴。此外，在教材编写、项目提炼、案例素材等方面，也得到宜宾比亚迪 4S 店服务总监唐华的大力支持，特在此深表感谢。

由于各类电动汽车的发展日新月异和新技术的不断应用，以及作者的水平有限，难免有不足之处，恳请读者指正。

编者

目　录

项目一　新能源汽车的认知

任务一　新能源的认知

任务引入

能源作为支撑人类社会发展的重要支柱，在传统能源面临枯竭窘境的今天，发展新能源产业成为各个国家的重要发展战略。那么，什么是新能源？它有哪些类型？

【任务目标】

了解新能源的定义及类型，知道中国新能源市场的发展现状。

【相关知识】

新能源（NE），又称非常规能源，是指传统能源之外的各种能源形式，指在新技术基础上加以开发利用或正在积极研究、有待推广的能源，包括太阳能、核能、海洋能、风能、生物质能、地热能、氢能等。而已经广泛利用的煤炭、石油、天然气、水等能源，称为常规能源。随着常规能源的有限性以及环境问题的日益突出，以环保和可再生为特质的新能源越来越得到各国的重视。

在中国可以形成产业的新能源主要包括水能（主要指小型水电站）、风能、生物质能、太阳能、地热能等，是可循环利用的清洁能源。新能源产业的发展既是整个能源供应系统的有效补充手段，也是环境治理和生态保护的重要措施，是满足人类社会可持续发展需要的最终能源选择。

一般地说，常规能源是指技术上比较成熟且已被大规模利用的能源，而新能源通常是指尚未大规模利用、正在积极研究开发的能源。因此，煤、石油、天然气以及大中型水电都被看作常规能源，而把太阳能、风能、现代生物质能、地热能、海洋能以及氢能等作为新能源。随着技术的进步和可持续发展观念的树立，过去一直被视作垃圾的工业与生活有机废弃物被重新认识，作为一种能源资源化利用的物质而受到深入的研究和开发利用，因此，废弃物的资源化利用也可看作是新能源技术的一种形式。

1. 太阳能

太阳能一般指太阳光的辐射能量。太阳能的主要利用形式有太阳能的光热转换、光电转换以及光化学转换三种主要方式。广义上的太阳能是地球上许多能量的来源，如风能、化学能、水的势能等都是由太阳能导致或转化成的能量形式。利用太阳能的方法主要有：

太阳能电池，通过光电转换把太阳能转化为电能（图 1-1）；太阳能热水器，利用太阳光的热量加热水，并利用热水发电等。太阳能清洁环保，无任何污染，利用价值高，太阳能更没有能源短缺这一说法，其种种优点决定了其在能源更替中的不可取代的地位。

图 1-1　太阳能发电站

2. **核能**

核能是通过核反应从原子核释放的能量，符合爱因斯坦的方程

$$E=mc^2$$

式中　E——能量；

m——质量；

c——光速常量。

核能的释放主要有三种形式：

(1) 核裂变能。所谓核裂变能是通过一些重原子核（如铀-235、钚-239 等）的裂变释放出的能量。

(2) 核聚变能。由两个或两个以上氢原子核（如氢的同位素——氘和氚）结合成一个较重的原子核，同时发生质量亏损释放出巨大能量的反应叫作核聚变反应，其释放出的能量称为核聚变能。

(3) 核衰变。核衰变是一种自然的慢得多的裂变形式，因其能量释放缓慢而难以加以利用。

• 核能的缺陷：

(1) 资源利用率低。

(2) 反应后产生的核废料成为危害生物圈的潜在因素，其最终处理技术尚未完全解决。

(3) 反应堆的安全问题尚需不断监控及改进。

(4) 核不扩散要求的约束，即核电站反应堆中生成的钚-239 受控制。

(5) 核电站建设投资费用比常规能源发电高，投资风险较大（图 1-2）。

3. **海洋能**

海洋能指蕴藏于海水中的各种可再生能源，包括潮汐能、波浪能、海流能、海水温差能、海水盐度差能等。

这些能源都具有可再生性和不污染环境等优点，是一项亟待开发利用的且具有战略意义的新能源。

（1）海洋能特点。海洋能在海洋总水体中的蕴藏量巨大，而单位体积、单位面积、单位长度所拥有的能量较小。这就是说，要想得到大能量，就得从大量的海水中获得。

图 1-2　核电站

海洋能具有可再生性。海洋能来源于太阳辐射能与天体间的万有引力，只要太阳、月球等天体与地球共存，这种能源就会再生，就会取之不尽，用之不竭。

海洋能有较稳定与不稳定能源之分。较稳定的为温度差能、盐度差能和海流能。不稳定能源分为变化有规律与变化无规律两种。属于不稳定但变化有规律的有潮汐能与潮流能。人们根据潮汐潮流变化规律，编制出各地逐日逐时的潮汐与潮流预报，预测未来各个时间的潮汐大小与潮流强弱。潮汐电站与潮流电站可根据预报表安排发电运行。既不稳定又无规律的是波浪能。

海洋能属于清洁能源，也就是海洋能一旦开发后，其本身对环境污染影响很小。

图 1-3　潮汐发电

（2）波浪发电。据科学家推算，地球上波浪蕴藏的电能高达 90 万亿 kW。海上导航浮标和灯塔已经用上了波浪发电机发出的电来照明。大型波浪发电机组也已问世。中国也在对波浪发电进行研究和试验，并制成了供航标灯使用的发电装置。将来的世界，每一个海洋里都会有属于我们中国的波能发电厂。波能发电将会为中国的电业做出很大贡献。

（3）潮汐发电（图 1-3）。据世界动力会议估计，2020 年全世界潮汐发电量可能达到 1000 亿～3000 亿 kW。世界上最大的潮汐发电站是法国北部英吉利海峡上的朗斯河口电站，发电能力 24 万 kW，已经工作了 30 多年。中国在浙江省建造了江厦潮汐电站，总容量达到 3000kW。

（4）海洋渗透能。如果有两种盐溶液，一种溶液中盐的浓度高，一种溶液的浓度低，那么把两种溶液放在一起并用一种渗透膜隔离后，会产生渗透压，水会从浓度低的溶液流向浓度高的溶液。江河里流动的是淡水，而海洋中存在的是咸水，二者也存在一定的浓度差。在江河的入海口，淡水的水压比海水的水压高，如果在入海口放置一个涡轮发电机，淡水和海水之间的渗透压就可以推动涡轮机来发电。

海洋渗透能是一种十分环保的绿色能源，它既不产生垃圾，也没有二氧化碳的排放，更不依赖天气的状况。而在盐分浓度更大的水域里，渗透发电厂的发电效能会更好，比如地中海、死海、中国盐城市的大盐湖、美国的大盐湖。当然发电厂附近必须有淡水的供给。据挪威能源集团的负责人巴德·米克尔森估计，利用海洋渗透能发电，全球范围内年度发电量可以达到16000亿kW。

4. 风能

风能是太阳辐射下流动所形成的。风能与其他能源相比，具有明显的优势，它蕴藏量大，是水能的10倍，分布广泛，永不枯竭，对交通不便、远离主干电网的岛屿及边远地区尤为重要。风能最常见的利用形式为风力发电。风力发电有两种思路，水平轴风机和垂直轴风机。水平轴风机应用广泛，为风力发电的主流机型（图1-4）。

图1-4　风力发电

风力发电是当代人利用风能最常见的形式，自19世纪末，丹麦研制出风力发电机以来，人们认识到石油等能源会枯竭，才开始重视风能的发展，利用风来做其他的事情。

1977年，联邦德国在著名的风谷——石勒苏益格-荷尔斯泰因州的布隆坡特尔建造了一个当时世界上最大的发电风车。该风车高150m，每个桨叶长40m，重18t，用玻璃钢制成。

5. 生物质能

生物质能来源于生物质，也是太阳能以化学能形式贮存于生物中的一种能量形式，它直接或间接地来源于植物的光合作用。生物质能是贮存的太阳能，更是一种唯一可再生的碳源，可转化成常规的固态、液态或气态的燃料。地球上的生物质能资源较为丰富，而且是一种无害的能源。地球每年经光合作用产生的物质有1730亿t，其中蕴含的能量相当于全世界能源消耗总量的10～20倍，但利用率不到3%。

生物质能（又名生物能源）是利用有机物质（例如植物等）作为燃料，通过气体收集、气化（化固体为气体）、燃烧和消化作用（只限湿润废物）等技术产生能源。只要适当地执行，生物质能也是一种宝贵的可再生能源。

为人类的生产和生活提供各种能力和动力的物质资源，是国民经济的重要物质基础。能源的开发和有效利用程度以及人均消费量是生产技术和生活水平的重要标志。

6. 地热能

地球内部热源可来自重力分异、潮汐摩擦、化学反应和放射性元素衰变释放的能量等。

放射性热能是地球主要热源。中国地热资源丰富，分布广泛，已有5500处地热点，地热田45个，地热资源总量约320万MW。

7. 氢能

• 氢能的优点：

（1）安全环保。氢气相对分子质量为2，密度仅为空气的1/14，因此，氢气泄漏于空气中会自动逃离地面，不会形成聚集。而其他燃油燃气均会聚集地面从而构成易燃易爆危险。氢气无味无毒，不会造成人体中毒，燃烧产物仅为水，不污染环境。

（2）高温高能。1kg 氢气的热值为 34000kcal，是汽油的三倍。氢氧焰温度高达 2800℃，高于常规液气。

（3）热能集中。氢氧焰火焰挺直，热损失小，利用效率高。

（4）自动再生。氢能来源于水，燃烧后又还原成水。

（5）催化特性。氢气是活性气体催化剂，可以与空气混合方式加入催化燃烧所有固体、液体、气体燃料。加速反应过程，促进完全燃烧，达到提高焰温、节能减排之功效。

（6）还原特性。各种原料加氢精炼。

（7）变温特性。可根据加热物体的熔点实现焰温的调节。

（8）来源广泛。氢气可由水电解制取，水取之不尽，而且每千克水可制备 1860L 氢氧燃气。

（9）即产即用。利用先进的自动控制技术，由氢氧机按照用户设定的需要供气，不储存气体。

（10）应用范围广。适合于一切需要燃气的地方。

• 氢能的缺点：

（1）制取成本高，需要大量的电力。

（2）生产、存储难。氢气密度小，很难液化，高压存储不安全。

8. 水能

水能是一种可再生能源，是指水体的动能、势能和压力能等能量资源。

广义的水能资源包括河流水能、潮汐水能、波浪能、海流能等能量资源；狭义的水能资源指河流的水能资源。水能是常规能源，一次能源。水不仅可以直接被人类利用，它还是能量的载体。太阳能驱动地球上水循环，使之持续进行。地表水的流动是重要的一环，在落差大、流量大的地区，水能资源丰富。随着矿物燃料的日渐减少，水能是非常重要且前景广阔的替代资源。世界上水力发电还处于起步阶段。河流、潮汐、波浪以及涌浪等水运动均可以用来发电。可以利用电解水分子和化学分解水分子的方式来得到可燃烧的氢气，它可作为新的、多用途的能源来替代现有的矿物质能源。水分子的分解过程简单易行，投资少见效快。这给水能的综合利用带来了广泛的前景，在地球上，水是一种到处可见的液态物质。通过水的分解装置，制备出氢燃料，可用于汽车、航空航天、热力发电等工业和民用方面，在较大的程度上，缓解了人类对矿物质资源的过分依赖。

任务二　新能源汽车的认知

任务引入

新能源产业的发展如火如荼，中国发展新能源汽车的相关政策有哪些？ 现今新能源汽车在中国的发展现状是怎样的，未来前景如何？

【任务目标】

能正确描述新能源汽车的定义，了解国家相关政策。能说出新能源汽车都有哪些类型，简要叙述各自的优劣。

【相关知识】

1. 新能源汽车的定义

新能源汽车英文为“New Energy Vehicles”，我国 2009 年 7 月 1 日正式实施了《新能源汽车生产企业及产品准入管理规则》，明确指出：新能源汽车是指采用非常规的车用燃料作为动力来源（或使用常规的车用燃料，但采用新型车载动力装置），综合车辆的动力控制和驱动方面的先进技术，形成的技术原理先进，具有新技术、新结构的汽车。

2. 新能源汽车的分类

新能源汽车包括纯电动汽车（图 1-5）、增程式电动汽车、混合动力汽车、燃料电池电动汽车、氢发动机汽车、其他新能源汽车等。

图 1-5　纯电动汽车

（1）纯电动汽车（Blade Electric Vehicle，BEV）是一种采用单一蓄电池作为储能动力源的汽车，它利用蓄电池作为储能动力源，通过电池向电动机提供电能，驱动电动机运转，从而推动汽车行驶。

（2）混合动力汽车（Hybrid Electric Vehicle，HEV）是指驱动系统由两个或多个能同时运转的单个驱动系统联合组成的车辆（图 1-6），车辆的行驶功率依据实际的车辆行驶状态由单个驱动系统单独或多个驱动系统共同提供。因各个组成部件、布置方式和控制策略的不同，混合动力汽车有多种形式。

（3）燃料电池电动汽车（Fuel Cell Electric Vehicle，FCEV）是利用氢气和空气中的氧在催化剂的作用下，在燃料电池中经电化学反应产生的电能作为主要动力源驱动的汽车。燃料电池电动汽车实质上是纯电动汽车的一种，主要区别在于动力电池的

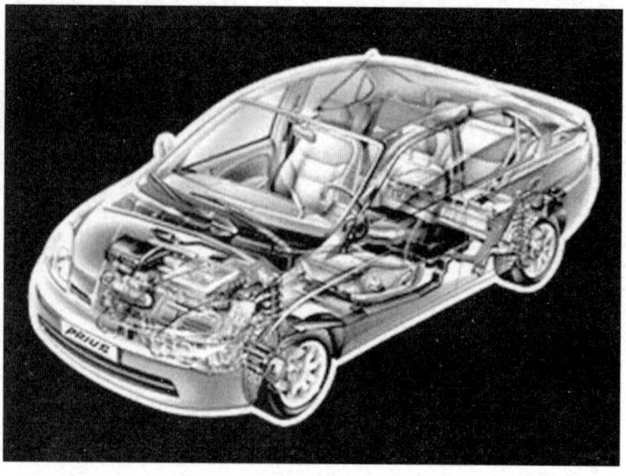

图 1-6　混合动力汽车

工作原理不同。一般来说，燃料电池是通过电化学反应将化学能转化为电能，电化学反应所需的还原剂一般采用氢气，氧化剂则采用氧气，因此最早开发的燃料电池电动汽车多是直接采用氢燃料，氢气的储存可采用液化氢、压缩氢气或金属氢化物储氢等形式。

（4）氢发动机汽车是以氢发动机为动力源的汽车。一般发动机使用的燃料是柴油或汽油，氢发动机使用的燃料是气体氢。氢发动机汽车是一种真正实现零排放的交通工具，排放出的是纯净水，其具有无污染、零排放、储量丰富等优势。

（5）其他新能源汽车包括使用超级电容器、飞轮等高效储能器的汽车。目前在我国，新能源汽车主要是指纯电动汽车、增程式电动汽车、插电式混合动力汽车和燃料电池电动汽车，常规混合动力汽车被划分为节能汽车。

3. 新能源汽车的主要特点

（1）混合动力汽车。

• 优点：

① 采用混合动力后可按平均需用的功率来确定内燃机的最大功率，发动机尺寸相对较小，此时处于油耗低、污染少的最优工况下工作。由于内燃机可持续工作，电池又可以不断得到充电，故其行程和普通汽车一样。

② 因为有了电池，可以十分方便地回收下坡时的动能。

③ 在繁华市区，可关停内燃机，由电池单独驱动，实现“零排放”。

④ 有了内燃机可以十分方便地解决耗能大的空调、取暖、除霜等纯电动汽车遇到的难题。

⑤ 可以利用现有的加油站加油，不必再投资。

⑥ 可让电池保持在良好的工作状态，不发生过充、过放，延长其使用寿命，降低成本。

⑦ 整车由于多个动力源，可同时工作，整车的动力性能优良。

• 缺点：系统结构相对复杂；长距离高速行驶省油效果不明显。

（2）纯电动汽车。

优点：技术相对简单成熟，只要有电力供应的地方都能够充电。

缺点：蓄电池单位重量储存的能量太少，还因电动车的电池较贵，又没形成经济规模，故购买价格较贵；至于使用成本，有些试用结果比汽车贵，有些结果仅为汽车的1/7～1/3，这主要取决于电池的寿命及当地的油、电价格。

（3）燃料电池汽车。

与传统汽车相比，燃料电池汽车具有以下优点：

①“零排放”或近似“零排放”。

② 减少了机油泄漏带来的水污染。

③ 降低了温室气体的排放。

④ 燃油电池的转化效率高（60%左右），整车燃油经济性良好。

⑤ 运行平稳、无噪声。

缺点：燃料电池成本高昂，同时使用成本（氢）也昂贵。

（4）氢动力汽车。

优点：排放物是纯水，行驶时不产生任何污染物。

缺点：氢燃料成本过高，而且氢燃料的存储和运输按照技术条件来说非常困难，因为氢分子非常小，极易透过储藏装置的外壳逃逸。另外最致命的问题是，氢气的提取需要通过电解水或者利用天然气，如此一来同样需要消耗大量能源，除非使用核电来提取，否则无法从根本上降低二氧化碳排放。

（5）超级电容汽车。

优点：充电时间短、功率密度大、容量大、使用寿命长、免维护、经济环保等。

缺点：能量密度低，很难满足整车需求，故一般作为辅助蓄能器；功率输出随着行驶里程加长而衰减等。

项目二　动力电池的结构原理认知

任务一　动力电池的基本参数认知

任务引入

小李即将进入电动汽车技术服务岗位，担心在进行电动汽车的动力电池保养与维修时，不能理解检测仪器上所显示的数据。请问作为车间主管的你，该如何对小李进行动力电池基本参数方面的培训呢?

【任务目标】

了解动力电池的基本概念，掌握电动汽车动力电池的主要性能指标。

【相关知识】

一、电动汽车动力电池基本知识

动力电池，又称动力蓄电池、高压电池包，是纯电动汽车和油电混合动力汽车的重要能量存储动力源，在电动汽车上发挥着非常重要的作用。因此认识与学习动力电池是掌握新能源汽车知识的关键，本任务主要介绍纯电动汽车和混合动力汽车动力电池的类型、特点、内部组成结构等。

1. 电池与能量储存

将化学能转换成电能的装置称为化学电池，通常简称为电池。电池放电后，能够用充电的方式使内部活性物质再生把电能转换为化学能，需要放电时，再次把化学能转换为电能，这类电池称为蓄电池，一般又称二次电池。

2. 动力电池的作用

动力电池的作用是接收和储存由车载充电机、发电机、制动能量回收装置或外置充电装置提供的高压直流电，并且为电动汽车提供高压直流电。

动力电池是纯电动汽车的核心部件，也是新能源汽车上价格较高的部件之一。动力电池的性能好坏直接决定了这辆车的实际价值。

应用在电动汽车上的储能技术主要是电化学储能技术，即铅酸、镍氢、锂离子等电池储能技术。作为电动汽车的动力源，动力电池技术是电动汽车的核心技术，更是电气技术与汽车行业的关键结合点，一直制约着电动汽车的发展。近年来，随着电动汽车动力电池技术的研发受到各国能源、交通、电力等部门的重视，电池的多种性能得到了提高，如我国就在锂离子电池技术方面取得了突破性进展。

动力电池一旦失效，车辆就会处于瘫痪状态。动力电池属于高压安全部件，内部结构复杂，工作时需要很苛刻的条件，任何异常因素都将导致动力被切断，因此对动力电池的诊断与测试就需要具备丰富的动力电池基础知识和技术，对动力电池组的更换更需要专业规范的操作。

3. 动力电池的类型

新能源汽车上所使用的动力电池种类繁多，外形差别较大，按其工作性质和使用特征的不同，可分为一次电池、二次电池、储备电池和燃料电池等。

（1）一次电池（原电池）。一次电池是放电后不能用充电的方法使它复原的电池。这种类型的电池只能使用一次，放电后电池只能被遗弃。这类电池不能再充电的原因，或是电池反应本身不可逆，或是条件限制使可逆反应很难进行，如锌锰干电池、锌汞电池、银锌电池。

（2）二次电池（蓄电池）。二次电池是放电后可用充电的方法使活性物质复原并能再次放电，且可反复多次循环使用的电池。这类电池实际上是一个化学能量储存装置，用直流电将电池充足，这时电能以化学能的形式储存在电池中，放电时，化学能再转换为电能，如铅酸电池、镍镉电池、镍氢电池、锂离子电池、锌空气电池等。目前电动汽车上二次电池的主要类型有铅酸蓄电池、镍氢蓄电池、锂离子电池。

（3）储备电池（激活电池）。储备电池是正、负极活性物质和电解液不直接接触，使用前临时注入电解液或用其他方法使电池激活的电池。这类电池的正、负极活性物质易变质或自放电，因与电解液的隔离而基本上被排除，从而使电池能长时间储存，如镁银电池、钙热电池、铅高氯酸电池。

（4）燃料电池（连续电池）。燃料电池是只要活性物质连续地注入电池，就能长期不断地进行放电的一类电池。它的特点是电池自身只是一个载体，可以把燃料电池看成是一种需要电能时将反应物从外部送入的一种电池，如氢燃料电池。

二、动力电池的主要性能指标

储能电池（以下简称“电池”）品种繁多，性能各异。常用以表征其性能的指标有电性能、力学性能、储存性能等，有时还包括使用性能和经济成本。电池主要性能指标如下。

1. 电压

电压分电动势、端电压、开路电压、工作电压、额定电压、终止电压、充电电压等。

（1）电动势。电池的电动势，又称电池标准电压或理论电压，为组成电池的两个电极的平衡电位之差。

（2）端电压。电池的端电压是指电池正极与负极之间的电位差。

（3）开路电压。电池的开路电压是无负荷情况下的电池端电压。开路电压不等于电池的电动势。必须指出，电池的电动势是从热力学函数计算而得到的，而电池的开路电压则是实际测量出来的。

（4）工作电压。电池的工作电压是指电池在某负载下实际的放电电压，通常是指一个电压范围。例如，铅酸蓄电池的工作电压为1.8～2.0V；镍氢电池的工作电压为1.1～1.5V；锂离子电池的工作电压为2.75～3.60V。

（5）额定电压。电池的额定电压是指该电化学体系的电池工作时公认的标准电压。例如，锌锰干电池为1.5V，镍镉电池为1.2V，铅酸蓄电池为2V。

（6）终止电压。电池的终止电压是指放电终止时的电压值，根据放电电流大小、放电时间、负载和使用要求的不同而不同。以铅酸蓄电池为例：电动势为2.1V，额定电压为2V，开路电压接近2.1V，工作电压为1.8～2V，放电终止电压为1.5～1.8V。放电终止电压根据放电率的不同，其终止电压也不同。

（7）充电电压。电池的充电电压是指外电源的直流电压对电池充电的电压。一般的充电电压要大于电池的开路电压，通常在一定的范围内。例如，镍镉电池的充电电压为1.45～1.50V；锂离子电池的充电电压为4.1～4.2V；铅酸蓄电池的充电电压为2.25～2.70V。

（8）电压效率。电池的电压效率是指电池的工作电压与电池电动势的比值。电池放电，由于存在电化学极化、浓差极化和欧姆压降，使电池的工作电压小于电动势。改进电极结构（包括真实表面积、孔率、孔径分布、活性物质粒子的大小等）和加入添加剂（包括导电物质、膨胀剂、催化剂、疏水剂、掺杂等）是提高电池电压效率的两个重要途径。

2. 内阻

内阻是指电池在工作时，电流流过电池内部所受到的阻力，电池在短时间内的稳态模型可以看作一个电压源，其内部阻抗等效为电压源的内阻，内阻大小决定了电池的使用效率。电池包括欧姆内阻和极化内阻。例如铅酸蓄电池的内阻包括正负极板的电阻、电解液的电阻、隔板的电阻和连接体的电阻等。

3. 容量和比容量

（1）容量。指电池在充足电以后，在一定的放电条件下所能释放出的电量，以符号C表示，其单位为安时（A·h）或毫安时（mA·h），容量与放电电流大小有关，与充放电截止电压也有关系。电池的容量可分为理论容量、额定容量、实际容量和标称容量。

1）理论容量。理论容量是指假设电极活性物质全部参加电池的电化学反应所能提供的电量，是根据法拉第定律计算得到的最高理论值。

2）额定容量。额定容量又称保证容量，是指设计和制造电池时，按照国家或相关部门颁布的标准，保证电池在一定的放电条件下能够放出的最低限度的电量。

3）实际容量。实际容量是指电池在一定的放电条件下实际放出的电量。它等于放电电流与放电时间的乘积，对于实用中的化学电源，其实际容量总是低于理论容量而通常比额定容量大10%～20%。电池容量的大小，与正、负极上活性物质的数量和活性有关，也与电池的结构和制造工艺、电池的放电条件（电流、温度）有关。影响电池容量因素的综合指标是活性物质的利用率。换言之，活性物质利用得越充分，电池给出的容量也就越高。采用薄型电极和多孔电极以及减小电池内阻，均可提高活性物质的利用率，从而提高电池实际输出的容量。

4）标称容量。标称容量（或公称容量）是用来鉴别电池容量的近似值。在指定放电条件时，一般指$0.2C$放电时的放电容量。

（2）比容量。为了比较不同系列的电池，常用比容量的概念。比容量是指单位质量或单位体积的电池所能给出的电量，相应地称为质量比容量或体积比容量。

4. 效率

电池作为能量存储器，充电时把电能转化为化学能储存起来，放电时把电能释放出来。在这个可逆的电化学转换过程中，有一定的能量损耗。通常用电池的容量效率和能量效率来表示。

对于电动汽车，续航里程是重要指标之一，在电池组电量和输出阻抗一定的前提下，根据能量守恒定律，电池组输出的能量转化为两部分：一部分作为热耗散失在电阻上；另一部分提供给电机控制器转化为有效动力。电池组的阻抗越小，无用的热耗就越小，输出效率就更大。

（1）容量效率。容量效率是指电池放电时输出的容量与充电时输入的容量之比。

（2）能量效率。能量效率又称电能效率，是指电池放电时输出的能量与充电时输入的能量之比，影响能量效率的原因是电池存在内阻，它使电池充电电压增加，放电电压下降。内阻的能量损耗以电池发热的形式损耗。

5. 能量

电池的能量是指在一定放电制度下，电池所能输出的电能，单位通常用瓦时（W·h）表示。电池的能量反映了电池做功能力的大小，也是电池放电过程中能量转换的量度。对于电动汽车来说，电池的能量大小直接影响电动汽车的行驶距离。

（1）理论能量。假设电池在放电过程中始终处于平衡状态，其放电电压保持电动势的数值，而且活性物质的利用率为100%，即放电容量等于理论容量，则在此条件下电池所输出的能量为理论能量，也就是可逆电池在恒温、恒压下所做的最大功。

（2）实际能量。实际能量是电池放电时实际输出的能量。它在数值上等于电池实际容量与电池平均工作电压的乘积。

（3）比能量。比能量又称能量密度，分为质量比能量和体积比能量。质量比能量是指单位质量电池所能输出的能量，又称质量能量密度，单位常用W·h/kg。体积比能量是指单位体积电池所能输出的能量，又称体积能量密度，单位常用W·h/L。常用比能量来比较不同的电池系列，比能量也分为理论比能量和实际比能量。

1）理论比能量。指质量1kg的电池反应物质完全放电时理论上所能输出的能量。根据正、负极活性物质的理论质量比容量和电池的电动势，电池的理论比能量可以直接计算出来。如果电解液参加电池的反应，还需要加上电解质的理论用量。理论比能量只考虑了按照电池反应式进行的完全可逆的电池反应条件下的比能量，因此是一种理想化的模型。对于实际应用的电池，实际比容量更有意义。因为电池反应不可能达到完全可逆的充放电和能量状态，而且实际电池中很多必要辅助材料占据了电池的质量和体积。

2）实际比能量。指质量1kg的电池在放电过程中实际输出的能量，表示为电池实际输出能量与整个电池质量（或体积）之比，由于各种因素的影响，电池的实际比能量远小于理论比能量。

电池的比能量是综合性指标，它反映了电池的质量水平。电池的比能量影响电动汽车的整车质量和续航里程，是评价电动汽车的动力电池是否满足预定的续航里程的重要指标。

6. 功率与比功率

电池的功率是指电池在一定放电制度下，单位时间内输出的能量，单位为瓦（W）或千瓦（kW）。

单位质量或单位体积电池输出的功率称为比功率，单位为W/kg或W/L。如果一个电池的比功率较大，则表明在单位时间内，单位质量或单位体积中给出的能量较多，即表示此电池能用较大的电流放电。因此，电池的比功率也是评价电池性能优劣的重要指标之一。

对于纯电动汽车，其电能储存装置应具有尽可能高的比能量，以保证汽车的续航里程。对于混合动力汽车，其电能储存装置则应具有尽可能高的比功率，以保证汽车的动力性。不同储能器的比能量和比功率比较见表 2-1。

表 2-1　不同储能器的比能量和比功率比较

电池种类	比能量/（W·h/kg）	比功率/（W/kg）	电池种类	比能量/（W·h/kg）	比功率/（W/kg）
铅酸蓄电池	30～40	300～500	锂聚合物电池	50	600～1100
镍氢电池	40～50	500～800	飞轮储能器	1～5	30～300
锂离子电池	60～70	500～1500	超级电容器	2～8	400～4500

7. **放电电流和放电深度**

放电电流大小或放电条件，通常用放电率表示，是电池容量或能量的技术参数。

（1）放电率。指放电时的速率，常用“时率”和“倍率”表示。时率是指以放电时间（h）表示的放电速率，即以一定的放电电流释放完额定容量所需的时间。倍率指电池在规定时间内放出额定容量所输出的电流值，数值上等于额定容量的倍数。例如“2 倍率”放电，表示放电电流数值为额定容量的 2 倍，若电池容量为 3A·h，那么放电电流应为 2×3＝6（A）。

（2）放电深度（Depth of Discharge，DOD）。表示放电程度的一种量度，为放电容量与总放电容量的百分比。放电深度的高低与二次电池的充电寿命有很大的关系：二次电池的放电深度越深，其充电寿命就越短，因此在使用时应尽量避免深度放电。

8. **荷电状态**

荷电状态（State of Char，SOC）是指蓄电池放电后剩余容量与全荷电容量的百分比，又称荷电程度。荷电状态是人们在使用中最关心，也是最不易获得的参数数据，因为荷电状态是非线性变化的。

9. **储存性能和自放电**

对于所有化学电源，即使在与外电路没有接触的条件下开路放置，容量也会自然衰减，这种现象称为自放电，又称荷电保持能力。

电池自放电的大小，用自放电率来衡量，一般用单位时间内容量减少的百分比表示：

自放电率＝(储存前电池容量－储存后电池容量)/储存前电池容量×100％

电池的自放电主要是由电极材料、制造工艺、储存条件等多方面因素决定的。从热力学的角度来看，电池的放电过程是体系自由能减少的过程，因此自放电的发生是必然的，只是速率有所差别。影响自放电率的因素主要是电池储存的温度和湿度条件等。温度升高会使电池内正负极材料的反应活性提高。同时电解液的离子传导速度加快，镉等辅助材料的强度降低，使自放电反应速率大大提高，如果温度太高，就会严重破坏电池内的化学平衡，发生不可逆反应，最终会严重损害电池的整体性能。湿度的影响与温度条件相似，环境湿度太高也会加快自放电反应。一般来说，低温和低湿的环境条件下，电池的自放电率低，有利于电池的储存。但是温度太低也可能造成电极材料的不可逆变化，使电池的整体性能大大降低。

电池的储存性能是指电池在一定条件下，储存一定时间后主要性能参数的变化，包括容量的下降、外观情况和有无变形或渗液情况。国家标准均有电池的容量下降和外观变化及漏液比例的限制。

10. 寿命

电池的寿命分为储存寿命和使用寿命。

（1）储存寿命有“干储存寿命”和“湿储存寿命”两个概念。对于在使用时才加入电解液的电池储存寿命，习惯上称为干储存寿命，干储存寿命可以很长。而对于出厂前已加入电解液的电池储存寿命，习惯上称为湿储存寿命，湿储存时自放电严重，寿命较短。

（2）使用寿命是指电池实际使用的时间长短。对一次电池而言，电池的寿命是表征给出额定容量的工作时间（与放电倍率大小有关）。对二次电池而言，电池的寿命分充放电循环寿命和湿搁置使用寿命两种。

充放电循环寿命是衡量二次电池性能的一个重要参数。在一定的充放电制度下，电池容量降至某一规定值之前，电池能耐受的充放电次数，称为二次电池的充放电循环寿命。充放电循环寿命越长，电池的性能越好。在目前常用的二次电池中，镍镉电池的充放电循环寿命为500～800次，铅酸电池为200～500次，锂离子电池为600～1000次，锌银电池很短，为100次左右。

二次电池的充放电循环寿命电池管理系统数据流读取与放电深度、温度、充放电制式等条件有关。减少放电深度（即“浅放电”），二次电池的充放电循环寿命可以大大延长。

超级电容在寿命、比功率和充放电效率方面具有明显优势。

锂离子电池在比能量和比功率方面具有极强的竞争力。

铅酸蓄电池各项指标均处于中等水平。

任务二 铅酸蓄电池的结构原理认知

任务引入

小李即将进入电动汽车技术服务岗位，担心在进行电动汽车动力电池的维修与保养过程中，分不清动力电池的种类。请问作为车间主管的你，该如何对小李进行新能源汽车上使用的铅酸蓄电池做认知的培训呢？

【任务目标】

了解铅酸蓄电池的基本概念，掌握铅酸蓄电池的电池结构和工作原理。

【相关知识】

铅酸蓄电池应用历史长、技术成熟，是成本售价低廉的蓄电池，现已实现大批量生产，但其比能量低，且质量和体积太大，续航里程短，自放电率高，循环寿命短，不适合现代电动汽车发展的需要。

随着铅酸蓄电池技术的发展，适合电动汽车使用的、性能不断提高的铅酸蓄电池不断出现。如第三代阀控式密封铅酸蓄电池，比能量可达到 50W·h/kg，比功率达到 500W/kg，循环寿命大于 900 次。

一、铅酸蓄电池的结构和特点

1. 铅酸蓄电池的结构

铅酸蓄电池的基本结构如图 2-1 所示，它由正负极板、隔板、电解液、溢气阀、外壳等部分组成。极板是铅酸蓄电池的核心部件，正极板上的活性物质是二氧化铅，负极板上的活性物质为海绵状纯铅；隔板隔离正、负极板，防止短路。作为电解液的载体，隔板能够吸收大量的电解液，起到促进离子良好扩散的作用，它还是正极板产生的氧气到达负极板的“通道”，以顺利建立氧循环，减少水的损失。电解液由蒸馏水和纯硫酸按一定比例配制而成，主要作用是参与电化学反应，是铅酸蓄电池的活性物质之一。电池槽中装入一定密度的电解液后，由于电化学反应，正、负极板间会产生约为 2.1V 的电动势。溢气阀位于电池顶部，起到安全、密封、防爆等作用。

图 2-1　铅酸蓄电池内部基本结构图

2. 铅酸蓄电池的特点

（1）铅酸蓄电池的优点：

① 在常用蓄电池中，铅酸蓄电池的电压最高（锂离子电池除外），为 20V。

② 价格低廉。

③ 可制成小至 1A·h 大至几千 A·h 的各种尺寸和结构的蓄电池。

④ 高倍率放电性能良好，可用于引擎启动。

⑤ 高低温性能良好，可在－40～60℃条件下工作。

⑥ 电能效率高达 60％。

⑦ 易于浮充使用，没有“记忆”效应。

⑧ 易于识别荷电状态。

（2）铅酸蓄电池的缺点：

① 比能量低，在电动汽车中所占的质量和体积较大，一次充电行驶里程短。

② 使用寿命短，使用成本高。

③ 充电时间长。

④ 铅是重金属，存在污染。

二、铅酸蓄电池的工作原理

当电池两端加上负荷时，在电池外部，电路电子流动形成电流，而在电池内部，化学能转换为电能，电以离子的形式从一个电极到另一个电极。正电极在放电时，是由外界电路接受电子，形成还原反应；负电极释放电子到外界电路，形成氧化反应；电解液的作用是给正、负电极之间流动的离子创造一个液体环境，或者说充当离子流动的介质作用。

1. 放电过程的电化反应

当蓄电池与外电路接通时，在电池电动势的作用下，电路中便产生电流，放电电流由蓄电池的正极板经外电路流向负极板，在蓄电池的内部，电解液内硫酸分子电离，产生正离子氢和负离子硫酸根，在电场力的作用下，氢离子向正极移动，硫酸根离子向负极移动，从而形成离子电流，电流的方向是从负极流向正极，其放电反应示意图如图 2-2 所示。

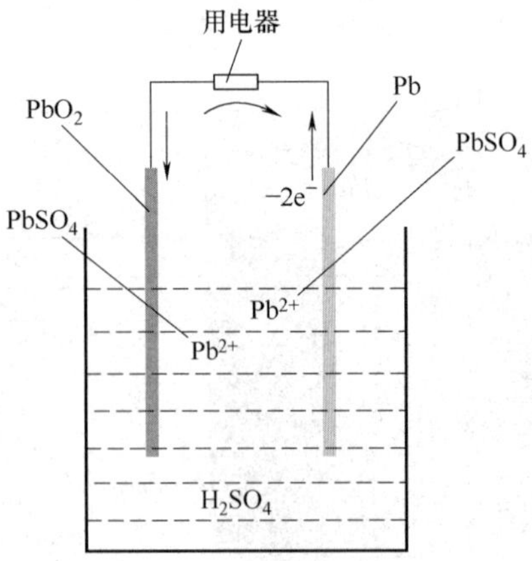

图 2-2　铅酸蓄电池放电反应

在负极板上，硫酸根离子与铅离子结合，生成硫酸铅，其化学反应式为：

$$Pb + H_2SO_4 \longrightarrow PbSO_4 + 2H^+ + 2e^-$$

在正极板上，电子自外电路流入，与 4 价的铅离子结合，形成 2 价的正离子铅，接着与正极板附近的硫酸根离子结合，生成硫酸铅，同时移向正极板的正离子氢和负离子氧结合生成水分子，化学反应式为：

$$PbO_2 + H_2SO_4 + 2H^+ + 2e^- \longrightarrow PbSO_4 + 2H_2O$$

可见，蓄电池在放电过程中，正、负极板上都形成了硫酸铅，由于硫酸铅导电性能差，增加了极板间的电阻，影响了电池的容量，电解液中的硫酸逐渐减少，水分增加，因而使电解液的相对密度降低。

2. 充电过程的电化反应

铅酸蓄电池充电时，在电池内部，充电电流是由正极流向负极的，在电流的作用下，正、负极上的硫酸铅及电解液中的水被分解，其充电时化学反应如图 2-3 所示。

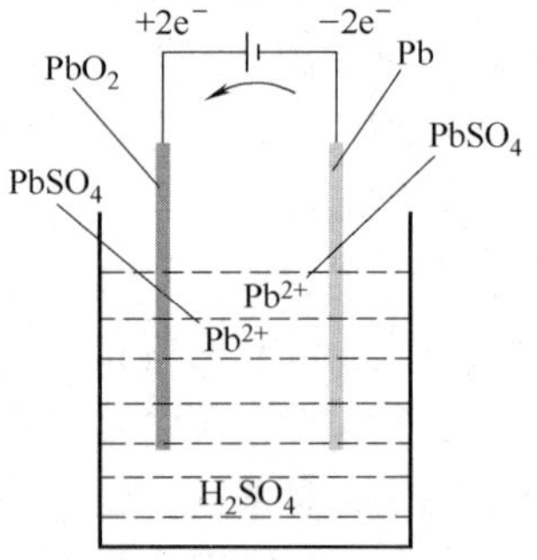

图 2-3　铅酸蓄电池充电反应

充电时化学反应式为：

正极板上：$PbSO_4 + SO_4^{2-} - 2e^- + 2H_2O \rightarrow PbO_2 + H_2SO_4$

负极板上：$PbSO_4 + 2H^+ + 2e^- \longrightarrow Pb + H_2SO_4$

总的化学反应方程式：$2PbSO_4 + 2H_2O = PbO_2 + 2H_2SO_4 + Pb$

即在充电过程中，在正极板上的硫酸铅被硫酸根氧化失去电子而还原成二氧化铅，在负极板上的硫酸铅被氧离子还原成铅，在化学反应中，吸收了 2 个水分子，而析出了 2 个分子的硫酸，因此充电时电解液的相对密度增大，电池内阻减小，电动势增大。

综上所述，放电和充电循环过程中的可逆反应式为：

$$Pb + PbO_2 + 2H_2SO_4 \rightleftharpoons 2PbSO_4 + 2H_2O$$

三、铅酸蓄电池的分类

铅酸蓄电池分为免维护铅酸蓄电池和阀控密封式铅酸蓄电池。

1. 免维护铅酸蓄电池

市场上的免维护铅酸蓄电池有两种：一种是在购买时一次性加电解液，以后使用中不需要添加补充液；另一种是电池本身出厂时就已经加好电解液并封死，用户根本就不能加补充液。免维护铅酸蓄电池由于自身结构上的优势，电解液的消耗量非常小，在使用寿命内基本不需要补充蒸馏水。它具有耐振、耐高温、体积小、自放电小的特点，使用寿命一般为普通铅酸蓄电池的两倍。

2. 阀控密封式铅酸蓄电池

阀控密封式铅酸蓄电池在使用期间不用加酸或加水维护，电池为密封结构，不会漏酸，也不会排酸雾。电池盖子上设有溢气阀（也称安全阀），该阀的作用是当电池内部气压升高到一定值时，溢气阀自动打开，排出气体，然后自动关闭，防止空气进入电池内部。

阀控密封式铅酸蓄电池分为超细玻璃纤维（Absorbed Glass Mat，AGM）和胶体（GEL）电池两种。AGM 采用吸附式玻璃纤维棉作隔膜，电解液吸附在极板和隔膜中，电池内无流动的电解液，电池可以立放工作，也可以卧放工作，GEL 以 SiO_2 作凝固剂，电解液吸附在极板和胶体内，一般立放工作，如无特殊说明，阀控密封式铅酸蓄电池皆指 AGM 电池，电动汽车使用的动力电池一般是阀控密封式铅酸蓄电池。

任务三　镍氢电池的结构原理认知

任务引入

小李即将进入电动汽车技术服务岗位，担心在进行电动汽车动力电池的维修与保养过程中，分不清动力电池的种类。请问作为车间主管的你，该如何对小李进行新能源汽车上使用的镍氢电池做认知的培训呢?

【任务目标】

了解镍氢电池的基本概念，掌握镍氢电池的电池结构和工作原理。

【相关知识】

一、镍氢电池的工作原理

镍氢电池是将物质的化学反应产生的能量直接转化成电能的一种装置，镍氢电池由镍氢化合物正电极、储氢合金负电极以及碱性电解液（如 30%的氢氧化钾溶液）组成，其性能特点主要取决于本身体系的电极反应。

充放电时正、负极的电化学反应方程式为：

氧化电极上：$Ni\ (OH)_2 + OH^- = NiOOH + H_2O + e^-$

贮氢电极上：$M + H_2O + e^- = MH_{ab} + OH^-$

总反应：$Ni(OH)_2 + M = NiOOH + MH$

M：氢合金

H_{ab}：吸附氢

反应式从左到右的过程为充电过程，反应式从右到左的过程为放电过程。

充电时正极的 $Ni(OH)_2$ 和 OH^- 反应生成 NiOOH 和 H_2O 同时释放出 e^- 一起生成 MH，和 OH^- 总反应是 $Ni(OH)_2$ 和 M 生成 NiOOH 储氢合金。

放电时与此相反，MH_{ab} 释放 H^+，H^+ 和 OH^- 生成 H_2O 和 e^-，NiOOH、H_2O 和 e^- 重新生成 $Ni(OH)_2$ 和 OH^-，电池的标准电动势为 1.3～1.9V。

当镍氢电池以标准电流放电时，平均工作电压为 1.2V，当电池以 $8C$ 率放电时端电压降至 1.1V 时，则认为放电已完。电压 1.1V 称为 $8C$ 率放电时的放电终止电压。

二、镍氢电池的分类和结构

1. 镍氢电池的分类

按照外形，镍氢电池可以分为方形镍氢电池和圆形镍氢电池，如图 2-4 所示。

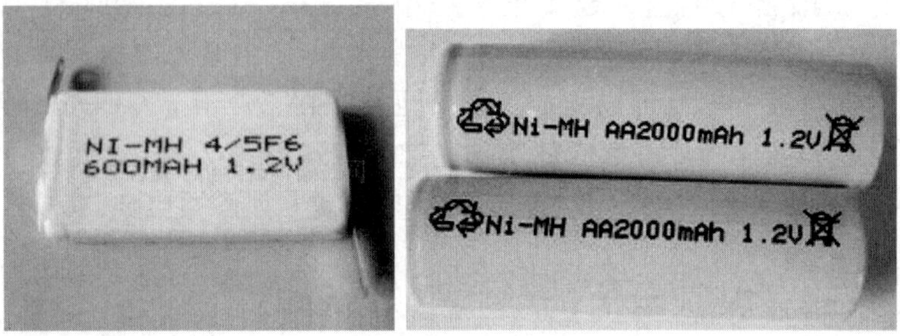

图 2-4　方形镍氢电池和圆形镍氢电池

2. 镍氢电池的结构

镍氢电池主要由正极、负极、极板、隔板、电解液等组成，如图 2-5 所示。镍氢电池正极是活性物质氢氧化镍，负极是储氢合金，用氢氧化钾作为电解质。在正负极之间有隔膜，共同组成镍氢单体电池，在金属铂的催化作用下，完成充电和放电的可逆反应。

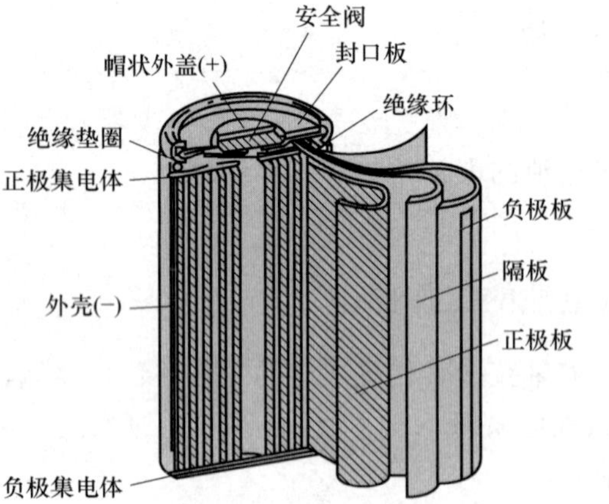

图 2-5　混合动力汽车用圆柱形镍氢电池的单体电池

镍氢电池的极板有发泡体和烧结体两种。发泡体极板的镍氢电池在出厂前必须进行预充电，且放电电压不能低于 0.9V，工作电压也不太稳定。而烧结体极板的镍氢电池，其烧结体极板本身就是活性物质，故不需要进行预充电，且电压平衡、稳定，具有低温放电性能好、不易老化和寿命长的优点。

镍氢电池的基本单元是单体电池，按使用要求组合成不同电压和不同电荷量的镍氢电池总成。

三、镍氢电池的特点

镍氢电池除具有高比能、大功率、快速充放电、质量轻、体积小等许多优异特性外，还具有以下特点：

（1）比功率高，目前商业化的镍氢电池的比功率能做到1350W/kg。

（2）循环次数多，目前应用在电动车上的镍氢动力电池放电深度（DOD）80%，循环可以达1000次以上，为铅酸蓄电池的3倍以上。DOD 100%，循环寿命也在500次以上，在混合动力汽车中可使用5年以上。

（3）无污染，镍氢电池不含铅、镉等对人体有害的金属。

（4）耐过充、过放。

（5）无记忆效应。

（6）使用温度范围宽，正常使用温度范围－30～55℃。储存温度－40～70℃。

（7）安全可靠，短路、挤压、针刺、安全阀工作能力、跌落、加热、耐振动等安全性、可靠性试验无爆炸、燃烧现象。

任务四　锂离子电池的结构原理认知

任务引入

小李即将进入电动汽车技术服务岗位，担心在进行电动汽车动力电池的维修与保养过程中，分不清动力电池的种类。请问作为车间主管的你，该如何对小李进行新能源汽车上使用的锂离子电池做认知的培训呢?

【任务目标】

了解锂离子电池的基本概念；掌握锂离子电池的电池结构和工作原理。

【相关知识】

一、锂离子电池的工作原理

锂离子电池的原理如图2-6所示，一般由正极、负极和高分子隔膜构成，锂离子电池的正极材料必须有能够接纳锂离子的位置和扩散路径，目前应用性能较好的正极材料是具有高插入电位的层状结构的过渡金属氧化物和锂的化合物，如Li_xCoO_2，以及尖晶石结构的$LiMn_2O_4$等，这些正极材料的插锂电位都可以达到4V以上。负极材料一般用锂碳层间化合物Li_xC_6，其电解质一般采用溶解有锂盐$LiPF_6$、$LiAsF_6$的有机溶液。典型的锂离子蓄电池体系由碳负极（焦炭、石墨）、正极氧化钴锂（Li_xCoO_2）和有机电解液三部分组成。锂离子电池的电化学表达式：

正极反应（氧化反应）：$LiCoO_2 = Li_{1-x}CoO_2 + xLi^+ + xe^-$

负极反应（还原反应）：$6C + xLi^+ + xe^- = Li_xC_6$

电池总反应：$LiCoO_2 + 6C = Li_{1-x}CoO_2 + Li_xC_6$

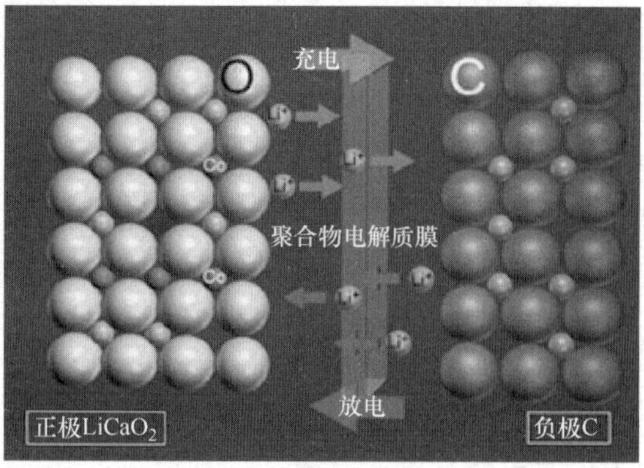

图 2-6　锂电池原理图

锂离子电池实际上是一个锂离子浓差电池，正负电极由两种不同的锂离子嵌入化合物构成。充电时，Li^+ 从正极脱嵌经过电解质嵌入负极，此时负极处于富锂态，正极处于贫锂态；放电时则相反，Li^+ 从负极脱嵌，经过电解质嵌入正极，正极处于富锂态，负极处于贫锂态。锂离子电池的工作电压与构成电极的锂离子嵌入化合物本身及锂离子的浓度有关。因此，在充放电循环时，Li^+ 分别在正负极上发生"嵌入—脱嵌"反应，Li^+ 便在正负极之间来回移动，所以，人们又形象地把锂离子电池称为"摇椅电池"或"摇摆电池"。

锂离子蓄电池是在锂蓄电池的基础上发展起来的先进蓄电池，它基本解决了困扰锂蓄电池发展的两个技术难题，即安全性差和充放电寿命短的问题。锂离子电池与锂电池在原理上的相同之处是：在两种电池中都采用了一种能使锂离子嵌入和脱嵌的金属氧化物或硫化物作为正极，采用一种有机溶剂——无机盐体系作为电解质。不同之处是：在锂离子电池中采用使锂离子嵌入和脱嵌的碳材料代替纯锂作负极。因此，这种电池的工作原理更加简单，在电池工作过程中，仅仅是锂离子从一个电极（脱嵌）后进入另一个电极（嵌入）的过程。具体来说，当电池充电时锂离子是从正极中脱嵌，在碳负极中嵌入，放电时反之。在充放电过程中没有晶型变化，故具有较好的安全性和较长的充放电寿命。

二、锂离子电池的分类及结构

1. 锂离子电池的分类

按照锂离子电池外形形状，可以分为方形锂离子电池和圆柱形锂离子电池（图 2-7）。

图 2-7　方形锂离子电池和圆形锂离子电池

按照锂离子电池正极的材料不同，汽车用锂离子电池主要分为锰酸锂离子电池、磷酸铁锂离子电池、镍钴锂离子电池或镍钴锰锂离子电池。

2. 锂离子电池的结构

锂离子电池由正极、负极、隔膜、电解液和安全阀等组成，圆柱形锂离子电池结构如

图 2-8 所示。

(1) 正极。活性物质一般为锰酸锂或者钴酸锂，现在又出现了镍钴锰酸锂材料，纯的锰酸锂和磷酸铁锂则由于体积大、性能不好或成本高而逐渐淡出。导电集流体使用厚度 10～20μm 的电解铝箔。

(2) 隔膜。一种经特殊成型的高分子薄膜，薄膜有微孔结构，可以让锂离子自由通过，而电子不能通过。

(3) 负极。活性物质为石墨，或近似石墨结构的碳，导电集流体使用厚度 7～15μm 的电解铜箔。

(4) 有机电解液。溶解有六氟磷酸锂的碳酸酯类溶剂，聚合物则使用凝胶状电解液。

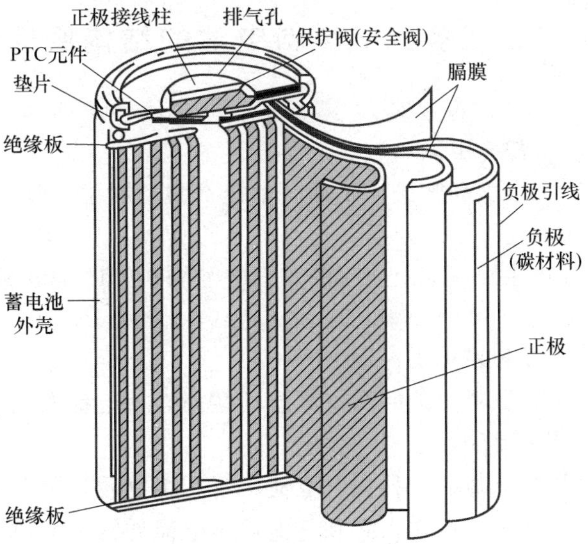

图 2-8　圆柱形锂离子电池结构

(5) 安全阀。为了保证锂离子电池的使用安全性，一般通过对外部电路的控制或者在蓄电池内部设有异常电流切断的安全装置。但在使用过程中也有可能其他原因引起蓄电池内压异常上升，此时，安全阀释放气体，以防止蓄电池破裂。安全阀是一次性非修复式的破裂膜，一旦进入工作状态，保护蓄电池使其停止工作，因此是蓄电池的最后保护手段。

(6) 电池外壳。分为钢壳（现在方型很少使用）、铝壳、镀镍铁壳（圆柱电池使用）、铝塑膜（软包装）等，还有电池的盖帽，也是电池的正负极引出端。

三、锂离子电池的特点

(1) 工作电压高。锂离子电池工作电压为 3.6V，是镍氢和镍镉电池工作电压的 3 倍。

(2) 比能量高。锂离子电池比能量已达到 150W·h/kg，是镍镉电池的 3 倍，镍氢电池的 1.5 倍。

(3) 循环寿命长。目前锂离子电池循环寿命已达到 1000 次以上，在低放电深度下可达几万次，超过了其他几种二次电池。

(4) 自放电率低。锂离子电池月自放电率仅为 6%～8%，远低于镍镉电池（25%～30%）和镍氢电池（15%～20%）。

(5) 无记忆性。可以根据要求随时充电而不会降低电池性能。

(6) 对环境无污染。锂离子电池中不存在有害物质，是名副其实的“绿色电池”。

(7) 能够制造成任意形状。

锂离子电池也有一些不足，主要表现在以下几个方面：

(1) 成本高。主要是正极材料 $LiCoO_2$ 的价格高，但按单位瓦时的价格来计算，已经低于镍氢电池，与镍镉电池持平，但高于铅酸蓄电池。

(2) 必须有特殊的保护电路，以防止过充。

任务五　燃料电池的结构原理认知

任务引入

小李即将进入电动汽车技术服务岗位，担心在进行电动汽车动力电池的维修与保养过程中，分不清动力电池的种类。请问作为车间主管的你，该如何对小李进行新能源汽车上使用的燃料电池做认知的培训呢？

【任务目标】

了解燃料电池的基本概念；掌握燃料电池的电池结构和工作原理。

【相关知识】

燃料电池是一种化学电池，它利用物质发生化学反应时释出的能量，直接将其变换为电能，从这一点看，它和其他化学电池如锰干电池、铅蓄电池是类似的。但是，它工作时需要连续地向其供给活性物质（能起反应的物质）燃料和氧化剂，这又和其他普通化学电池不大一样，它是把燃料通过化学反应释放出的能量转变为电能输出，所以被称为燃料电池。

一、燃料电池的分类

1. 按燃料电池的运行机理分类

根据燃料电池的运行机理的不同，可分为以下 2 类：

（1）酸性燃料电池。

（2）碱性燃料电池。

2. 按电解质分类

根据燃料电池中使用电解质种类的不同，可分为以下 9 类：

（1）质子交换膜燃料电池。

（2）碱性燃料电池。

（3）磷酸燃料电池。

（4）熔融碳酸盐燃料电池。

（5）固体氧化物燃料电池。

（6）直接甲醇燃料电池。

（7）再生型燃料电池。

（8）锌空燃料电池。

（9）质子陶瓷燃料电池。

3. 按燃料使用类型分类

根据燃料电池的燃料使用类型不同，可分为以下 3 类：

（1）直接型燃料电池。

（2）间接型燃料电池。

（3）再生型燃料电池。

4. 按燃料种类分类

根据燃料电池使用燃料的种类，可分为以下3类：

（1）氢燃料电池。

（2）甲醇燃料电池。

（3）乙醇燃料电池。

5. 按工作温度分类

根据燃料电池工作温度的不同，可分为以下4类：

（1）低温型（温度低于200℃）。

（2）中温型（温度为200～750℃）。

（3）高温型（温度为750～1000℃）。

（4）超高温型（温度高于1000℃）。

6. 按燃料状态分类

根据燃料电池的燃料状态不同，可分为以下2类：

（1）液体型燃料电池。

（2）气体型燃料电池。

二、燃料电池的特点

1. 燃料电池的优点

燃料电池与蓄电池相比，具有以下优点：

（1）节能、转换效率高。燃料电池在额定功率下的运转效率可以达到60％，而在部分功率输出条件下运转效率可以达到70％，在过载功率输出条件下运转效率可以达到50％～55％。高效率随功率变化的范围很宽，在低功率下运转效率高，特别适合于汽车动力性能的要求。燃料电池短时间的过载能力，可以达到额定功率的200％，非常适合汽车在加速和爬坡时动力性能的特征。

（2）排放基本达到零污染。用碳氢化合物作为燃料的燃料电池主要生成物质为水、二氧化碳和一氧化碳等，属于“超低污染”，氢氧燃料电池的反应产物只有清洁的水。

（3）无机械振动和噪声，寿命长。这主要与它的工作过程有关，它是通过燃料和氧化剂分别在两个电极上发生反应，由电解液和外电路构成回路，将反应中的化学能直接转化为电能，所以在整个工作过程中，没有噪声和机械振动的产生，从而减少机械器件的磨损，延长了使用寿命。

（4）结构简单、运行平稳。燃料电池的能量转换是在静态下完成的，结构比较简单。构建的加工精度要求低。特别是质子交换膜燃料电池能量转换效率高，能够在－80℃的低温条件下启动和运转，对结构件的耐热性能要求也不高。由于无机械振动，所以运行时比较平稳。

2. 燃料电池的缺点

（1）燃料种类单一。目前，不论是液态氢、气态氢，还是碳水化合物经过重整后转换的氢，它们均是燃料电池的唯一燃料。氢气的产生、储存、保管、运输和灌装或重整，都比较复杂，对安全性要求很高。

（2）要求高质量的密封。燃料电池的单体电池所能产生的电压约为1V，不同种类的燃料电池的单体电池所能产生的电压略有不同。通常将多个单体电池按使用电压和电流的要求组合成为燃料电池发动机组。在组合时，单体电池间的电极连接时，必须要有严格的密封，因为密封不良的燃料电池，氢气会泄露到燃料电池的外面，降低了氢的利用率并严重影响燃料电池发动机的效率，还会引起氢气燃料事故。由于要求严格的密封，使得燃料电池发动机的制造工艺很复杂，并给使用和维护带来了很多困难。

（3）价格高。制造成本高，电池价格昂贵。

（4）需要配备辅助电池系统。燃料电池可以持续发电，但不能充电和回收燃料电池汽车再生制动的反馈能量。通常在燃料电池汽车上还要增加辅助电池，来储存燃料电池富余的电能和在燃料电池汽车减速时接受再生制动时的能量。

三、燃料电池系统

燃料电池实际上不是“电池”，而是一个大的发电系统。对于质子交换膜燃料电池，需要有燃料供应系统、氧化剂系统、发电系统、水管理系统、热管理系统、电力系统以及控制系统等。

1. 燃料供应系统

燃料供应系统是给燃料电池提供燃料，如氢气、天然气、甲醇等。这个系统直接采用氢气比较简单。如果用石化燃料制取氢气则相当复杂。

2. 氧化剂系统

氧化剂系统主要是给燃料电池提供氧气。氧气的来源有从空气中获取氧气或从氧气罐中获取氧气，空气需要用压缩机来提高压力，以增加燃料电池反应的速度。在燃料电池系统中，配套压缩机的性能有特定的要求，压缩机的质量和体积会增加燃料电池发动机系统的质量、体积和成本，压缩机所消耗的功率会使燃料电池的效率降低。空气供应系统的各种阀、压力表、流量表等的接头要采取防泄漏措施。在空气供应系统中还要对空气进行加湿处理，保证空气有一定的湿度。

3. 发电系统

发电系统是指燃料电池本身，它将燃料和氧化剂中的化学能直接变成电能，而不需要经过燃烧的过程，它是一个电化学装置。

4. 水管理系统

由于质子交换膜燃料电池中质子是以水合离子状态进行传导，所以燃料电池需要有水，水少会影响电解质膜的质子传导特性，从而影响电池的性能。由于水在电池的阴极生成，所以需要不断及时地将这些水带走，否则会将电极“淹死”，也会造成燃料电池失效。水的管理在燃料电池中至关重要。

5. 热管理系统

大功率燃料电池发电的同时，由于电池内阻的存在，不可避免地会产生热量，通常产生的热与其发电量相当。而燃料电池的工作温度是有一定限制的，如对质子交换膜燃料电池而言，应控制在80℃，因此需要及时将电池生成的热量带走，否则会发生过热，烧坏电解质膜。水和空气通常是常用的传热介质。

6. 电力系统

电力系统是将燃料电池产生的直流电转换为适合用户使用的电。燃料电池所产生的是直流电，需要经过 DC/DC 转换器进行调压，在采用交流电动机的驱动系统中，还需要用逆变器将直流电转换为三相交流电。

7. 控制系统

燃料电池控制系统主要包括电池系统的启动与停工；维持电池系统稳定运行的各操作参数的控制；对电池运行状态进行监测、判断等。

8. 安全系统

氢是燃料电池的主要燃料，氢的安全十分重要，由氢气探测器、数据处理系统以及灭火设备等构成氢的安全系统。

氢的存储与输送是燃料电池应用的关键技术之一。目前有两种方式：储氢和重整制氢。

（1）储氢。目前使用比较广泛的储氢技术有高压储氢、液态储氢和储氢材料储氢。这三种技术在实际运用中的效果很大程度上受到材料性能的制约。储氢材料储氢技术更有优势，尤其是使用碳纳米管储氢时，效果更理想。表 2-2 为几种储氢技术的比较。

表 2-2　**几种储氢技术的比较**

项目		高压储氢	液态储氢	储氢材料储氢	
				Ti 系储氢合金	碳纳米管
安全性		低	低	较高	
能源综合利用率		低	较低	高	
储氢能力	单位质量储氢量/%	—	—	2	4
	单位体积储氢量/(kg/m^3)	31.5	71	61	160
能量密度	单位质量能量密度/(kW·h/kg)	—	—	0.79	5.53
	单位体积能量密度/(kW·h/L)	1.24	2.8	2.4	6.32
优点		简单、方便	储运效率高、装置质量轻、体积小、储氢压力低	安全性好、运输方便、操作比较容易	
缺点		空间有限，必须使用耐高压容器，储氢压力过大，安全性降低，充氢操作复杂，成本增加	氢气液化须耗费大量能源，必须使用耐超低温的特殊容器，使用中存在危险，充氢系统复杂	成本相对较高，受制于材料的储氢性能、储氢器的结构以及储氢系统的整体设计	
应用		多	少	少	

随着材料科学的发展，储氢技术的发展主要集中开发密度更小、强度更高的材料，以提高储氢罐内的压力；开发绝热性能更好的材料，以减少液氢的蒸发，提高使用时的安全性；开发高容量的储氢材料，特别是碳纳米管等的制造技术。

（2）重整制氢。燃料电池使用的燃料——氢气，可以由重整器提供。重整器使用的原料可以是天然气、汽油、柴油等各种烃类以及甲醇、酒精等各种醇类燃料。目前使用的重整技术主要有蒸汽重整、部分氧化和催化部分氧化重整、自动供热重整以及等离子体重整等。不同的重整技术在结构、效率和对燃料的适应性等方面有不同的特点，并在不同的使用条件下发挥出它们各自的优势。蒸汽重整是目前使用最广泛的制氢方式。

1）蒸汽重整。蒸汽重整是一个化学过程，其中，氢通过碳氢化合物燃料和高温水蒸气之间的化学反应生成。蒸汽重整器的发展经历了常规型、热交换型和平板型3个过程。常规型蒸汽重整器的容量较大，目前已实现商业化，但工作条件高（850℃，1.5～2.5MPa），制造成本较高，容量大，启动时间长，如果生产出来的氢气不能及时使用，储存也有困难。热交换型重整器外形尺寸大大减小，工作条件降低（700℃，0.3MPa），制造成本下降，且随负荷变化性能较好，目前已成功应用于燃料电池系统中。近年来出现的平板型结构更加紧凑，成本进一步降低，但目前技术还不成熟。如果在扩大催化剂的使用范围和延长使用寿命上有所突破，将是蒸汽重整装置中很有竞争力的一种制氢方式。

2）部分氧化重整。部分氧化重整将燃料与氧相结合制氢，并生成一氧化碳，部分氧化重整的产氢率比蒸汽重整的低，但它结构紧凑、成本低、启动时间短、动态响应速度快，对燃料的适应性也更强，因而更具潜力。但是，如果采用无催化剂系统，常有碳烟和其他副产物生成；而采用有催化剂系统，又常因催化剂表面的局部高温而损伤催化剂，在反应过程中催化剂的稳定性控制也是一大难题。部分氧化重整最好用纯氧，但价格较高；虽然它也可使用燃料气体与空气混合，但反应后需加净化处理装置，其成本也很高，因此若能开发廉价的纯氧制取装置，部分氧化重整将得到很大突破。

3）自动供热重整。自动供热重整将燃料与水蒸气二者结合，因此，由水蒸气重整反应吸收的热量平衡了从部分氧化重整反应中所放出的热量。自动供热重整相对于蒸汽重整结构简单，无须庞大的换热装置，制造成本低，对燃料的要求也降低，可使用醇类和重烃类的液体燃料；相对于部分氧化重整来说，自动供热重整由于氧化反应放出的热量直接被吸热的蒸汽重整反应吸收，所以系统的效率也提高了。但自动供热重整要求同时调节好氧气、水蒸气和燃料之间的比例，控制比较困难，并且在重整中易产生积炭现象而损伤催化剂。

4）等离子体重整。等离子体重整是一种先进的制氢技术，它采用等离子激发重整反应的发生，可在满足制氢效率的情况下进行小规模生产，同时降低成本。一般等离子重整器在中小型制氢系统上经济效益比较明显，因为等离子的能量密度很高，使得重整器结构紧凑、启动快、动态响应快，基本不需要催化剂，而且它对燃料的适应性很强，除轻质烃外，各种重质烃、重油、生物质燃料甚至垃圾燃料都可用。等离子制氢技术可分为热等离子和冷等离子两种，产生氢气的过程与传统技术一样，它也包括蒸汽重整、部分氧化和热分解等。采用热等离子技术，反应气体温度高，热损大且不易控制。温度升高也产生了对电极的腐蚀。等离子重整器不宜工作在高压下，因为在高压下限制了电弧的灵活性，增加了电极的腐蚀而降低了电极寿命。

四、质子交换膜燃料电池

质子交换膜燃料电池（proton exchange membran fuel cell，PEMFC）采用可传导离子的聚合膜作为电解质，所以也称固体聚合物燃料电池（solid polymer fuel cell，SPFC）或固体聚合物电解质燃料电池（solid polymer electrolyte fuel cell，SPEFC）。

1. 质子交换膜燃料电池的基本结构

PEMFC由质子交换膜、催化剂层、扩散层、集流板（又称双极板）组成，如图2-9所示。

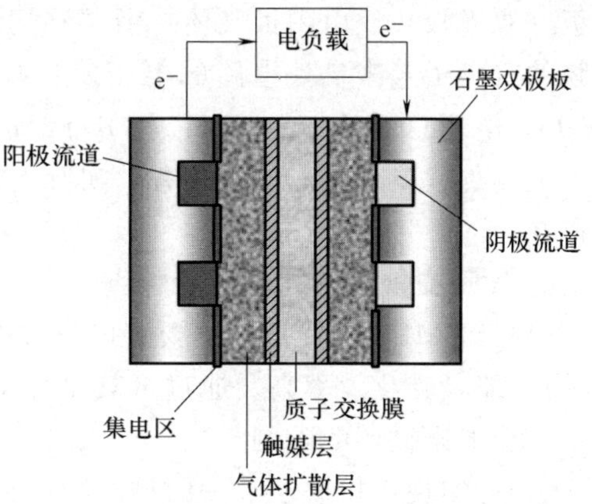

图2-9　质子交换膜燃料电池基本结构

（1）质子交换膜。质子交换膜（proton exchange membrane，PEM）是PEMFC中重要的部件之一，其性能好坏直接影响电池的性能和寿命。它不只是一种将阳极的燃料与阴极的氧化剂隔开的隔膜材料，它还是电解质和电极活性物质（电催化剂）的基底，即兼有隔膜和电解质的作用，另外，PEM还是一种选择透过性膜，在质子交换膜的高分子结构中，含有多种离子基团，它只允许H^+穿过，其他离子、气体及液体均不能通过。

（2）电催化剂。为了加快电化学反应速度，气体扩散电极上都含有一定量的催化剂。PEMFC电催化剂主要有铂系和非铂系电催化剂两类。目前多采用铂催化剂。

（3）电极。PEMFC电极是一种多孔气体扩散电极，一般由扩散层和催化层构成。扩散层是导电材料制成的多孔合成物，起着支撑催化层，收集电流，并为电化学反应提供电子通道、气体通道和排水通道的作用。催化层是进行电化学反应的区域，是电极的核心部分，其内部结构粗糙多孔，因而有足够的表面积以促进氢气和氧气的电化学反应。

（4）膜电极。膜电极（membrane and electrode assembly，MEA）是通过热压将阴极、阳极与质子交换膜复合在一起而形成的。

（5）双极板与流道。双极板又称集流板，是电池的重要部件之一，其作用是分隔反应气体，收集电流，将各个单电池串联起来和通过流场为反应气体进入电极及水的排出提供通道。

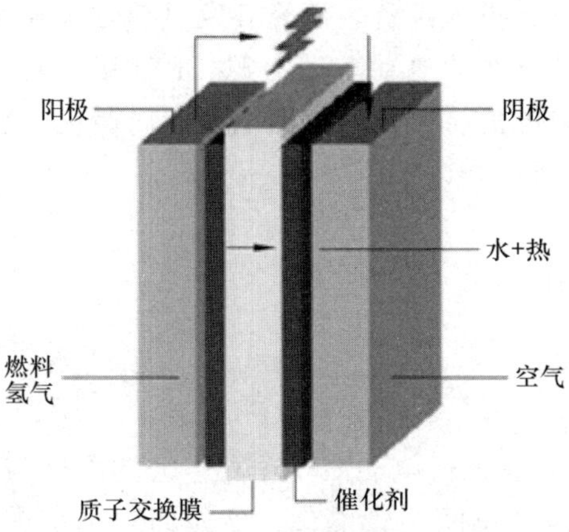

图2-10　质子交换膜燃料电池工作原理图

2. 质子交换膜燃料电池的工作原理

PEMFC在原理上相当于水电解的“逆”装置，如图2-10所示，其单电池由阳极、阴极和质子交换膜组成，阳极为氢燃料发生氧化的场所，阴极为氧化剂还原的场所，两极都含有加速电极电化学反应的催化剂，质子交换膜为电解质。

导入的氢气通过阳极集流板（双极板）经由阳极气体扩散层到达阳极催化剂层，在阳极催化剂作用下，氢分子分解为带正电的氢离子（即质子）并释放出带负电的电子，完成阳极反应：$2H_2 \rightarrow 4H^+ + 4e^-$。

氢离子穿过膜到达阴极催化剂层，而电子则由集流板收集，通过外电路到达阴极，电子在外电路形成电流，通过适当连接可向负载输出电能；在电池另一端，氧气通过阴极集流板（双极板）经由阴极气体扩散层到达阴极催化剂层。在阴极催化剂的作用下，氧与透过膜的氢离子及来自外电路的电子发生反应生成水，完成阴极反应：$4e^- + 4H^+ + O_2 \rightarrow 2H_2O$，电池总的反应为：$2H_2 + O_2 \rightarrow 2H_2O$。

上述过程是理想的工作过程，实际上，整个反应过程中会有很多中间步骤和中间产物的存在。

3. 质子交换膜燃料电池的特点

（1）PEMFC 的优点。主要有以下方面：

1）能量转化效率高。通过氢氧化合作用，直接将化学能转化为电能，不通过热机过程，不受卡诺循环的限制。

2）可实现零排放。唯一的排放物是纯净水，没有污染物排放，是环保型能源。

3）运行噪声低，可靠性高。PEMFC 组无机械运动部件，工作时仅有气体和水的流动。

4）维护方便。PEMFC 内部构造简单，电池模块呈现自然的“积木化”结构，使得电池组的组装和维护都非常方便，也很容易实现“免维护”设计。

5）发电效率平稳。发电效率受负荷变化影响很小，非常适用于分散型发电装置（作为主机组），也适用于电网的“调峰”发电机组（作为辅机组）。

6）氢来源广泛。氢元素是世界上最多的元素，氢气来源极其广泛，是一种可再生的能源资源，可通过石油、天然气、甲醇、甲烷等进行重整制氢；也可通过电解水制氢、光解水制氢、生物制氢等方法获取氢气。

7）技术成熟。氢气的生产、储存、运输和使用等技术目前均已非常成熟，安全、可靠。

（2）PEMFC 的缺点。主要有以下方面：

1）成本高。因为膜材料和催化剂均十分昂贵，但成本在不断地降低，一旦能够大规模生产，比价的经济效益将会充分显示出来。

2）氢要求高。这种电池需要纯净的氢，因为它们极易受到一氧化碳和其他杂质的污染。

因为 PEMFC 的工作温度低，启动速度较快，功率密度较高（体积较小），所以很适于用作新一代交通工具动力。世界各大汽车集团竞相投入巨资，研究开发电动汽车和代用燃料汽车。从目前发展情况看，PEMFC 是技术最成熟的电动车动力源，PEMFC 电动汽车被业内公认为是电动汽车的未来发展方向。燃料电池将会成为继蒸汽机和内燃机之后的第三代动力系统。

学习拓展　其他动力电池认知

任务引入

小李即将进入电动汽车技术服务岗位，担心在进行电动汽车动力电池的维修与保养过程中，分不清动力电池的种类。请问作为车间主管的你，该如何对小李进行新能源汽车上经常使用的电池之外的电池做认知的培训呢？

【任务目标】

了解太阳能电池、飞轮电池和超级电容器的基本概念；掌握太阳能电池、飞轮电池和超级电容器的电池结构和工作原理及其结构分类。

【相关知识】

一、太阳能电池的发电原理

太阳能电池的发电原理是基于半导体的光生伏特效应将太阳辐射能直接转换为电能，在晶体中电子的数目总是与核电荷数相一致，所以P型硅和N型硅是电中性的。如果将P型硅或N型硅放在阳光下照射，光的能量通过电子从化学键中被释放，由此产生电子—空穴对，但在很短的时间内（在微秒范围内）电子又被捕获，即电子和空穴“复合”。

当P型材料和N型材料相接，将在晶体中P型和N型材料之间形成界面，即P-N结。此时在界面层N型材料中的自由电子和P型材料中的空穴相对应。由于正负电荷之间的吸引力，在界面层附近N型材料中的电子扩散到P型材料中，而空穴扩散到N型材料中与自由电子复合。这样在界面层周围形成一个无电荷区域。通过界面层周围的电荷交换形成两个带电区，即通过电子到P型材料的迁移在N型区形成一个正的空间电荷区和在P型区形成一个负的空间电荷区。对不同材料的太阳能电池，尽管光谱响应的范围是不同的，但光电转换的原理是一致的。

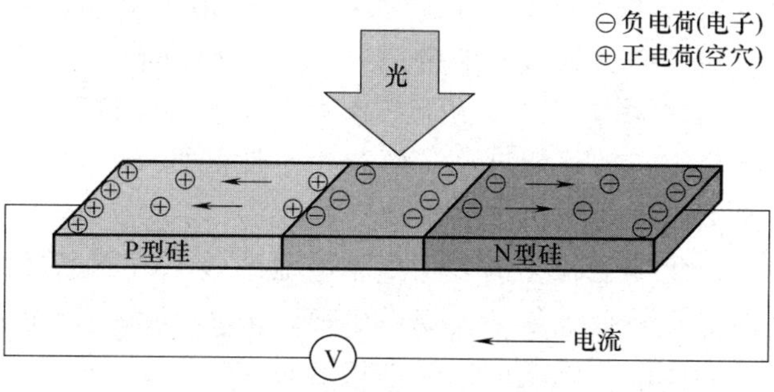

图2-11　硅太阳能电池工作原理

如图2-11所示，在P-N结的内静电场作用下，N型区的空穴向P型区运动，而P型区的电子向N型区运动，最后造成在太阳能电池受光面（上表面）有大量负电荷（电子）积累，而在电池背光面（下表面）有大量正电荷（空穴）积累。如在电池上、下表面引出金属电极，并用导线连接负载，在负载上就有电流通过。只要太阳光照不断，负载上就一直有电流通过。

二、太阳能电池的分类

1. 按不同材料分类

太阳能电池按照材料不同，主要有硅系列太阳能电池和化合物系列太阳能电池。

（1）硅系列太阳能电池。硅系列太阳能电池是以硅材料为基体的太阳能电池，分为单晶硅太阳能电池、多晶硅薄膜太阳能电池和非晶硅薄膜太阳能电池等。

（2）化合物系列太阳能电池。多元化合物薄膜太阳能电池材料为无机盐，其主要包括砷化镓、硫化镉、碲化镉及铜铟硒薄膜电池等。

2. 按结构分类

太阳能电池按照结构不同，可以分为同质结电池、异质结电池、肖特基结电池和光电化学电池等。

（1）同质结电池。由同一种半导体材料构成一个或多个P-N结的电池，如硅太阳能电池、砷化镓太阳能电池等。

（2）异质结电池。用两种不同的半导体材料，在相接的界面上构成一个异质结的太阳能电池，如氧化铟锡/硅电池、硫化亚铜/硫化镉电池等。如果两种异质材料晶格结构相近，界面处的晶格匹配较好，则称为异质面电池，如砷化铝镓/砷化镓电池。

(3) 肖特基结电池。用金属和半导体接触组成一个“肖特基势垒”的电池，也称 MS 电池。目前已发展成金属氧化物-半导体电池（MOS）和金属-绝缘体-半导体电池（MIS），这些又总称为导体-绝缘体半导体电池。

(4) 光电化学电池。其是用浸于电解质中的半导体电极构成的电池，又称液结电池。

三、太阳能电池的特点

单晶硅太阳能电池转换效率最高，技术也最为成熟，转换效率为 15%～17%。在大规模应用和工业生产中仍占据主导地位，但由于单晶硅成本价格高，大幅度降低其成本很困难，为了节省硅材料，发展了多晶硅薄膜和非晶硅薄膜作为单晶硅太阳能电池的替代产品。

多晶硅薄膜太阳能电池与单晶硅比较，成本低廉，而效率高于非晶硅薄膜电池，其转换效率为 12%～14%。因此，多晶硅薄膜电池将会在太阳能电池市场上占据主导地位。

非晶硅薄膜太阳能电池成本低、质量轻，转换效率为 6%～10%，便于大规模生产，有极大的潜力。但受制于其材料引发的光电效率衰退效应，稳定性不高，直接影响了它的实际应用。如果能进一步解决稳定性问题及提高转换率问题，那么，非晶硅太阳能电池无疑是太阳能电池的主要发展产品之一。

硫化镉、碲化镉多晶薄膜电池的效率较非晶硅薄膜太阳能电池效率高，成本较单晶硅电池低，并且也易于大规模生产，但由于镉有剧毒，会对环境造成严重的污染，因此，并不是晶体硅太阳能电池最理想的替代产品。

砷化镓化合物电池的转换效率可达 28%。砷化镓化合物材料具有十分理想的光学带隙以及较高的吸收效率，抗辐照能力强，对热不敏感，适合于制造高效单结电池。但是砷化镓材料的价格不菲，因而在很大程度上限制了砷化镓电池的普及。

铜铟硒薄膜电池适合光电转换，不存在光衰退问题，转换效率和多晶硅一样，具有价格低廉、性能良好和工艺简单等优点，将成为今后发展太阳能电池的一个重要方向。唯一的问题是材料的来源，由于铟和硒都是比较稀有的元素，因此，这类电池的发展又必然受到限制。

四、超级电容器

1. 超级电容器的工作原理

电容器是由两个彼此绝缘的平板形金属电容板组成，在两块电容板之间用绝缘材料隔开。电容器极板上所储集的电量 q 与电压成正比，电容的计量单位为“法拉”（F）。当电容器充上 1V 电压，如果极板上存储 1F 电荷量，则该电容器的电容量就是 1F。电容器的容量只取决于电容板的面积，与面积的大小成正比，而与电容板的厚度无关。另外，电容器的电容量还与电容板间的间隙大小成反比，当电容元件充电时，电容元件上的电压增高，电场能量增大，电容器从电源上获得电能。

2. 超级电容器的结构

超级电容器单体主要由电极、电解质、集电极、隔离膜连线极柱、密封材料和排气阀等组成，如图 2-12 所示。电极一般有碳电极材料、金属氧化物电极材料、导电聚合物电极材料等，要求电极内阻小、电导率高、表面积大、厚度薄；电解质需有较高导电性（内阻小）和足够电化学稳定性（提高单体电压），电解质材料分为有机类和无机类，或分为液态类和固态类，集电极选用导电性能良好的金属和石墨等来充当，如泡沫镍、镍网（箔）、铝箔、钛网（箔）以及碳纤维等，隔离膜防止超级电容器相邻两电极短路，保证接触电阻较小，尽量薄，通常使用多孔隔膜。有机电解质通常使用聚合物或纸作为隔膜，水溶液电解质可采用玻璃纤维或陶瓷隔膜。电极的材料、制造技术、电解质的组成和隔离膜质量对超级电容器的性能有较大影响。

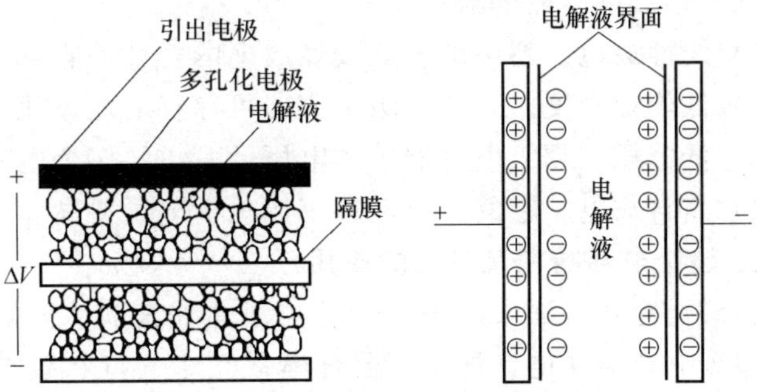

图 2-12　超级电容器的结构与原理图

3. **超级电容器的分类**

超级电容器可以按不同的方式进行分类。

（1）按照储能原理分类。因电荷分离而产生的双电层电容器，欠电位沉积或吸附电容而产生的法拉第准电容器，还有双电层与准电容混合型电容器。

（2）按照结构形式分类。两电极组成相同且电极反应相同，一旦反应方向相反，称为对称型；两电极组成不同或反应不同，称为非对称型。

（3）按照电极材料分类。以活性炭粉末、活性炭纤维、碳气凝胶、纳米碳管、网络结构活性炭为电极材料的超级电容；以贵金属二氧化钌、氧化镍、氧化锰为电极材料的超级电容；以聚吡咯、聚苯胺、聚对苯等聚合有机物为电极的超级电容。

（4）按照电解液不同分类。水溶液体系超级电容器，这种电容器电导率高、成本低、分解电压低（1.2V）；有机体系超级电容器，这种电容器电导率低、成本高、分解电压高（3.5V）；固体物电解质超级电容器，这种电容器可靠性高、电导率低、无泄漏、高比能量与薄型化。

4. **超级电容器的特点**

（1）超级电容器的优点。

1）高功率密度。超级电容器的内阻小，输出功率密度高，是一般蓄电池的数十倍。

2）循环寿命长。具有至少十万次以上的充电寿命，没有“记忆效应”。

3）充电速度快。可以用大电流给超级电容器充电，充电 10s～10min 可达到其额定容量的 95%以上。

4）工作温度范围宽。能在－40～60℃ 的环境温度中正常工作。

5）简单方便。充放电线路简单，无须充电电池那样的充电电路，安全系数高，长期使用免维护；检测方便，剩余电量可直接读出。

6）绿色环保。超级电容器在生产过程中不使用重金属和其他有害化学物质，因而在生产、使用、储存以及拆解过程中均没有污染，是一种新型的绿色环保电源。

（2）超级电容器的缺点。

1）线性放电。超级电容器线性放电的特性使它无法完全放电。

2）低能量密度。目前超级电容器可储存的能量比化学电源少得多。

3）低电压。超级电容器单体电压低，需要多个电容串联才能提升整体电压。

4）高自放电。它的自放电速率比化学电源要高。

5. 超级电容器在汽车上的应用

超级电容器自面市以来，全球需求量快速扩大，已成为化学电源领域内新的产业亮点。超级电容器在电动汽车、混合燃料汽车、特殊载重汽车、电力、铁路、通信、国防、消费性电子产品等众多领域有着巨大的应用价值和市场潜力，被世界各国所广泛关注。

五、飞轮电池

飞轮电池是20世纪90年代才提出的新概念电池，它突破了化学电池的局限，用物理方法实现储能。

1. 飞轮电池的结构与原理

飞轮电池系统由飞轮、电动机、发电机和输入/输出电子装置共同组成，其工作原理如图2-13所示。

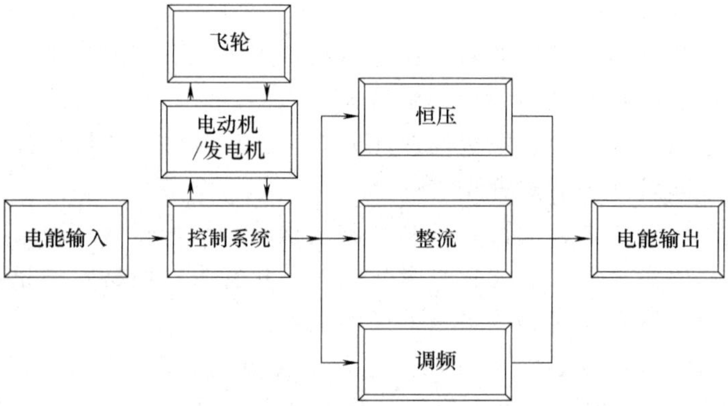

图2-13　飞轮电池基本工作原理

飞轮电池通过输入/输出电子装置与外部大功率的电气系统相连，外部系统所传输的能量经由电动机通过提升飞轮的转速将电能转化为机械能储存。当需要向负载输出功率时，飞轮通过发电机再将机械能转化为电能，同时飞轮转速相应降低。由于飞轮电池系统的能量转换是单线程的，即不可能同时输入、输出能量，为了降低电池系统质量和制造成本，通常将电动机/发动机以及输入/输出电子装置集成在一起。

飞轮储能的关键在于降低机械能的损失，这部分能量的损失主要由空气摩擦阻力和旋转摩擦阻力两部分组成。根据降低空气摩擦阻力方式的不同，可以将飞轮电池分为高速飞轮电池和低速飞轮电池，其中低速飞轮电池通过增加飞轮质量来降低空气摩擦所带来的影响，而高速飞轮电池则通过降低飞轮工作环境的空气压力来降低空气摩擦阻力。此类电池的飞轮受益于新型高强度复合材料的使用而具有重量轻和高转数的特点，其理想工作环境为真空环境，由于技术限制，通常只是将空气摩擦阻力降低至可以接受的程度。为了减小高速旋转时所产生的旋转摩擦阻力，飞轮电池系统通常通过两个磁悬浮轴承的非接触式支承被固定在真空空间内。高速飞轮电池体积小，适合车载使用。飞轮电池具体结构如图2-14所示。它主要由飞轮、轴、轴承、电动机、真空容器和电力电子变换器等部件组成。飞轮是整个电池装置的核心部件，它直接决定了整个装置的储能多少。电力电子变换器通常是由场效应晶体管和绝缘栅极场效应晶体管组成的双向逆变器，它们决定了飞轮装置能量输入/输出量的大小。

2. 飞轮电池的特性

（1）能量密度高。储能密度可达100～200W·h/kg，功率密度可达5000～10000W·h/kg。

（2）能量转换效率高。工作效率高达90%。

（3）工作温度范围宽。对环境温度没有严格要求。

（4）使用寿命长。不受重复深度放电影响，能够循环几百万次运行，预期使用寿命20年以上。

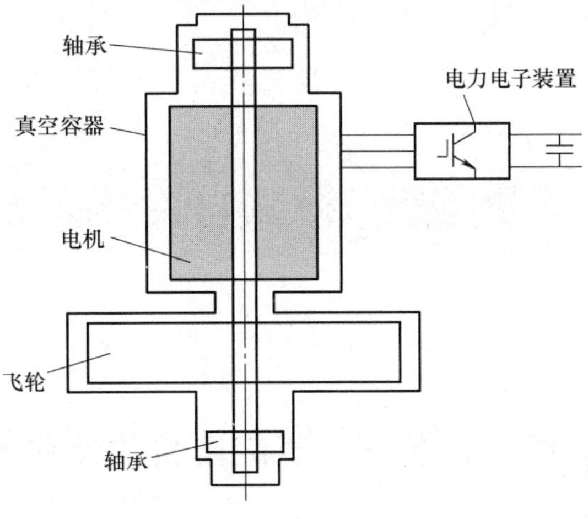

图2-14　飞轮电池具体结构

（5）低损耗、低维护。磁悬浮轴承和真空环境使机械损耗可以被忽略，系统维护周期长。

3. 飞轮电池在汽车上的应用

由于技术和材料价格的限制，飞轮电池的价格相对较高，在小型场合还无法体现其优势。但在一些需要大型储能装置的场合，使用化学电池的价格也非常昂贵，飞轮电池已得到逐步应用，如图2-15所示是飞轮电池混合动力客车。

图2-15　飞轮电池混合动力汽车

飞轮电池充电快，放电完全，非常适合应用于混合能量驱动的车辆中。车辆在正常行驶时和制动时，给飞轮电池充电，飞轮电池则在加速或爬坡时给车辆提供动力，保证车辆在平稳、性能最优的状态下运行，可减少燃料消耗、空气和噪声污染及发动机的维护，延长发动机的寿命。例如，保时捷911GT3采用机电飞轮代替蓄电池为能源。该系统包括一台连接有电动机/发电机的电动飞轮。飞轮最高转速高达40000r/min。

作为一种新兴的储能方式，飞轮电池所拥有传统化学电池无法比拟的优点已被人们广泛认同，它非常符合未来储能技术的发展方向。目前，飞轮电池正在向小型化、低廉化的方向发展。可以预见，伴随着技术和材料学的进步，飞轮电池将在未来的各行各业中发挥重要的作用。

项目三　驱动电机的结构原理认知

任务一　直流电机的结构原理认知

任务引入

小李即将进入电动汽车技术服务岗位，担心在进行电动汽车的驱动电机保养与维修时，不了解其种类、结构和性能以致对电动汽车造成损坏。请问作为车间主管的你，该如何对小李进行直流电机方面的培训呢?

【任务目标】

了解直流电机的基本概念，掌握直流电机的结构原理和特点。

【相关知识】

电机泛指能使机械能转化为电能，电能转化为机械能的一切机器。这里特指发电机、电能机、电动机。

电动机俗称马达，是一种将电能转化成机械能，并可再使机械能产生动能，用来驱动其他装置的电气设备，如图 3-1 所示为电机外形。

直流电机是指能将直流电能转换成机械能（直流电动机）或将机械能转换成直流电能（直流发电机）的旋转电机。它是能实现直流电能和机械能互相转换的电机。当它作电动机运行时是直流电动机，将电能转换为机械能；作发电机运行时是直流发电机，将机械能转换为电能。直流电机外形如图 3-2 所示。

图 3-1　电机外形

图 3-2　直流电机外形

一、直流电机的结构

直流电机由定子和转子两大部分组成。详细结构如图 3-3 所示。

1. 定子部分

直流电机运行时静止不动的部分称为定子，定子的主要作用是产生磁场，由机座、主磁极、换向极、端盖、轴承和电刷装置等组成。

（1）主磁极。又称主极，在一般大中型直流电动机中，主磁极是一种电磁铁。只有个别类型的小型直流电动机的主磁极才用永久磁铁，这种电机叫永磁直流电动机。主磁极的作用是能够在电枢表面外的气隙空间里产生一定形状分布的气隙磁。

图 3-4 是主磁极的装配图。主磁极的铁芯用 1～1.5mm 厚的低碳钢板冲片叠压紧固而成。把事先绕制好的励磁绕组套在主极铁芯外面，整个主磁极再用螺钉固定在机座的内表面上。各主磁极上的励磁绕组连接必须使通过励磁电流时，相邻磁极的极性呈 N 极和 S 极交替的排列，为了让气隙磁密沿电枢圆周方向的气隙空间里分布得更加合理一些，铁芯下部（称为极靴）比套绕组的部分（称为极身）宽。这样也可使励磁绕组牢固地套在铁芯上。

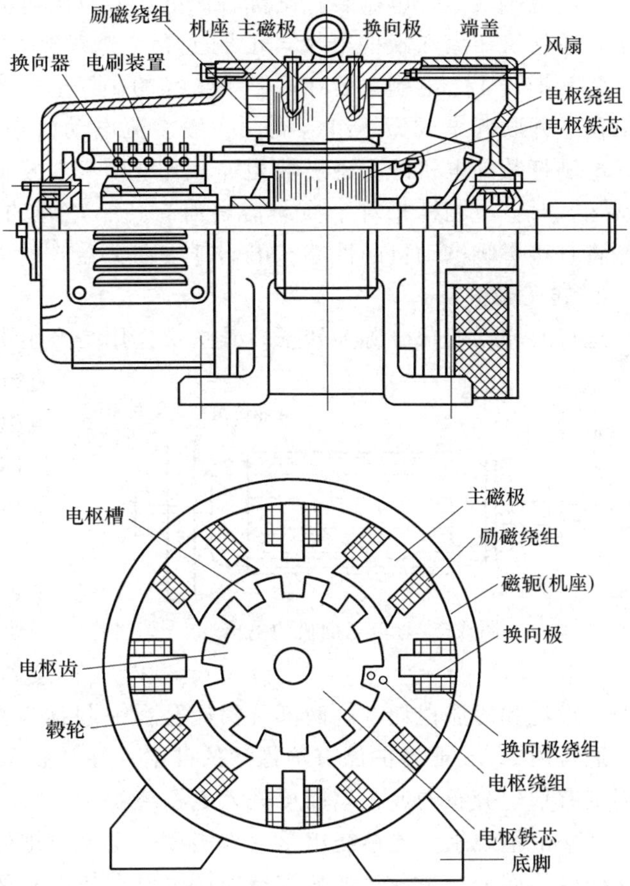

图 3-3 直流电机详细结构

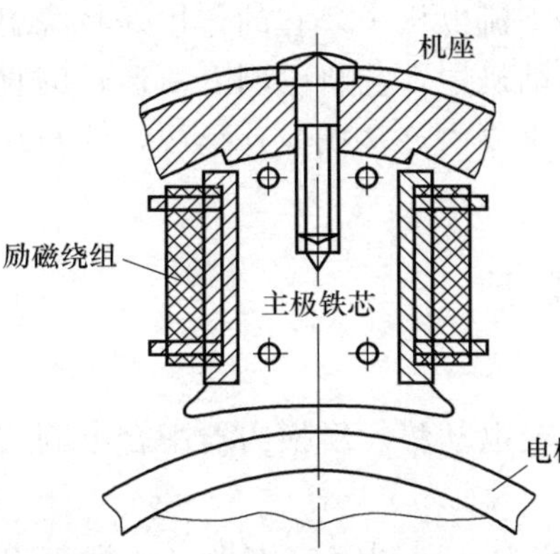

图 3-4 主磁极的装配图

（2）换向极。容量在 1kW 以上的直流电动机，在相邻两主磁极之间要装上换向极。换向极又称附加极或间极，其作用是为了改善直流电动机的换向。换向极的形状比主磁极简单，也是由铁芯和绕组构成。铁芯一般用整块钢板加工而成。换向极绕组与电枢绕组串联。

（3）机座。一般直流电动机都用整体机座。所谓整体机座，就是一个机座同时起两方面的作用：一方面起导磁的作用；另一方面起机械支承的作用。由于机座要起导磁的作用，所以它是主磁路的一部分，称为定子磁轭，一般多用导磁效果较好的铸钢制成，小型直流电动机也有用厚钢板的。主磁极、换向极和端盖都固定在电机的机座上，所以机座又起了机械支承的作用。

（4）电刷装置。电刷装置是把直流电压、直流电流引入或引出的装置。电刷放在电刷盒里，用弹簧压紧在换向器上，电刷上有个铜丝辫，可以引出、引入电流。直流电动机里，常常把若干个电刷盒装在同一个绝缘的刷杆上，在电路连接上，把同一个绝缘刷杆上的电刷盒并联起来成为一组电刷。一般直流电动机中，电刷组的数目可以用电刷杆数表示，电刷杆数与电机的主磁极数相等。各电刷杆在换向器外表面上沿圆周方向均匀分布，正常运行时，电刷杆相对于换向器表面有一个正确的位置，如果电刷杆的位置放得不合理，将直接影响电动机的性能。电刷杆装在端盖或轴承内盖上，调整位置后，将它固定。

2. 转子部分

运行时转动的部分称为转子，其主要作用是产生电磁转矩和感应电动势，是直流电机进行能量转换的枢纽，所以通常又称为电枢，由转轴、电枢铁芯、电枢绕组、换向器和风扇等组成。图 3-5 为直流电动机电枢装配示意图。

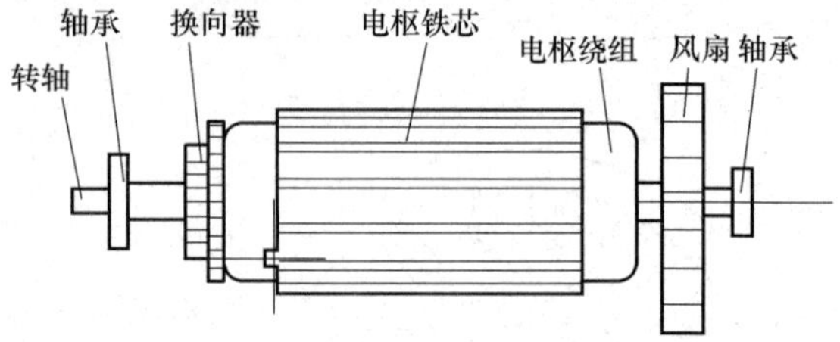

图 3-5　直流电动机的电枢

（1）电枢铁芯。电枢铁芯作用有两个：一个是作为主磁路的主要部分；另一个是嵌放电枢绕组。由于电枢铁芯和主磁场之间的相对运动，会在铁芯中引起涡流损耗和磁滞损耗（这两部分损耗合在一起称为铁芯损耗，简称铁耗），为了减少铁耗，通常用 0.5mm 厚的涂有绝缘漆的硅钢片冲片叠压而成，固定在转轴上，电枢铁芯沿圆周上有均匀分布的槽，里面可嵌入电枢绕组。

（2）电枢绕组。电枢绕组是由许多按一定规律排列和连接的线圈组成，它是直流电机的主要电路部分，是通过电流和感应产生电动势以实现机电能量转换的关键性部件。线圈用包有绝缘的圆形和矩形截面导线绕制而成，线圈也称为元件，每个元件有两个出线端。电枢线圈嵌放在电枢铁芯的槽中，每个元件的两个出线端以一定规律与换向器的换向片相连，构成电枢绕组。

（3）换向器。换向器也是直流电机的重要部件。在直流电机中，它的作用是将绕组内的交变电动势转换为电刷端上的直流电动势；在直流电动机中，它将电刷上所通过的直流电流转换为绕组内的交变电流。换向器安装在转轴上，主要由许多换向片组成，片与片之间用云母绝缘，换向片数与元件数相等。

二、直流电机的工作原理

1. 直流发电机的工作原理

直流发电机的工作原理就是把电枢线圈中感应的交变电动势，靠换向器配合电刷的换向作用，使之从电刷端引出时变为直流电动势。

如图 3-6 所示是一台交流发电机的原理模型。N、S 为一对固定的磁极（一般是电磁铁，也可以是永久磁铁），*abcd* 是装在可以转动的圆柱体表面上的一个线圈，把线圈的两端分别接到两个圆环（称为滑环）上（以后把这个可以转动的装有线圈的圆柱体称为电枢）。在滑环上分别放上两个固定不动的由石墨制成的电刷 A 和 B。通过电刷 A 和 B 把旋转着的电路与外部电路相连接。当原动机拖动电枢以恒速 n 逆时针方向转动时，根据电磁感应定律可知，在线圈边（即导体）ab 和 cd 中有感应电动势产生。感应电动势 e 的大小用下式表示。

$$e=Blv(v)$$

式中：B——导体所在处的磁感应强度（T）；

l——导体 ab 或 cd 的长度（m）；

v——导体 ab 或 cd 与 B 之间的相对线速度（m/s）。

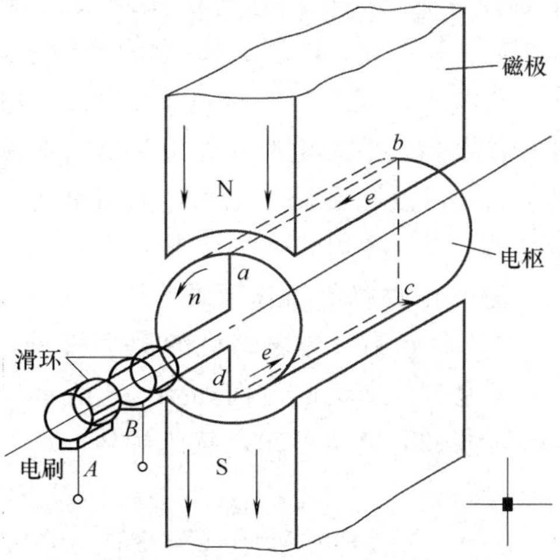

图 3-6　交流发电机的原理模型

感应电动势的方向按右手定则确定。在图 3-6 所示瞬间，导体 ab、cd 的感应电动势方向分别由 b 指向 a 和由 d 指向 c。这时电刷 A 呈高电位，电刷 B 呈低电位。当图 3-6 中电枢逆时针方向转过 180°时，导体 ab 与 cd 互换了位置，用右手定则判断，此时导体 ab、cd 中的感应电动势方向都与图 3-6 所示瞬间的相反。这时电刷 A 呈低电位，电刷 B 呈高电位。如果电枢继续逆时针方向旋转 180°，导体 ab、cd 又转到图 3-6 所示位置，则电刷 A 又呈高电位，电刷 B 呈低电位。由此可见，图 3-6 中电枢每转一周，线圈 $abcd$ 中感应电动势方向交变一次，因此线圈内的感应电动势是一种交变电动势，这是最简单的交流发电机的原理。

如果想要得到直流电动势，那么必须把上述线圈 $abcd$ 感应的电动势进行整流，实现整流的装置称之为换向器。

图 3-7 是直流发电机的原理模型，它由两个铜质换向片代替图 3-7 中的两个滑环。换向片之间用绝缘材料隔开，线圈 $abcd$ 出线端分别与两个换向片相连，电刷 A、B 与换向片相接触并固定不动，这就是最简单的换向器。有了换向器，在电刷 A、B 之间感应电动势就和图 3-7 中电刷 A、B 间的电动势大不一样了。例如，在图 3-7 所示瞬间，线圈 $abcd$ 中感应电动势的方向如图中所示，这时电刷 A 呈正极性，电刷 B 呈负极性。当线圈逆时针方向旋转 180°时，这时导体 cd 位于 N 极下，导体 ab 位于 S 极下，各导体中电动势都分别改变了方向。但是，由于换向片随着线圈一同旋转，本来与电刷 B 相接触的那个换向片，现在却与电刷 A 接触了；与电

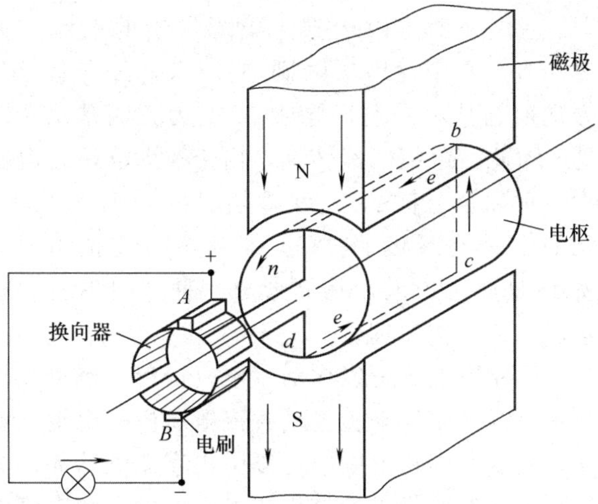

图 3-7　直流发电机的原理模型

刷 A 相接触的换向片与电刷 B 接触了，显然这时电刷 A 仍呈正极性，电刷 B 呈负极性。从图 3-7 中看出，和电刷 A 接触的导体永远位于 N 极下，同样，和电刷 B 接触的导体永远位于 S 极下。因此，电刷 A 始终有正极性，电刷 B 始终有负极性，所以电刷端能引出方向不变的但大小变化的脉振电动势。如果电枢上线圈数增多，并按照一定的规律把它们连接起来，可使脉振程度减小，就可获得直流电动势。这就是直流发电机的工作原理，同时也说明了直流发电机实质上是带有换向器的交流发电机。

2. 直流电动机的工作原理

图 3-8 所示为直流电动机的原理模型，电刷 A、B 接上直流电源，于是在线圈 $abcd$ 中有电流流过，电流的方向如图 3-8 所示。

根据电磁力定律可知，载流导体 ab、cd 上受到的电磁力 F（N）为

$$F=BlI$$

式中：B——导体所在处的气隙磁感应强度（T）；

l——导体 ab 或 cd 的长度（m）；

I——导体中的电流（A）。

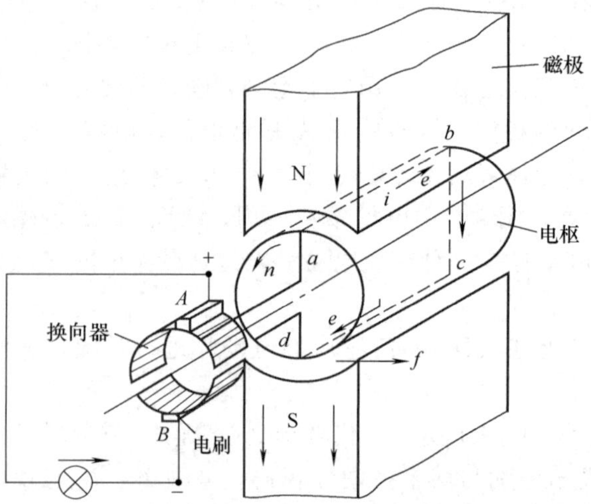

图 3-8　直流电动机的原理模型

导体受力的方向用左手定则确定，导体 ab 的受力方向是从右向左，导体 cd 的受力方向是从左向右，如图 3-8 所示。这一对电磁力形成了作用于电枢的一个力矩，这个力矩在旋转电机里称为电磁转矩，转矩的方向是逆时针方向，企图使电枢逆时针方向转动。如果此电磁转矩能够克服电枢上的阻转矩（例如由摩擦引起的阻转矩以及其他负载转矩），电枢就能按逆时针方向旋转起来。当电枢转了 180°后，导体 cd 转到 N 极下，导体 ab 转到 S 极下时，由于直流电源供给的电流方向不变，仍从电刷 A 流入，经导体 cd、ab 后，从电刷 B 流出。这时导体 cd 受力方向变为从右向左，导体 ab 受力方向是从左向右，产生的电磁转矩的方向仍为逆时针方向。因此，电枢一经转动，由于换向器配合电刷对电流的换向作用，直流电流交替地由导体 ab 和 cd 流入，使线圈边只要处于 N 极下，其中通过电流的方向总是由电刷 A 流入的方向，而在 S 极下时，总是从电刷 B 流出的方向。这就保证了每个极下线圈边中的电流始终是一个方向，从而形成一种方向不变的转矩，使电动机能连续地旋转，这就是直流电动机的工作原理。

从上述基本电磁情况来看，一台直流电动机原则上既可以作为发电机运行，也可以作为电动机运行，只是其输入输出的条件不同而已。如用原动机拖动直流电动机的电枢，将机械能从电动机轴上输入，而电刷上不加直流电压，则从电刷端可以引出直流电动势作为直流电源，可输出电能，电动机将机械能转换成电能而成为发电机；如在电刷上加直流电压，将电能输入电枢，则从电机轴上输出机械能，拖动生产机械，将电能转换成机械能而

成为电动机。这种同一台电动机，既能作发电机又能作电动机运行的原理，在电机学理论中称为电动机的可逆原理。

3. 直流电机的励磁方式

直流电机的励磁方式是指对励磁绕组如何供电、产生励磁磁通势而建立主磁场的问题。根据励磁方式的不同，直流电机可分为下列几种类型。

（1）他励直流电机。励磁绕组与电枢绕组无连接关系，而由其他直流电源对励磁绕组供电的直流电机称为他励直流电机，接线如图 3-9（a）所示。图中 M 表示电动机，若为发电机，则用 G 表示。永磁直流电机也可看作他励直流电机。

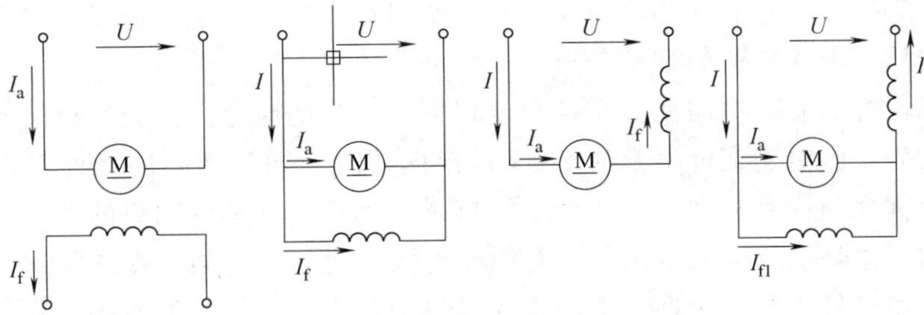

图 3-9　直流电机的励磁方式

（2）并励直流电机。并励直流电机的励磁绕组与电枢绕组相并联，接线如图 3-9（b）所示。作为并励发电机来说，是电机本身发出来的端电压为励磁绕组供电；作为并励电动机来说，励磁绕组与电枢共用同一电源，从性能上讲与他励直流电动机相同。

（3）串励直流电机。串励直流电机的励磁绕组与电枢绕组串联后，再接于直流电源，接线如图 3-9（c）所示，这种直流电机的励磁电流就是电枢电流。

（4）复励直流电机。复励直流电机有并励和串励两个励磁绕组，接线如图 3-9（d）所示。若串励绕组产生的磁通势与并励绕组产生的磁通势方向相同称为积复励。若两个磁通势方向相反，称为差复励。

不同励磁方式的直流电机有着不同的特性。一般情况下直流电动机的主要励磁方式是并励式、串励式和复励式，直流发电机的主要励磁方式是他励式、并励式和和复励式。

电动汽车所使用的直流电动机主要是他励直流电动机（包括永磁直流电动机）、串励直流电动机、复励直流电动机 3 种类型。

小功率（0.1～10kW）的电动机采用的是小型高效的永磁直流电动机，可以应用在小型、低速的搬运设备上，如电动自行车、休闲用电动汽车、高尔夫球车、电动叉车等。

中等功率（10k～100kW）的电动机采用他励、复励或串励式直流电动机，可以用于结构简单、转矩要求较大的电动货车上。

大功率（＞100kW）直流电动机采用串励式，可用在要求低速、高转矩的专用电动车上，如矿石搬运电动车、玻璃搬运电动车等。

4. 直流电机的换向

通过对直流电机电枢绕组的分析知道，当电枢旋转时，组成电枢绕组的每条支路里所含元件数目是不变的，但组成每条支路的元件都在依次循环地更换。一条支路中的某个元件在经过电刷后就成为另一条支路的元件，并且在电刷的两侧，元件中的电流方向是相反的，因此直流电机在工作时，绕组元件连续不断地从一条支路退出而进入相邻的支路。在元件从一条支路转入另一条支路这个过程中，元件中的电流就要改变方向，这就是所谓直流电机的换向问题。

换向问题是换向器电机的一个专门问题，如果换向不良，将会在电刷与换向片之间产生有害的火花，当火花超过一定程度，就会烧坏电刷和换向器表面，使电机不能正常工作。此外，电刷下的火花也是一个电磁波的来源，对附近无线电通信有干扰。国家对电机换向时产生的火花等级及相应的允许运行状态有一定的规定。

产生火花的原因是多方面的，除电磁原因外，还有机械的原因，换向过程中还伴随有电化学、电热等因素。它们互相交织在一起，所以相当复杂，至今还没有完全掌握其各种现象的物理实质，尚无完整的理论分析。

就电磁理论方面看，换向元件在换向过程中，电流的变化必然会在换向元件中产生自感电动势。此外，因电刷宽度通常为2～3片换向片宽，同时换向的元件不止一个，换向元件与换向元件之间会有互感电动势产生。自感电动势和互感电动势的合成称为电抗电动势。根据楞次定律，电抗电动势的作用是阻止电流变化的，即阻碍换向的进行。另外电枢磁场的存在，使得处在几何中性线上的换向元件中产生一种切割电动势，称为电枢反应电动势。根据右手定则，电枢反应电动势也起着阻碍换向的作用。因此，换向元件中出现延迟换向的现象，造成换向元件离开一个支路最后瞬间尚有较大的电磁能量，这部分能量以弧光放电的方式转化为热能，散失在空气中，因而在电刷与换向片之间出现火花。

从产生火花的电磁原因出发，要有效地改善换向，就必须减小、甚至抵消换向元件中的电抗电动势和电枢反应电动势。目前最主要的方法是在主磁极之间装设换向极。由于换向元件中的电抗电动势和电枢反应电动势均与电枢电流成正比，所以换向极绕组中应通以电枢电流，即换向极绕组与电枢绕组串联。换向极绕组一般用截面较大的矩形导线绕成，而且匝数较少。

换向极绕组产生的磁通势的方向与电枢磁通势的方向相反，大小比电枢磁通势大。这样换向极磁通势除抵消电枢磁通势在几何中性线处的作用外，剩余的磁通势在换向元件里产生感应电动势，这个电动势抵消换向元件中的电抗电动势。只要换向极设计和调整得合适，就能保证换向元件中总电动势接近于零，电机的换向就比较顺利了，使负载运行时电刷与换向器之间基本上没有火花。

三、直流电动机的特点

直流电动机具有以下特点：

（1）调速性能好。直流电动机可以在重负载条件下，实现均匀、平滑的无级调速，而且调速范围较宽。

（2）启动力矩大。可以均匀而经济地实现转速调节，因此，凡是在重负载下启动或要求均匀调节转速的机械，例如大型可逆轧钢机、卷扬机、电力机车、电车等，都可用直流电动机拖动。

（3）控制比较简单。一般用斩波器控制，它具有高效率、控制灵活、质量轻、体积小、响应快等优点。

（4）有易损件。由于存在电刷、换向器等易磨损器件，所以必须进行定期维护或更换。

电动汽车专用的直流电动机和其他通用的电动机相比，应在耐高温性、抗振动性、低损耗性、抗负载波动性以及小型轻量化、免维护性等方面给予特殊考虑。

除此之外，电动汽车用直流电动机大多在较低的电压下驱动，同时是大电流电路，因此需要注意连接接线的接触电阻。

任务二 异步电动机的结构原理认知

任务引入

小李即将进入电动汽车技术服务岗位，担心在进行电动汽车的驱动电机保养与维修时，不了解其种类、结构和性能以致对电动汽车造成损坏。请问作为车间主管的你，该如何对小李进行异步电动机方面的培训呢?

【任务目标】

了解异步电动机的基本概念，掌握异步电动机的结构原理和特点。

【相关知识】

异步电动机在1885年由意大利物理学家和电气工程师费拉里斯发明，异步电动机又称感应电动机，是由气隙旋转磁场与转子绕组感应电流相互作用产生电磁转矩，从而实现机电能量转换为机械能量的一种交流电机。异步电动机按照转子结构分为两种形式：有鼠笼式（鼠笼式异步电机）和绕线式异步电动机。作为电动机运行的异步电机，因其转子绕组电流是感应产生的，又称感应电动机。异步电动机是各类电动机中应用最广、需要量最大的一种。

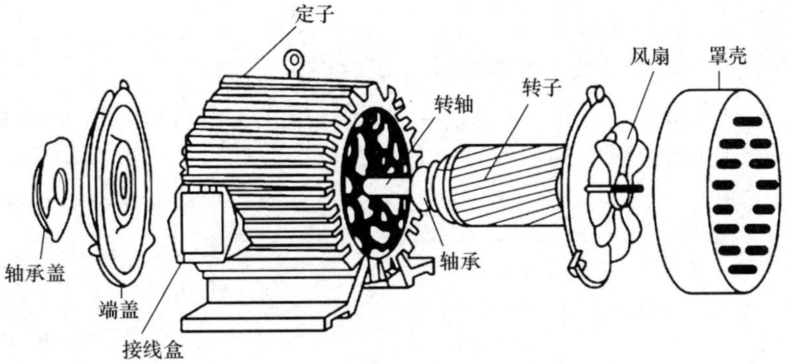

图3-10 三相异步电动机的典型结构

一、异步电动机的结构

1. 定子

异步电动机的定子由定子铁芯、定子绕组和机座构成。

(1) 定子铁芯。定子铁芯是电动机磁路的一部分，并在其上放置定子绕组。定子铁芯一般由0.35～0.5mm厚表面具有绝缘层的硅钢片冲制、叠压而成，在铁芯的内圆冲有均匀分布的槽，用以嵌放定子绕组。定子铁芯槽型有半闭口型槽、半开口型槽和开口型槽 3 种。

（2）定子绕组。定子绕组是电动机的电路部分，通入三相交流电，产生旋转磁场。定子绕组由 3 个在空间互隔 120°、对称排列的结构完全相同的绕组连接而成，这些绕组的各个线圈按一定规律分别嵌放在定子各槽内。

（3）机座。机座主要用于固定定子铁芯与前后端盖，以支承转子，并起防护、散热等作用。机座通常为铸铁件，大型异步电动机机座一般用钢板焊成，微型电动机的机座采用铸铝件。封闭式电动机的机座外面有散热筋以增加散热面积，防护式电动机的机座两端端盖开有通风孔，使电动机内外的空气可直接对流，以利于散热。

2. 转子

异步电动机的转子由转子铁芯、转子绕组和转轴组成。

（1）转子铁芯。转子铁芯也是电动机磁路的一部分，并在铁芯槽内放置转子绕组。转子铁芯所用材料与定子一样，由 0.5mm 厚的硅钢片冲制、叠压而成，硅钢片外圆冲有均匀分布的孔，用来安置转子绕组。通常用定子铁芯冲落后的硅钢片内圆来冲制转子铁芯。一般小型异步电动机的转子铁芯直接压装在转轴上，大、中型异步电动机（转子直径为 300～400mm）的转子铁芯则借助于转子支架压在转轴上。

（2）转子绕组。转子绕组是转子的电路部分，它的作用是切割定子旋转磁场产生感应电动势及电流，并形成电磁转矩而使电动机旋转。转子绕组分为笼式转子和绕线式转子。

（3）转轴。转轴用于固定和支承转子铁芯，并输出机械功率。转轴一般使用中碳钢制成。

（4）气隙。异步电动机定子与转子之间有一小的间隙，称为电动机气隙。气隙的大小对异步电动机的运行性能有很大影响。中小型异步电动机的气隙一般为 0.2～2mm；功率越大，转速越高，气隙尺寸越大。

3. 三相异步电动机定子绕组接法和定子旋转磁场

（1）三相异步电动机的定子绕组接法。单速三相异步电动机三相定子绕组的首端和尾端都用引线接于电动机接线盒的接线柱上，再通过接线柱与三相电源相连接。普通常用的三相异步电动机的定子绕组有星形（Y）接法和三角形（△）接法两种，如图 3-11 所示。

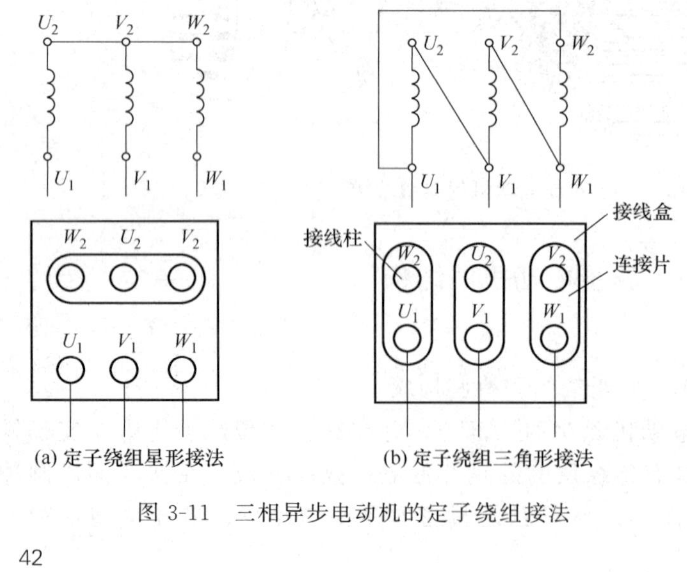

图 3-11　三相异步电动机的定子绕组接法

（2）三相异步电动机定子旋转磁场。三相异步电动机对称三相定子绕组接对称三相电压（对称三相电压是指三相电压大小相等，相位相差 120°角），在三相定子绕组产生三相对称电流（对称三相电流是指三相电流大小相等，相位相差 120°角），进而在定子腔内产生旋转磁场，定子旋转磁场的转速被称为同步速，又称为电动机同步速，用 n_0 表示。定子旋转磁场的转速与电源电压频率 f_1 成正比，与磁极对数 p 成反比，如图 3-12 所示。

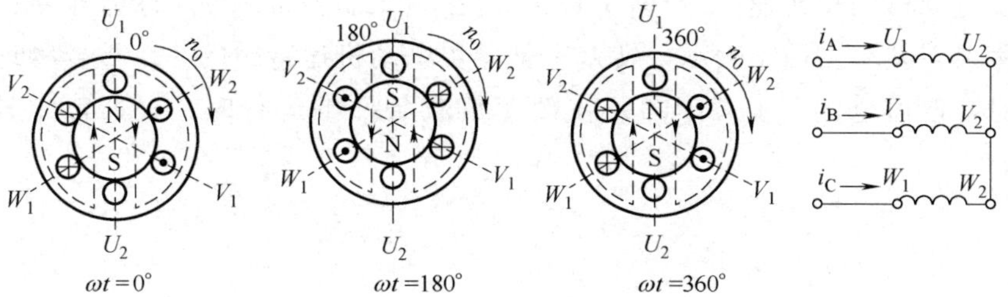

(a) 定子绕组与电源第一种接法旋转磁场示意图

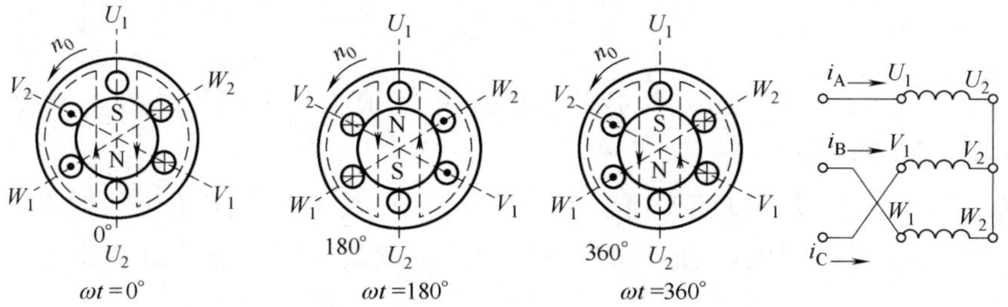

(b) 定子绕组与电源接线B相绕组与C相绕组对调后旋转磁场示意图

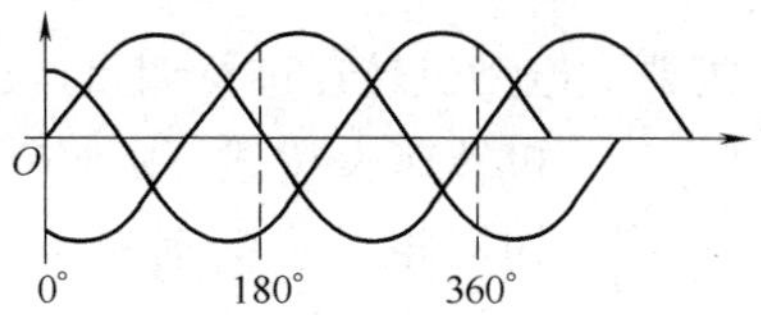

(c) 三相对称电流波形图

图 3-12　三相电动机磁场旋转示意图

二、异步电动机的工作原理

图 3-13 为异步电动机工作原理图。当异步电动机的三相定子绕组通入三相交流电后，将产生一个旋转磁场，该旋转磁场切割转子绕组，从而在转子绕组中产生感应电动势，电动势的方向由右手定则来确定。由于转子绕组是闭合通路，转子中便有电流产生，电流方向与电动势方向相同，而载流的转子导体在定子旋转磁场作用下将产生电磁力，电磁力的方向可用左手定则确定。由电磁力进而产生电磁转矩，驱动电动机旋转，并且电动机旋转方向与旋转磁场方向相同。

异步电动机的转子转速不等于定子旋转磁场的同步转速，这是异步电动机的主要特点。如果电动机转子轴上带有机械负载，则负载被电磁转矩拖动而旋转。当负载发生变化时，转子转速也随之发生变化，使转子导体中的电动势、电流和电磁转矩发生相应变化，以适应负载需要。因此，异步电动机的转速是随负载变化而变化的。

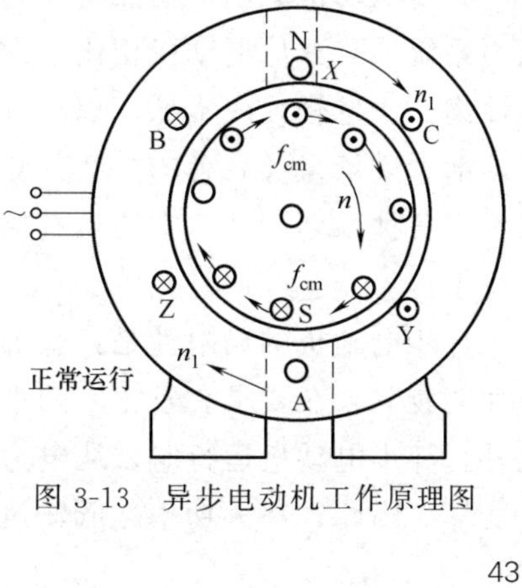

图 3-13　异步电动机工作原理图

异步电动机的转子转速与定子旋转磁场的同步转速之间存在转速差，它的大小决定着转子电动势及其频率的大小，直接影响异步电动机的工作状态。

三相异步电动机同步转速 n_0 与转子转速 n 之差（$\Delta n=n_0-n$）称为转差；转差与同步速百分比称为转差率，用 s 表示，转差率是异步电动机运行时的一个重要物理量。异步电动机运行时，取值范围为 $0<s<1$。在额度负载条件下运行时，一般额定转差率 $s=0.01\sim0.06$。

$$s=(n_0-n)/n_0\times100\%$$

$$n=(1-s)n_0$$

$$=(1-s)\times f_1/p$$

由以上分析可知转子转速 n 与同步转速 n_0 相差很小，电机工作在电动状态 $n\leqslant n_0$；电机工作在发电制动状态 $n>n_0$。

改变转子转速 n 可以通过改变电源电压频率 f_1，或者改变定子磁极对数 p 实现。值得注意的是当 $s=0$ 时，则电动机以同步速运行，也就是说同步电动机转速为 $60f_1/p$。

三、三相电动机调速

根据各种生产机械需要，需要对电动机转速进行调整，这就是调速。根据三相异步电动机转速表达式［$n=(1-s)\ n_0=\ (1-s)f_1/p$］，可知三相异步电动机可以通过改变电压频率（$f_1$）调速、改变转差率（$s$）调速、改变极（$p$）调速三种方法。

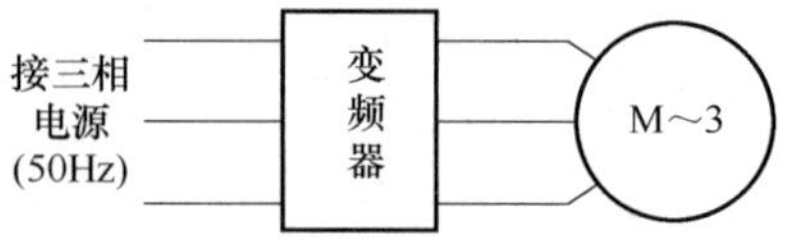

图 3-14　三相异步电动机变频调速主电路图

变频调速因其大功率变频器的功能，使得变频调速被广泛用于三相异步电动机调速。三相异步电动机采用变频器调速，可以达到无级调速，其调速范围广，调速性能好。图 3-14 是三相异步电动机变频调速主电路图。

四、异步电动机特点

异步电动机的基本特点是：转子绕组不需与其他电源相连，其定子电流直接取自交流电力系统；与其他电动机相比，异步电动机的结构简单，制造、使用、维护方便，运行可靠性高。质量轻，成本低。以三相异步电动机为例，与同功率、同转速的直流电动机相比，前者质量只及后者的 1/2，成本仅为 1/3。异步电动机还容易按不同环境条件的要求，派生出各种系列产品。它还具有接近恒速的负载特性，能满足大多数工农业生产机械拖动的要求。

异步电动机的局限性是：它的转速与其旋转磁场的同步转速有固定的转差率，因而调速性能较差，在要求有较宽广的平滑调速范围的使用场合，不如直流电动机经济、方便。此外，异步电动机运行时，从电力系统吸取无功功率以励磁，这会导致电力系统的功率因数变坏。因此，在大功率、低转速场合不如用同步电动机合理。

任务三　永磁同步电动机的结构原理认知

任务引入

小李即将进入电动汽车技术服务岗位，担心在进行电动汽车的驱动电机保养与维修时，不了解其种类、结构和性能以致对电动汽车造成损坏。请问作为车间主管的你，该如何对小李进行异步电动机方面的培训呢？

【任务目标】

了解永磁同步电动机的基本概念，掌握永磁同步电动机的结构原理和特点。

【相关知识】

永磁同步电动机具有高效、高控制精度、高转矩密度、良好的转矩平稳性及低振动噪声的特点，通过合理设计永磁磁路结构能获得较高的弱磁性能，在电动汽车驱动方面具有很高的应用价值，受到国内外电动汽车界的高度重视，是较具竞争力的电动汽车驱动电动机系统之一。

永磁同步电动机的运行原理与电励磁同步电动机相同，但它以永磁体提供的磁通替代后者的励磁绕组励磁，使电动机结构较为简单，降低了加工和装配费用，且省去了容易出问题的集电环和电刷，提高了电动机运行的可靠性；又因无须励磁电流，省去了励磁损耗，提高了电动机的效率和功率密度，因而它是近年来研究得较多并在各个领域中得到越来越广泛应用的一种电动机。

永磁同步电动机其本身是一个自控式同步电动机，它由定子和转子组成，有的带位置传感器，有的应用场合因安装的不便利及成本上的要求无法安装位置传感器。有的定子是线圈，转子是永磁体，有的转子是线圈，定子是永磁体。但无论哪种方式，电机本身是不能够自己执行旋转控制的，它必须依赖电子换相装置，这也是为什么这种电机需要变频控制的原因。也可以这样说，该种电机系统由电动机、逆变器组成（有的还带位置传感器）。如图 3-15 所示给出了一个基本系统原理结构图。

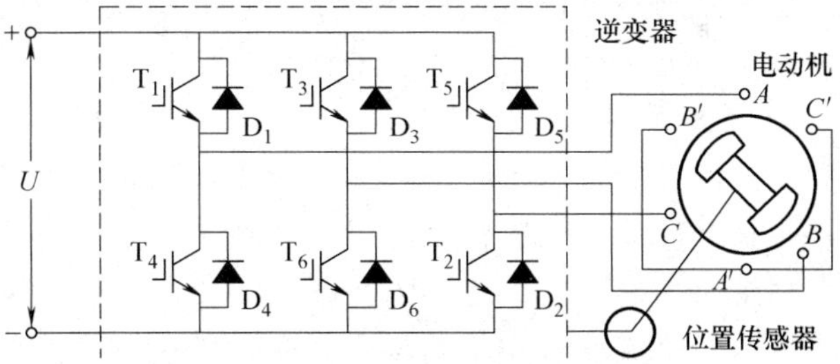

图 3-15　永磁同步电动机结构原理图

一、永磁同步电动机结构

1. 电动机

永磁同步电动机的结构示意图如图 3-16 所示，同感应电动机和直流电动机相似，永磁同步电动机也是由转子及定子两大部件所构成，三相交流绕组在定子上；永磁体在转子上。

（1）定子。定子与普通感应电动机基本相同，定子通常也称为电枢，它由定子三相绕组、定子铁芯、机座和端盖等零部件所构成。定子铁芯是由冲压后的硅钢片紧密叠装而成的，如图 3-16 所示。一般采用 0.5mm 硅钢冲片叠压而成，对于具有高效率指标或频率较高的电动机，为了减少铁耗，可以考虑使用0.35mm的低损耗冷轧无取向硅钢片。电枢绕组则普遍采用分布、短距绕组；对于极数较多的电动机，则普遍采用分数槽绕组；需要进一步改善电动势波形时，也可以考虑采用正弦绕组或其他特殊绕组。

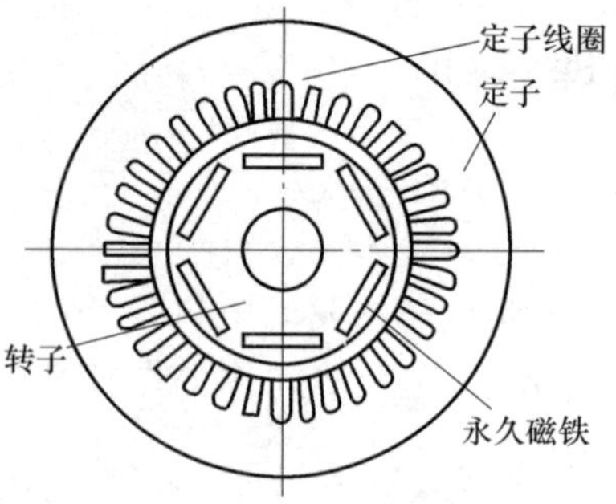

图3-16　永磁同步电动机的结构示意图

(2) 转子。转子主要由永磁体、转子铁芯和转轴等构成，其中永磁体主要采用硬磁铁氧体永磁和稀土钕铁硼永磁材料；转子铁芯可根据磁极结构的不同，选用实心钢，或采用钢板或硅钢片冲制后叠压而成。

转子有两种形式的结构，依据定转子之间的气隙分布有隐极式和凸极式之分。图3-17 (a) 为凸极式，从图可看出转子有明显的凸出磁极，且气隙不均匀分布。图3-17 (b) 为隐极式，转子呈圆柱形，均匀分布气隙。

电动机转子使用永磁铁励磁，目前常见的有铁氧体或稀土永磁材料。依据转子磁场几何形状的异同，磁场在空间上分布有方波（或梯形波）和正弦波两种。因此反电动势也有两种，根据反电动势的不同分别采用120°的直流方波控制或正弦波控制。

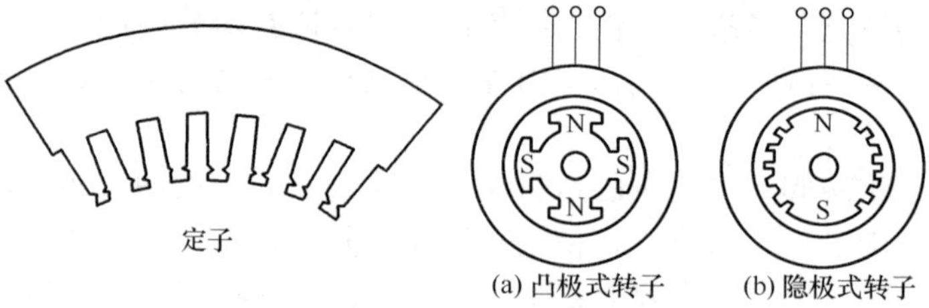

图3-17　定子、转子图

2. **转子位置传感器**

在永磁同步电机中，通常转子位置传感器与电机轴联在一起，用来随时测定转子磁极的位置，为电子换向提供正确的信息。

3. **逆变器**

位置传感器将转子的位置信号电平反馈给控制芯片，控制芯片经过电流采样和数学变换，并根据反馈的位置信息经过闭环运算，重新按新的脉冲宽度调制（PWM）占空比输出来触发功率器件（IGBT或MOSFET），实际上逆变器是自控的，由自身运行来保证电机的转速和电流输入频率同步，并避免振荡和失步的发生。

二、永磁同步电动机分类

永磁同步电动机分类方法比较多：按工作主磁场方向的不同，可分为径向磁场式和轴向磁场式；按电枢绕组位置的不同，可分为内转子式（常规式）和外转子式；按转子上有无启动绕组，可分为无启动绕组的电动机（用于变频器供电的场合，利用频率的逐步升高而启动，并随着频率的改变而调节转速，常称为调速永磁同步电动机）和有启动绕组的电动机（既可用于调速运行又可在某一频率和电压下利用启动绕组所产生的异步转矩启动，常称为异步启动永磁同步电动机）；按供电电流波形的不同，可分为矩形波永磁同步电动机和正弦波永磁同步电动机（简称永磁同步电动机）。异步启动永磁同步电动机用于频率可调的传动系统时，形成一台具有阻尼（启动）绕组的调速永磁同步电动机。

三、永磁同步电动机的特点

永磁同步电动机与其他电动机相比，具有以下优点：

（1）用永磁体取代绕线式同步电动机转子中的励磁绕组，从而省去了励磁线圈、集电环和电刷，以电子换向实现无刷运行，结构简单，运行可靠。

（2）永磁同步电动机的转速与电源频率间始终保持准确的同步关系，控制电源频率就能控制电动机的转速。

（3）永磁同步电动机具有较硬的机械特性，对于因负载的变化而引起的电动机转矩的扰动具有较强的承受能力，瞬间最大转矩可以达到额定转矩的 3 倍以上，适合在负载转矩变化较大的工况下运行。

（4）永磁电动机转子为永久磁铁无须励磁，因此电动机可以在很低的转速下保持同步运行，调速范围宽。

（5）永磁同步电动机与异步电动机相比，不需要无功励磁电流，因而功率因数高，定子电流和定子铜耗小，效率高。

（6）体积小、质量轻。近些年来随着高性能永磁材料的不断应用，永磁同步电动机的功率密度得到很大提高，比起同容量的异步电动机来体积和质量都有较大的减小，使其适合应用在许多特殊场合。

（7）结构多样化，应用范围广。永磁同步电动机由于转子结构的多样化，产生了特点和性能各异的许多品种，从工业到农业，从民用到国防，从日常生活到航空航天，从简单电动工具到高科技产品，几乎无所不在。

永磁同步电动机还存在以下缺点：

（1）由于永磁同步电动机转子为永磁体，无法调节，必须通过加定子直轴去磁电流分量来削弱磁场，这会增大定子的电流，增加电动机的铜耗。

（2）永磁电动机的磁钢价格较高。

任务四　开关磁阻电动机的结构原理认知

任务引入

小李即将进入电动汽车技术服务岗位，担心在进行电动汽车的驱动电机保养与维修时，不了解其种类、结构和性能以致对电动汽车造成损坏。请问作为车间主管的你，该如何对小李进行异步电动机方面的培训呢?

【任务目标】

了解开关磁阻电动机的基本概念，掌握开关磁阻电动机的结构原理和特点。

【相关知识】

开关磁阻电动机调速系统是 20 世纪 80 年代中期发展起来的新型交流调速系统，它由开关磁阻电动机（SRM）、功率变换器、位置检测器及控制器所构成，其系统构成与永磁无刷直流电动机几乎一样，如图 3-18 所示。它以其电机结构简单可靠、系统效率高、

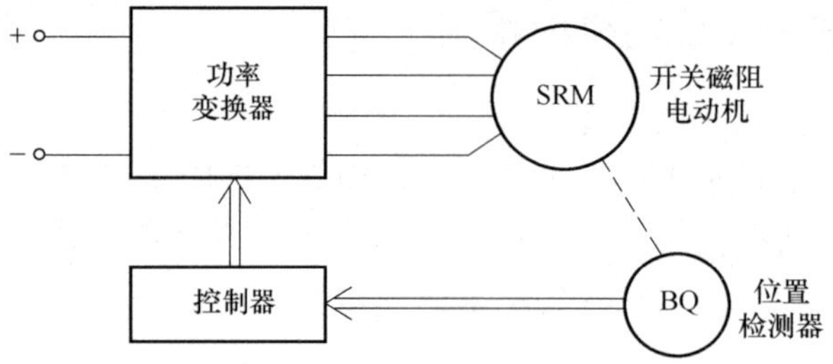

图 3-18　开关磁阻电动机调速系统构成

高速运行区域宽等优良性能成为交流调速领域中的一支新军。

一、开关磁阻电动机结构

典型的三相开关磁阻电动机的结构如图 3-19 所示。其定子和转子均为凸极结构，图示电机的定子有 6 个极（$N_s=6$），转子有 4 个极（$N_r=4$）。定子极上套有集中线圈，两个空间位置相对的极上的线圈顺向串联构成一相绕组，图 3-19（a）中只画出了 A 相绕组，转子由硅钢片叠压而成，转子上无绕组，该电机称为三相 6/4 极开关磁阻电动机。在结构形式及工作原理上，开关磁阻电动机与大步距反应式步进电机并无差别，但在控制方式上步进电动机应归属于他控式变频，而开关磁阻电动机则归属于自控式变频；在应用上步进电动机都用作“控制电机”而开关磁阻电动机则是主要用于拖动电动机，因此电动机设计时所追求的目标不同而使电动机的设计参数不同。

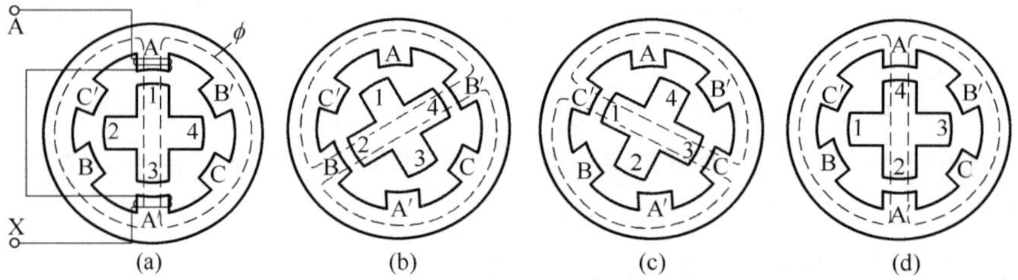

图 3-19　开关磁阻电动机动作原理图

二、开关磁阻电动机的工作原理

当 A 相绕组通电时，因磁通总要沿着磁阻最小的路径闭合，将力图使转子转动，最终使转子 1、3 极和定子 A、A′极对齐，A 相断电、B 相通电时，则 B 相电流产生的磁吸力要吸引转子 2、4 极，使转子逆时针转动，最终使转子 2、4 极与定子 B、B′对齐，转子在空间转过 $\theta=30°$机械角；再使 B 相断电、C 相通电，转子又将逆时针转过 30°，一个通电周期使转子在空间转过了一个齿距。电机若按 A—C—B—A 的顺序通电，则反方向旋转。电流的方向不影响上述的动作过程。

为保证开关磁阻电动机能连续旋转，当 A 相吸合时，B 相的定、转子极轴线应错开 $1/m$ 个转子极距，m 为电机相数。

三、开关磁阻电动机的特点

开关磁阻电动机与其他电动机相比，具有以下优点：

（1）可控参数多，调速性能好。可控参数有主开关开通角、主开关关断角、相电流幅值、直流电源电压，控制方便，可四象限运行，容易实现正转、反转和电动、制动等特定的调节控制。

（2）结构简单，成本低。开关磁阻电动机转子无绕组，也不加永久磁铁，定子为集中绕组，比传统的直流电动机、永磁电动机及感应电动机都简单，制造和维护方便。它的功率变换器比较简单，主开关元件数较少，电子器件少，成本低。

（3）损耗小，运转效率高。开关磁阻电动机的转子不存在励磁及转差损耗，功率变换器元器件少，相应的损耗也小；控制灵活，易于在很宽转速范围内实现高效节能控制。

（4）启动转矩大，启动电流小。在15%额定电流的情况下就能达到100%的启动转矩。

由于开关磁阻电动机的特殊结构和工作方式的原因，其也存在如下一些缺点：

（1）转矩脉动现象较大。

（2）振动和噪声相对较大，特别是在负载运行的时候。

（3）电动机的出线头相对较多，还有位置检测器出线端。

（4）电动机的数学模型比较复杂，其准确的数学模型较难建立。

（5）控制复杂，且依赖于电动机的结构。

项目四　纯电动汽车的认知

任务一　纯电动汽车的基础认知

任务引入

小王即将进入电动汽车技术服务岗位，但是纯电动汽车是一个新兴事物，你能告诉小王纯电动汽车的发展过程、分类及其优缺点吗?

【任务目标】

能准确描述纯电动汽车的定义及分类，了解纯电动汽车在市场上的应用。

【相关知识】

纯电动汽车是指以车载电源为动力，用电动机驱动车轮行驶，符合道路交通、安全法规各项要求的车辆。一般采用高效率充电蓄电池为动力源。纯电动汽车无须再用内燃机，因此，纯电动汽车的电动机相当于传统汽车的发动机，蓄电池相当于传统汽车的油箱，电能是二次能源，可以来源于风能、水能、热能、太阳能等多种方式。

纯电动汽车可分为两种类型，即用纯蓄电池作为动力源的纯电动汽车和装有辅助动力源的纯电动汽车。

1. 用蓄电池作为动力源的电动汽车

用单一蓄电池作为动力源的纯电动汽车，只装置了蓄电池组，它的电力和动力传输系统如图 4-1 所示。

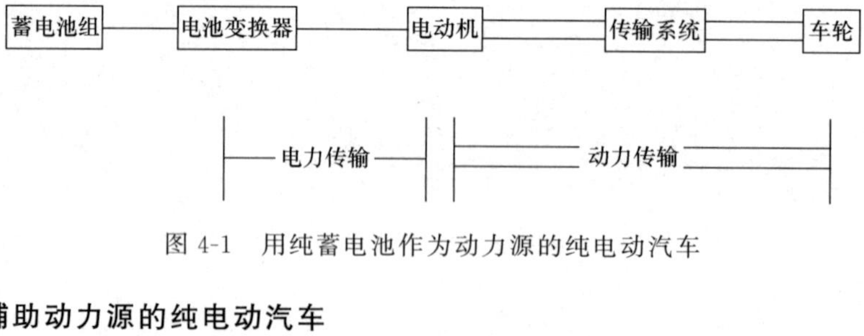

图 4-1　用纯蓄电池作为动力源的纯电动汽车

2. 装有辅助动力源的纯电动汽车

用单一蓄电池作为动力源的纯电动汽车，蓄电池的比能量和比功率较低，蓄电池组的质量和体积较大。因此，在某些纯电动汽车上增加辅助动力源，如超级电容器、发电机组、太阳能等，由此改善纯电动汽车的启动性能和增加续航里程，如图 4-2 所示。

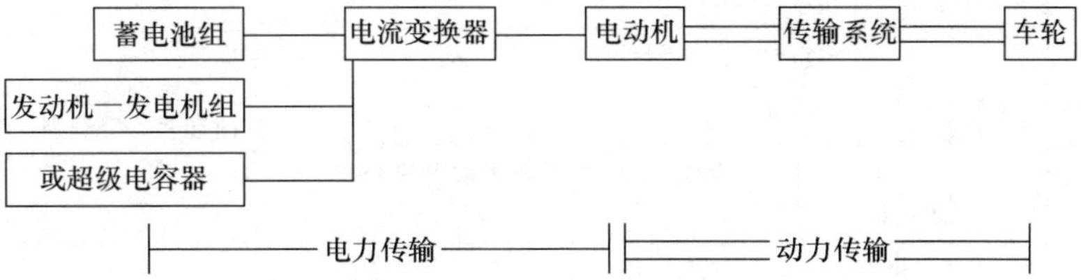

图 4-2　装有辅助动力源的纯电动汽车

任务二　纯电动汽车的结构原理认知

任务引入

许多科幻电影以争夺一块很小的电池而展开故事情节，一块电池有多大的作用？让我们通过本次任务的学习了解纯电动汽车的结构和原理，畅想一下未来的纯电动汽车会是怎样的。

【任务目标】

能准确讲述纯电动汽车的原理及结构组成；能在实车上正确指出纯电动汽车的部件；能正确认知纯电动汽车的电源系统、驱动系统。

【相关知识】

一、纯电动汽车结构组成

燃油汽车主要由发动机、底盘、车身和电气四大部分组成，纯电动汽车的结构与燃油汽车相比，主要是增加了电力驱动控制系统，而取消了发动机，电力驱动控制系统由电力驱动系统、车载电源系统和辅助系统三大部分组成，其组成如图 4-3 所示。

当汽车行驶时，由蓄电池输出电能通过控制器驱动电动机运转，电动机输出的转矩经传动系统带动车轮前进或后退，电动汽车续航里程与蓄电池容量有关，蓄电池容量受诸多因素限制。要提高一次充电续航里程，必须尽可能地节省蓄电池的能量。

1. 电力驱动系统

电力驱动系统主要包括中央控制单元、驱动控制器、电机、机械传动装置和车轮等。它的功用是将存储在蓄电池中的电能高效地转化为车轮的动能，并能够在汽车减速制动时，将车轮的动能转化为电能充入蓄电池。

中央控制单元根据加速踏板和制动踏板的输入信号，向驱动控制器发出相应的控制指令，对电动机进行启动、加速、减速、制动控制。

驱动控制器是按中央控制单元的指令和电动机的速度、电流反馈信号，对电动机的速度、驱动转矩和旋转方向进行控制。驱动控制器必须和电动机配套使用。

电机在电动汽车中被要求承担电动和发电的双重功能，即在正常行驶时发挥其主要的电动机功能，将电能转化为机械能；在减速和下坡滑行时又被要求进行发电，将车轮的惯性动能转化为电能。

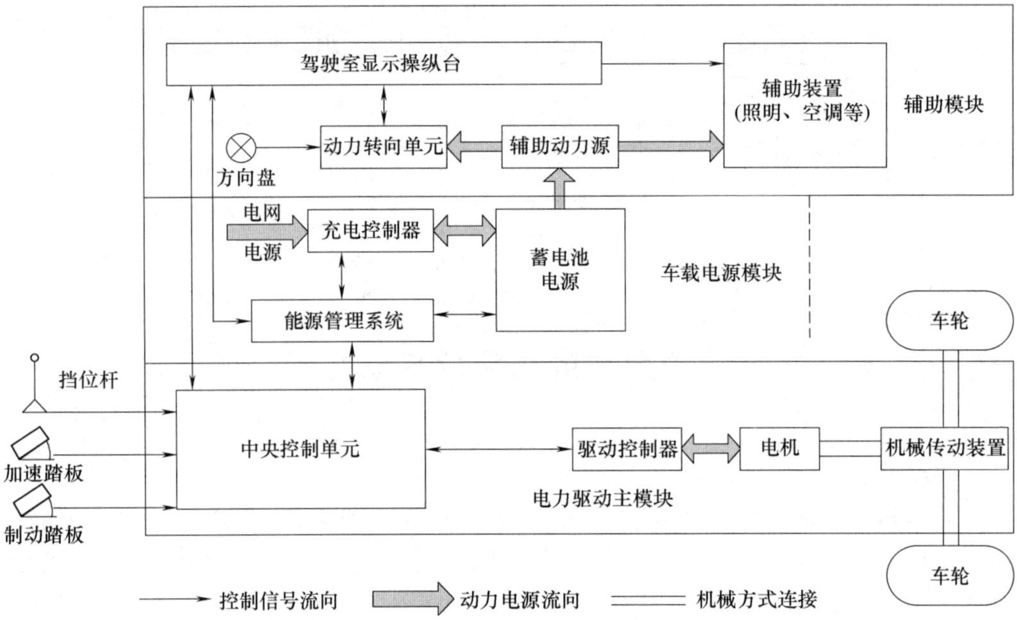

图 4-3　纯电动汽车的结构原理

机械传动装置是将电动机的驱动转矩传输给汽车的驱动轴，从而带动汽车车轮行驶。

2. 车载电源系统

电源系统主要包括蓄电池电源、能量管理系统和充电控制器等。它的功用是向电动机提供驱动电能、监测电源使用情况以及控制充电机向蓄电池充电。

纯电动汽车的常用电源有铅酸电池、镍镉电池、镍氢电池、锂离子电池等。

纯电动汽车的能量管理主要是指电池管理系统，它的主要功用是对电动汽车用电池单体及整组进行实时监控、充放电、巡检、温度监测等。

充电控制器是把交流电转化为相应电压的直流电，并按要求控制其电流。

3. 辅助系统

辅助系统主要包括辅助动力源、动力转向系统、驾驶室显示操纵台和各种辅助装置等。辅助系统除辅助动力源外，依据不同车型而不同。

辅助动力源主要由辅助电源和 DC/DC 功率转换器组成，其功用是供给电动汽车其他各种辅助装置所需要的动力电源，一般为 12V 或 24V 的直流低压电源，它主要给动力转向、制动力调节控制、照明、空调、电动窗门等各种辅助装置提供所需的能源。

动力转向系统是为实现汽车的转弯而设置的，它由转向盘、转向器、转向机构和转向轮等组成。作用在转向盘上的控制力，通过转向器和转向机构使转向轮偏转一定的角度，实现汽车的转向。

驾驶室显示操纵台类同于传统汽车驾驶室的仪表盘，不过其功能根据电动汽车驱动的控制特点有所增减，其信息指示更多地选用数字或液晶屏幕显示。

辅助系统主要应用于照明、各种声光信号装置、车载音箱设备、空调、刮水器、风窗除霜清洗器、电动门窗、电控玻璃升降器、电控后视镜调节器、电动座椅调节器、车身安全防护装置控制器等。它们主要是为提高汽车的操控性、舒适性、安全性而设置的，根据需要进行选用。

二、纯电动汽车电机驱动工作原理

1. 直流电机驱动工作原理

从制动踏板和加速踏板输入信号，电子控制器发出相应的控制指令控制功率转换器的功率装置的通断，功率转换器的作用是调节电动机和电源之间的功率流。当电动汽车制动时，再生制动产生的动能被电源吸收，此时功率流的方向为负方向。能量管理系统和电控系统一起控制再生制动及其能量吸收，能量管理系统和充电器一同控制充电并检测电源使用情况。辅助动力系统供给电动汽车辅助系统不同等级的电压并提供相应的动力，这种辅助系统主要保证动力转向（保证方向盘的动力）、空调、制动等装置的动力，其原理如图4-4所示。

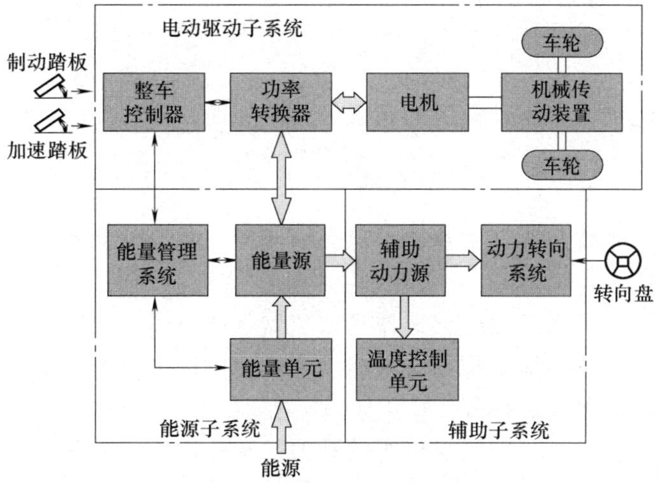

图 4-4　直流电机驱动原理图

2. 交流电机驱动原理

交流电机控制系统安装了逆变器，增加了制造成本，并且控制技术复杂，限制了交流驱动系统发展，其结构示意如图 4-5 所示。

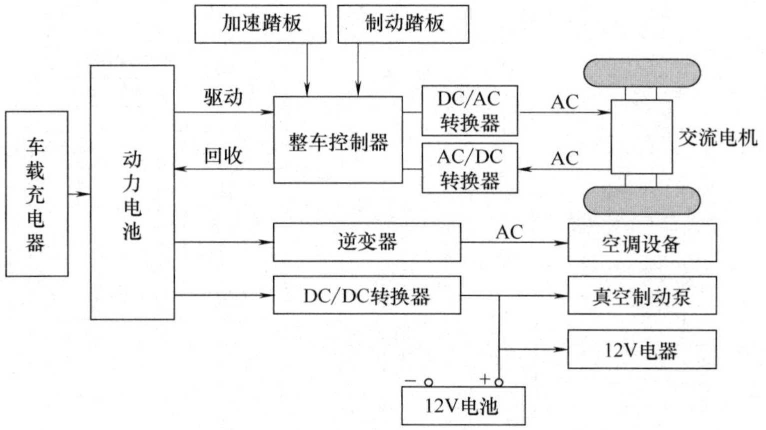

图 4-5　交流电机驱动系统基本结构图

其能量传递路线如下：

驱动：车载充电器—动力电池—电机控制器—DC/AC 转换器—交流电机；

回收：交流电机—AD/DC 转换器—整车控制器—动力电池；

空调等高压电器：动力电池—DC/DC 转换器—空调等设备；

低压辅助用电：动力电池—DC/DC 转换器—低压电器/低压电源。

任务三 纯电动汽车驱动系统布置形式及关键技术

任务引入

我们知道传统内燃机汽车有前置前驱、前置后驱等，那么纯电动汽车和内燃机汽车之间有什么不同呢?

【任务目标】

能正确讲述纯电动汽车驱动系统的布置形式；能简要描述纯电动汽车驱动系统的关键技术及其作用。

【相关知识】

纯电动汽车驱动系统布置形式总体上可分为两种：集中驱动和车轮独立驱动。

1. 集中驱动

集中驱动是由一个动力源通过变速器和减速器（或只通过减速器）降速增扭，最后经差速器将驱动转矩大致平均地分配给左右驱动半轴，可以采用前轮驱动、后轮驱动或四轮驱动的形式，其结构如图 4-6 所示。

集中驱动很好地继承了传统内燃机车的动力传动链，技术成熟，而且开发起来比较容易，但系统传动复杂，动力传递效率低，且靠传统的差速器进行转矩分配，存在传统差速器脱困能力差的问题。

2. 车轮独立驱动

车轮独立驱动也称分散驱动，是指利用多个动力源分别驱动单个车轮，可以分为两轮独立驱动和四轮独立驱动，其结构如图 4-7 所示。

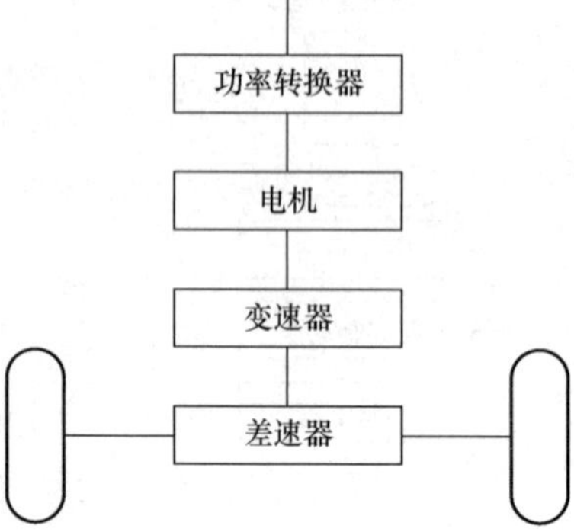

图 4-6 集中驱动方式示意图

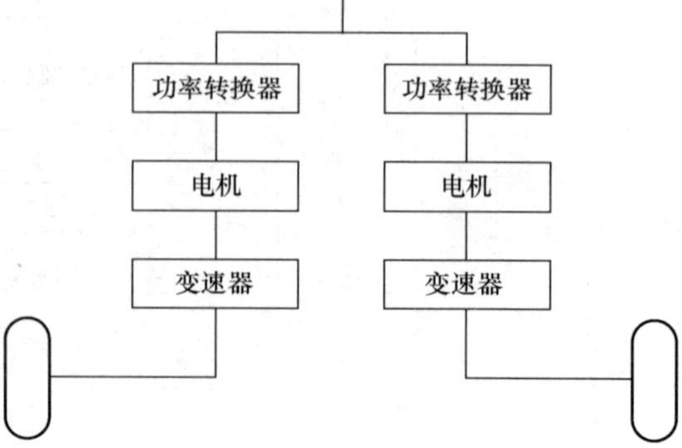

图 4-7 分散驱动方式

车轮独立驱动结构简化，传动效率高，每个电机可以单独控制，能实现车轮驱动力的单独调节和施加横摆力矩控制，容易实现车辆底盘系统的电子化、主动化，极大地改善车辆的驱动性能和行驶性能。对车轮采用独立控制的制动能量回收系统，与单电机驱动相比，可以提高车辆能量利用效率。

总体可构成以下 6 种形式，其中前 3 种为集中驱动形式，后 3 种为车轮独立驱动形式。

（1）常规驱动模式。传统内燃机被电机和动力电池代替，此种电驱动是发动机前置，前轮驱动燃油车发展而来的，它由电动机离合器、齿轮箱、差速器等组成，其中离合器是用来切断或接通电动机到车轮之间传递动力的机械装置。变速器是一套具有不同速比的齿轮机构（驾驶员可选择不同的变速比来传输力矩，低速挡时，车轮具有大力矩低转速；高速挡时，车轮具有小力矩高转速。汽车在转弯时，内侧车轮的转弯半径小，外侧车轮的转弯半径大，差速器来控制内外车轮有不同的转速），如图 4-8 所示。

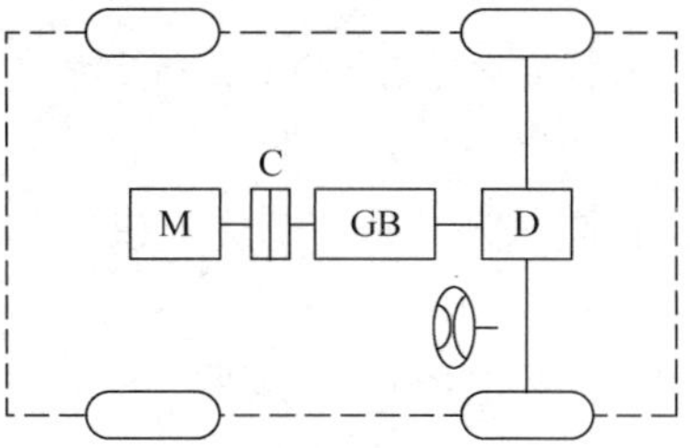

图 4-8 常规驱动模式

（2）横向固定速比减速器传动系统。由于电动机能够在较长的速度范围内提供相对恒定的功率，因此多速点变速器可以被固定速比减速器代替，离合器也可省去，如图 4-9 所示。

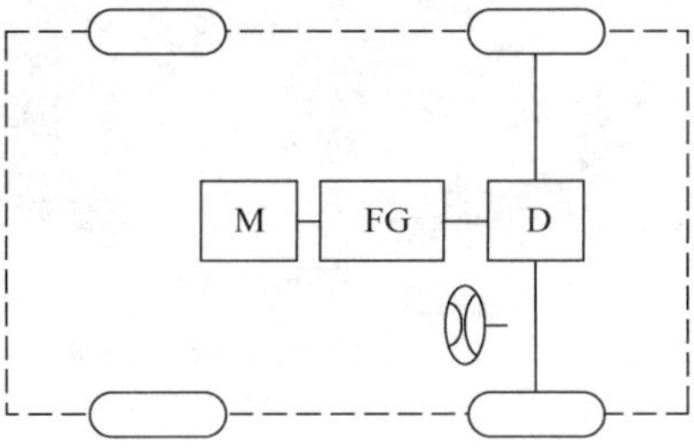

图 4-9 横向固定速比减速器传动系统

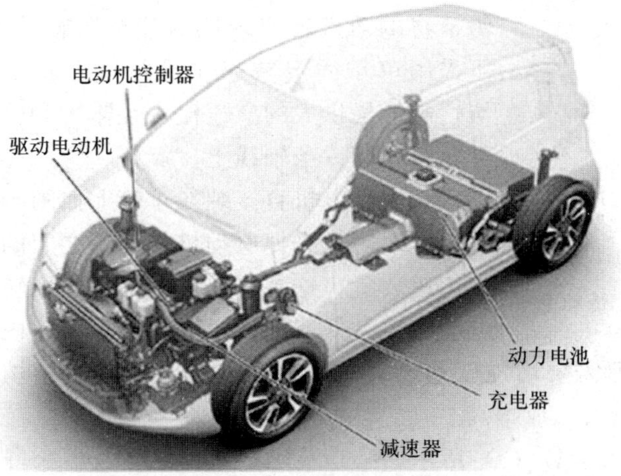

图 4-10 固定速比减速器传动系统应用实例

使用固定速比的减速器，去掉离合器，可减少机械传动装置的质量和体积，另一方面可以减少换挡所带来的控制难度。如图 4-10 所示，它是由电动机、固定速比减速器和差速器构成的电驱动系统。此种车没有离合器，所以无法提供理想的转矩、转速配合特性，所以不适合于发动机的燃油汽车。

（3）纵向固定速比减速器传动系统。它与第一种相类似，它把电动机、固定速比减速器和差速器集

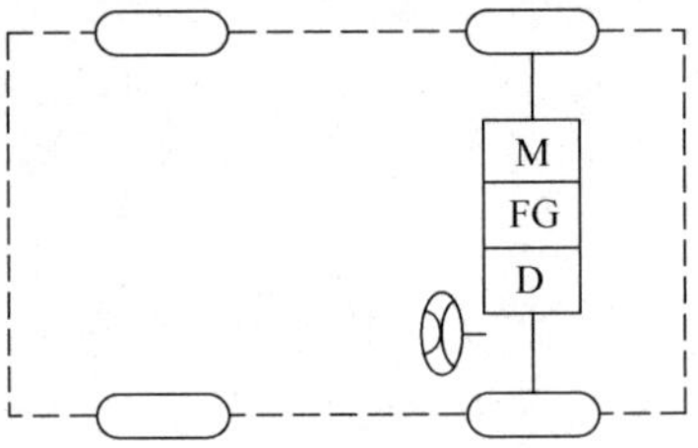

图 4-11　纵向固定速比减速器传动系统

成为一个整体，两根半轴连接驱动车轮，这种结构在小型电动汽车上应用最为普遍，如图 4-11 所示。

这种传动形式可以容易实现电能从车轮到电机的回收，利于全轮驱动，因为没有传动装置，运转更加容易，但这样的布置形式要求低速大转矩，速度变化范围大的电动机，同时增加电动机和逆变器的容量。如图 4-12 所示，它是由电动机、固定速比的减速器和差速器构成的电驱动系统。此种车没有离合器，所以无法提供理想的转矩、转速配合特性，所以不适合于发动机的燃油汽车。

（4）双电机—固定速比变速器一体化传动系统。为进一步简化驱动系统，采用无差速器的传动形式，此结构采用两个电动机通过固定速比减速器分别驱动两个车轮，每个电动机的转速可以独立调节控制，便于实现电子速差，如图 4-13 所示。此电动车不必用机械差速器，但是控制难度大。

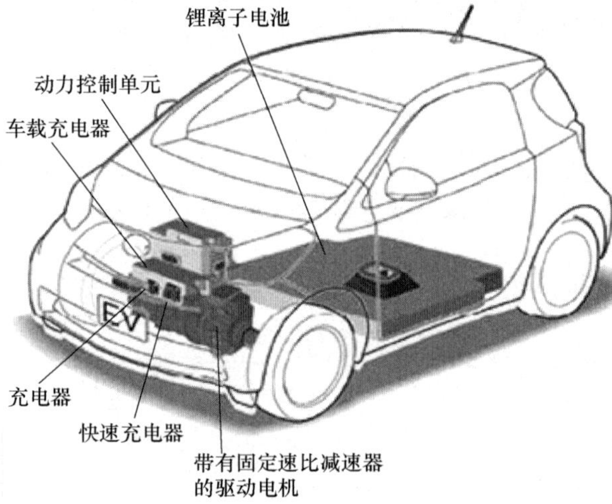

图 4-12　纵向固定速比减速器传动系统应用实例

双电机驱动系统底盘结构如图 4-14 所示。

（5）轮边驱动传动系统。

1）固定速比变速器轮边驱动系统。轮边驱动传动系统取消传动轴，电动机装在车轮里，称为轮毂电动机，可缩短电动机到车轮的距离，如图 4-15 所示。

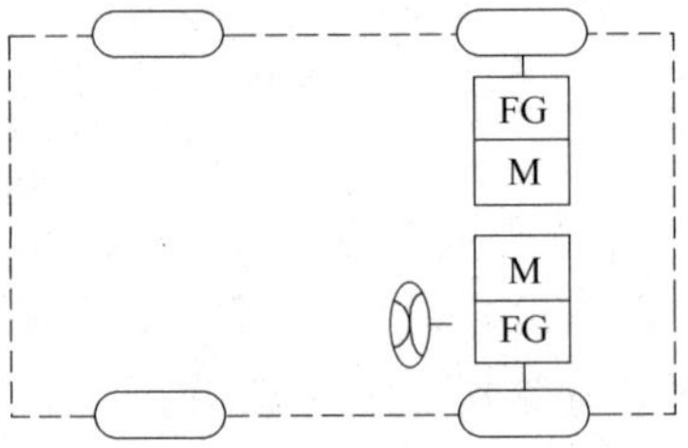

图 4-13　双电动机—固定速比变速器一体化传动系统

为了将电动机转速降低到理想车轮转速，可采用单排固定减速比的行星齿轮变速器，它能提供大的减速比，且输入和输出可布置在同一条轴线上。

将驱动电机直接装在车轮上如图 4-16 所示。缩短或去掉电动机与车轮之间的机械传递装置，这主要取决于是高速内转子电动机还是低速外转子电动机。高速内转子电动机体积小，质量轻，成本低，但需要增加变速装置；而低速外转子电动机结构简单，无须变速装置，但它体积大，质量大，成本高。

① 若采用高速内转子电动机，如图 4-17（a）所示，必须装固定速比的减速器来降低车速。一般采用高减速的行星齿轮减速装置，安装在电动机输出轴和车轮轮缘之间，这种

图 4-14 双电动机驱动系统底盘结构

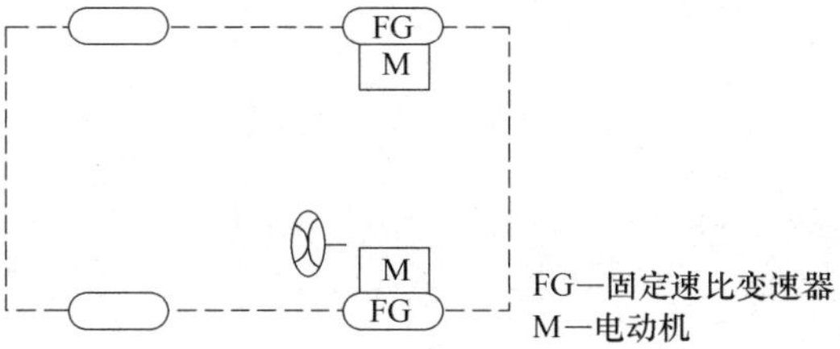

图 4-15 双电动机轮边驱动传动系统

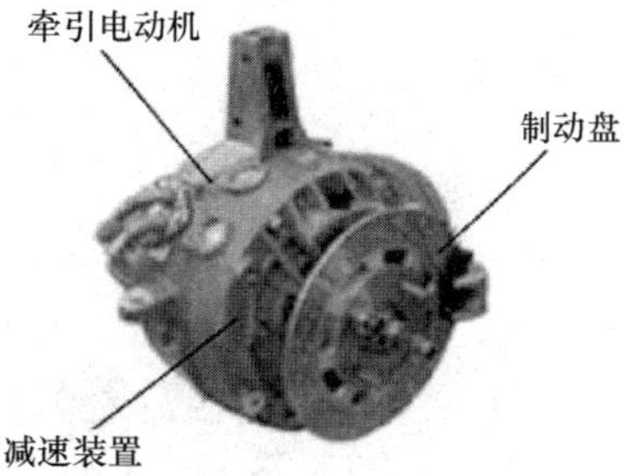

图 4-16 轮型电动机实物图

电动机设计的工作转速约为 10000r/min，目的是为了获得更高的功率密度。电动机的最高转速主要受线圈损失、摩擦损失、变速机构的承受能力等因素影响。所选的行星齿轮机

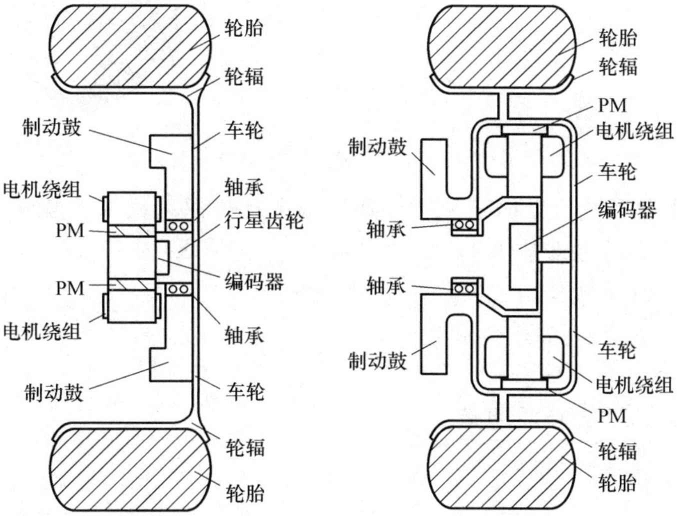

(a) 内转子型 (b) 外转子型

图 4-17 两种轮毂电机驱动方式内部示意图

构的速比是 10∶1，而车速的转速范围降为 0～1000r/min。

② 若采用低速外转子电动机，如图 4-17（b）所示，则可以完全去掉变速装置，不需要减速装置。如图 4-17 显示了这两种内置轮式电动机的结构，采用的都是永磁无刷电动机，由于具有显著的高功率密度的特点，因此更加吸引人。

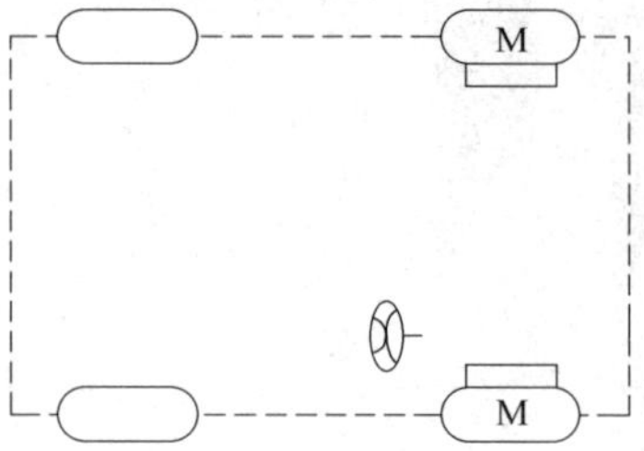

图 4-18　双轮毂电动机驱动系统

2）双轮毂电机直接驱动系统。这是另一种轮毂电动机结构，它采用了低速外转子电动机，彻底去掉了机械减速齿轮箱，电动机的外转子直接安装在车轮的轮缘上，车轮转速和电动汽车的车速完全取决于电动汽车的转速控制，使车速控制变得简单，如图 4-18 所示。

其结构主要包括定子托架、轮毂电机转子、轮毂电机定子、制动盘、制动卡钳、转子托架、车轮等，如图 4-19 所示。

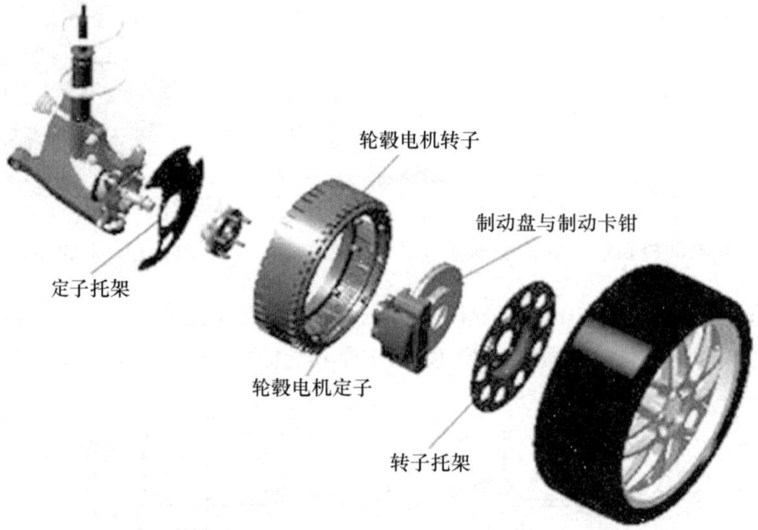

图 4-19　轮毂电机驱动分解图

（6）四轮毂驱动系统。无固定速比变速器双电动机驱动系统，彻底去掉了机械减速齿轮箱，在某些工况下通过性能及行驶性能有所降低，因而部分电动汽车采用四轮毂驱动系统，如图 4-20 所示。

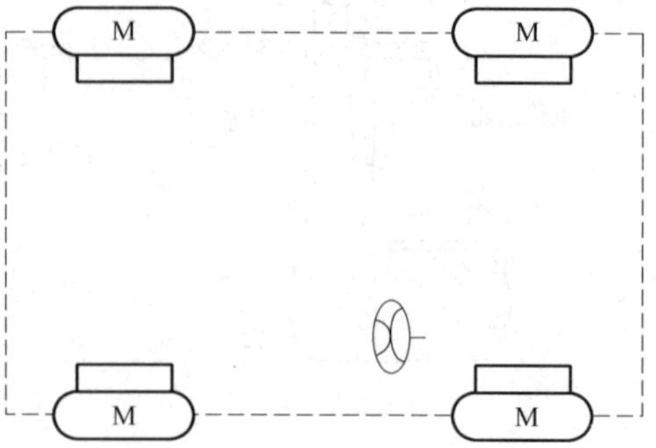

图 4-20　四轮毂电动机驱动系统

1）车轮可以实现±180°的旋转、横向行驶、任意旋转行驶，如图 4-21 所示。

2）由于可以进行各车轮任意转矩控制，所以使得防滑控制、制动控制等多种性能得以发挥。

3. **集中驱动与分散驱动对比**

（1）集中驱动以传统汽车为基础，控制方便，结构简单，容易实现（北汽E系列、江淮IEV系列等）。

（2）分散驱动以新型方式以及新型控制为主，多采用整车网络化控制，对系统要求较高。

（3）从底盘布置形式上、空间利用上（图4-22）、整车轻量化等方面，分散驱动更加具有优势。

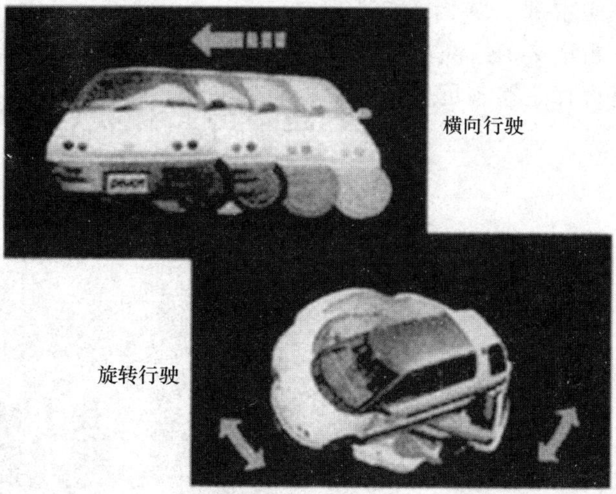

图4-21　横向行驶和旋转行驶示意图

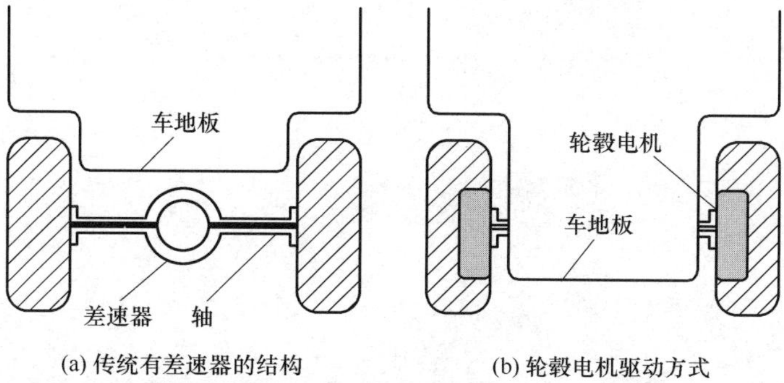

图4-22　低车地板轴

学习拓展　典型纯电动汽车车型及参数介绍

任务引入

小李准备购买一款新能源汽车，作为新能源汽车的销售代表，你怎么给小李介绍常见的电动汽车呢?

【任务目标】

了解常见电动汽车有哪些，了解常见电动汽车的基本结构，了解常见电动汽车的基本参数。

【相关知识】

一、雷诺ZOE

雷诺ZOE连续三年成为欧洲最畅销纯电动车型，ZOE在2017年前11个月在欧洲市场的销量激增48%至27245辆，而其主要竞争对手日产Leaf（聆风）的销量则基本与

2016 年持平，售出 16531 辆。

雷诺 ZOE 拥有一副标准的紧凑小型车身材，车身大小基本可以参考本田飞度。五门五座设计能够满足一般日常通勤需求，如图 4-23 所示。

图 4-23　ZOE 内部布置透视图

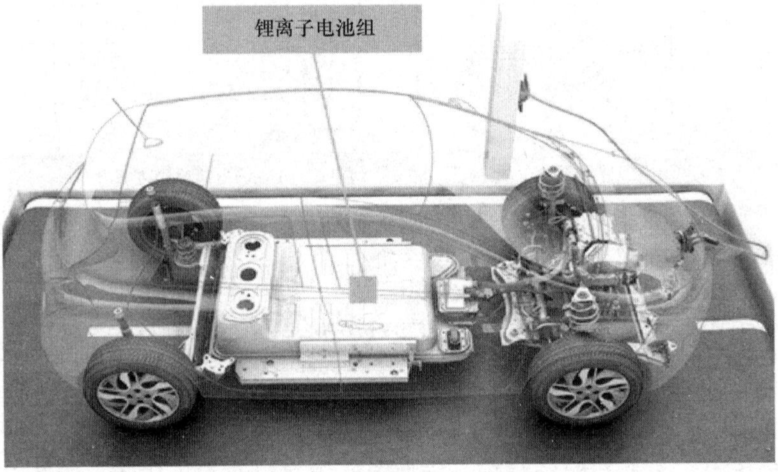

图 4-24　ZOE 电池位置示意图

雷诺 ZOE 采用了与多数电动车相同的布局：驱动部分位于发动机舱前部，如图 4-24 所示。驱动部分主要由转换器、动力控制单元、驱动电机组成，而电池组被安放在座舱下部。雷诺 ZOE 的电池包支架链接到车体底部，起到了一定底盘加强的作用，提高了车辆座舱底部刚性，从而提升了整车的被动安全性。

驱动部分，雷诺 ZOE 由一台 88 马力的电动机驱动，可输出 220N·m 的扭矩，极速可达 135km/h，百千米加速时间 13.5s。这样的动力输出可以满足城市中日常代步通勤需求，如图 4-25 所示。

雷诺与米其林为 ZOE 共同研发了 Energy TM E-V 节能轮胎，大大降低了轮胎的滚动阻力，同时满足车辆抓地力的要求，保证安全性的同时达到节能效果，如图 4-26 所示。

图 4-25 ZOE 动力系统布置示意图

图 4-26 ZOE 独特的 Energy TM E-V 节能轮胎

二、吉利帝豪 EV450

近几年中国品牌的电动车进步巨大，至少续航里程和动力已经不再令人担忧。吉利帝豪 EV450 作为其中的佼佼者，值得我们一探究竟。

吉利帝豪 EV450 最高续航里程达到 400km，充电方便，使用充电桩快充仅需 40min 就能从 30%快充电量到 80%，快充充电接口位于左后轮上方（图 4-27），赶路的情况下，充电十几分钟就可以继续行驶 100 多千米，对于大多数人来说，已经可以到达目的地了。

帝豪 EV450 有快充和慢充两个接口，位于前翼子板的是慢充口，可以利用随车赠送的慢速充电器连接家庭的 220V 单相电进行充电。官方称使用 6.6kW 慢充桩需 9h 能从 0%充到 100%，若使用 3.3kW 家用慢充盒需 19h 充满。此外，慢充口还可以通过随车附送的放电线输出 220V 交流电为便携式的用电设备供电。

相比之前的帝豪 EV300，EV450 在电动机、电池以及电池温控系统方面都有所提升。

图 4-27　EV450 快充充电接口

电池管理系统如图 4-28 所示。除了最直观的续航里程增加了，电动机也更有劲了。它的最大功率达到了 120kW（163 马力），最大扭矩 250N·m，官方公布的 0～100km/h 加速时间为 9.3s。

图 4-28　EV450 电池管理系统

对于第一次驾驶电动车的人来说，刹车脚感可能会有些不适应，因为它有动能回收系统，收油时系统就会回收动能，就像有人帮你踩刹车一样。动能回收分强、中、弱三等，平时开调节至弱就可以了，这样脚感还相对线性。如果调至强，那么平时驾驶的时候，除了最后停下那一刻，其他时候基本就不用踩刹车了。但因为车辆在回收动能时，刹车灯是不亮的。也就是说，虽然车辆在减速，但是并不会提示后方车辆注意，所以容易发生追尾事故。

电池组被安放在车底中央的位置，有助于降低重心。帝豪 EV450 的三元锂电池组还搭载了 ITCS 智能温控管理系统，不仅可以在动力电池水循环系统的出、入水口监测温度，同时，针对低温工作环境中动力电池性能有衰减的现象，也加入了电池预加热系统，可以在低温工况下使动力电池尽快达到正常的工作温度，如图 4-29 所示。

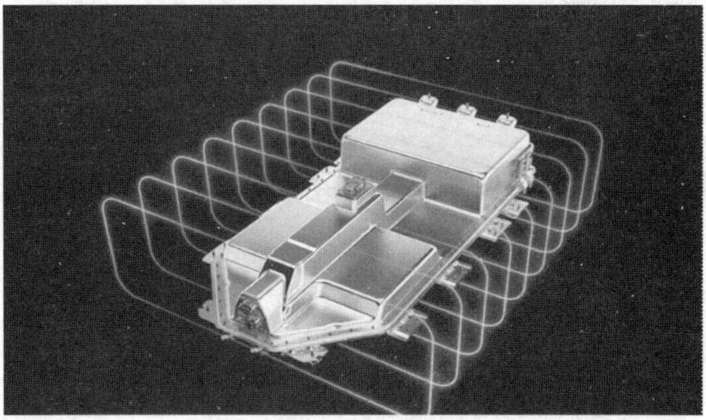

图 4-29　EV450 电池智能温控管理系统

吉利帝豪 EV450 悬架采用前麦弗逊、后扭力梁结构，如图 4-30 所示。整车动力系统参数如表 4-1 所示。

图 4-30　EV450 悬架

表 4-1　　吉利帝豪 EV450 整车动力系统参数

电机类型	永磁/同步	电机类型	永磁/同步
电动机总功率/kW	120	工信部纯电续航里程/km	400
电动机总扭矩/(N·m)	250	电池容量/(kW·h)	52
前电动机最大功率/kW	120	电池组质保	8 年或 150000km
前电动机最大扭矩/(N·m)	250	快充时间/h	0.5
驱动电机数	单电机	慢充时间/h	9
电机布局	前置	快充电量/%	80
电池类型	三元锂电池		

项目五　其他新能源汽车认知

任务一　混合动力汽车的认知

任务引入

小李在汽车行业具有多年工作经验，一次小李在与客户小王的交谈中，客户谈到新能源汽车，而小王认为新能源汽车就是纯电动汽车，作为小李，怎么给小王介绍混合动力汽车呢?

【任务目标】

了解混合动力汽车的基本结构组成，掌握混合动力汽车类型，掌握混合动力汽车的工作原理。

【相关知识】

一、混合动力汽车的定义

从狭义上讲，混合动力汽车是指同时装备两种动力源——热动力源（由传统的汽油机或者柴油机产生）与电动力源（电池与电动机）的汽车。通过在混合动力汽车上使用电机，使得动力系统可以按照整车的实际运行工况要求灵活调控，而发动机保持在综合性能最佳的区域内工作，从而降低油耗与排放。也可以认为混合动力汽车通常是指既有蓄电池可提供电力驱动，又装有一个相对小型内燃机的汽车。

从广义上来讲，混合动力汽车指的是装备有两种具有不同特点驱动装置的车辆。这两个驱动装置中有一个是车辆的主要动力来源，它能够提供稳定的动力输出，满足汽车稳定行驶的动力需求，由于内燃机在汽车上成功的应用，使之成为首选的驱动装置；另外还有一个辅助驱动装置，它具有良好的变工况特性，能够进行功率的平衡，能量的再生与存储，目前应用最多的是电混合系统。

国际电子技术委员会对混合动力车辆的定义为：在特定的工作条件下，可以从两种或两种以上的能量存储器、能量源或能量转化器中获取驱动能量的汽车，其中至少一种存储器或转化器要安装在汽车上。混合动力电动汽车至少有一种能量存储器、能量源或能量转化器可以传递电能。串联式混合动力车辆只有一种能量转化器可以提供驱动力，并联式混合车辆则不止一种能量转化器提供驱动力。

二、混合动力汽车的分类

1. 按照动力系统结构形式划分

根据混合动力电动汽车零部件的种类、数量和连接关系，可以将其分为串联式混合动力电动汽车（SHEV）、并联式混合动力电动汽车（PHEV）和混联式混合动力电动汽车（PSHEV）。

串联式混合动力电动汽车是指车辆行驶系统的驱动力只来源于电动机的混合动力。结构特点是发动机带动发电机发电，电能通过电机控制器输送给电动机，由电动机驱动汽车行驶。另外，动力电池也可以单独向电动机提供电能驱动汽车行驶。

串联式混合动力电动汽车系统结构主要由发动机、发电机、驱动电动机和蓄电池组等部件组成。发动机仅仅用于发电，发电机发出的电能通过电动机控制器直接输送到电动机，由电动机产生的电磁力矩驱动汽车行驶，如图 5-1 所示。

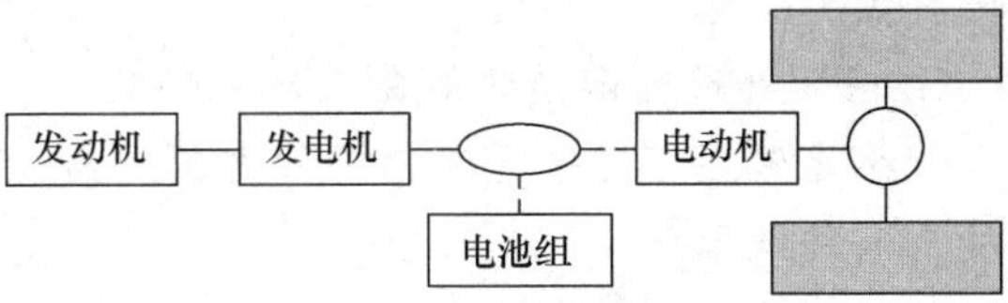

图 5-1　串联式混合动力电动汽车

并联式混合动力电动汽车是指车辆行驶系统的驱动力由电动机及发动机同时或单独供给的混合动力电动汽车。结构特点是并联式驱动系统可以单独使用发动机或电动机作为动力源，也可以同时使用电动机和发动机作为动力源驱动汽车行驶。

并联式混合动力电动汽车系统结构主要是由发动机、电动机/发电机和蓄电池等部件组成，有多种组合形式，可以根据使用要求选用。并联式混合动力系统采用发动机和电动机两套独立的驱动系统驱动车轮，如图 5-2 所示。

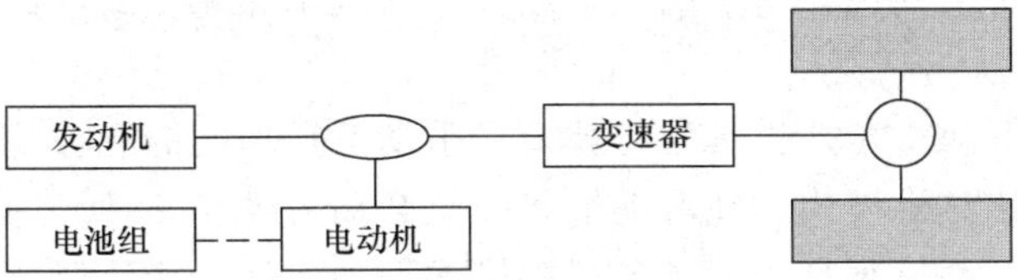

图 5-2　并联式混合动力电动汽车

混联式混合动力电动汽车是指具备串联式和并联式两种混合动力系统结构的混合动力电动汽车。结构特点是可以在串联混合模式下工作，也可以在并联混合模式下工作，同时兼顾了串联式和并联式的特点。

混联式驱动系统是串联式与并联式的综合，主要由发动机、发电机、电动机、行星齿轮机构和蓄电池组等部件组成，如图 5-3 所示。

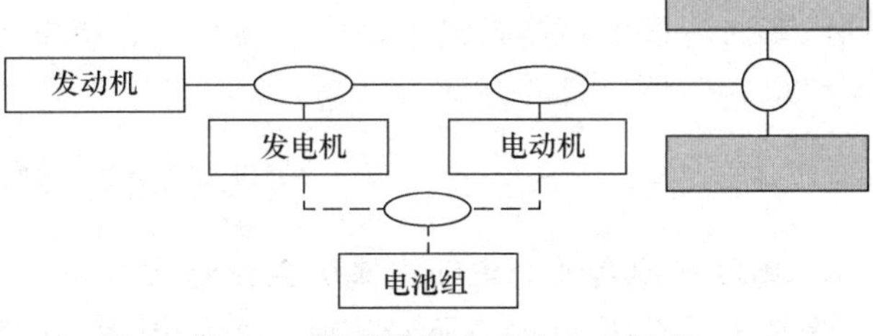

图 5-3　混联式混合动力电动汽车

2. 按照混合度划分

按照电动机相对于燃油发动机的功率比大小，可以将其分为微混合型混合动力电动汽车、轻度混合（弱混合）型混合动力电动汽车、中度混合型混合动力电动汽车和重度混合（强混合）型混合动力电动汽车。

（1）微混合型混合动力电动汽车是以发动机为主要动力源，不具备纯电动行驶模式的混合动力电动汽车。只具备停车怠速停机功能的混合动力电动汽车是一种典型的微混合模式。一般情况下，电动机的峰值功率和发动机的额定功率比≤5%。

（2）轻度混合（弱混合）型混合动力电动汽车是以发动机为主要动力源，电动机作为辅助动力，在车辆加速和爬坡时，电动机可向车辆行驶系统提供辅助驱动力矩，但不能单独驱动车辆行驶的混合动力电动汽车。一般情况下，电动机的峰值功率和发动机的额定功率比为5%～15%。

（3）中度混合型混合动力电动汽车是以发动机和/或电动机为动力源的混合动力电动汽车。一般情况下，电动机的峰值功率和发动机的额定功率比为15%～40%。

（4）重度混合（强混合）型混合动力电动汽车是以发动机和/或电动机为动力源，且电动机可以独立驱动车辆行驶的混合动力电动汽车。一般情况下，电动机的峰值功率和发动机的额定功率比>40%。

3. 按照外接充电能力划分

按照是否能够外接充电，可分为可外接充电型混合动力电动汽车和不可外接充电型混合动力电动汽车。

（1）可外接充电型混合动力电动汽车是一种被设计成可以在正常使用情况下从非车载装置中获取能量的混合动力电动汽车。

（2）不可外接充电型混合动力电动汽车是一种被设计成在正常使用情况下从车载燃料中获取全部能量的混合动力电动汽车。

4. 按照行驶模式的选择方式划分

按照行驶模式的选择方式可分为有手动选择功能的混合动力电动汽车和无手动选择功能的混合动力电动汽车。

（1）有手动选择功能的混合动力电动汽车是指具备行驶模式手动选择功能的混合动力电动汽车，车辆可选择的行驶模式包括热机模式、纯电动模式和混合动力模式三种。

（2）无手动选择功能的混合动力电动汽车是指不具备行驶模式手动选择功能的混合动力电动汽车，车辆的行驶模式根据不同工况自动切换。

5. 按照车辆用途划分

按照车辆用途可以分为混合动力电动乘用车、混合动力电动客车和混合动力电动货车。

6. 按照与发动机混合的可再充电能量储存系统划分

按照与发动机混合的可再充电能量储存系统不同，可以划分为动力蓄电池式混合动力电动汽车、超级电容器式混合动力电动汽车、机电飞轮式混合动力电动汽车和动力蓄电池与超级电容器组合式混合动力电动汽车。

三、串联式混合动力汽车

1. 串联式混合动力电动汽车的系统组成

汽车由电动机-发电机驱动行驶，电机控制器的供电来自于发动机-发电机-发电机控制器与动力电池组组成的串联式结构，如图5-4所示。

整车综合控制器、电机控制器、发动机控制器、发电机控制器、电池管理系统等通过通信电缆连接组成整车控制器，依据控制系统的状态信息（温度、电压、电流等）以及驾

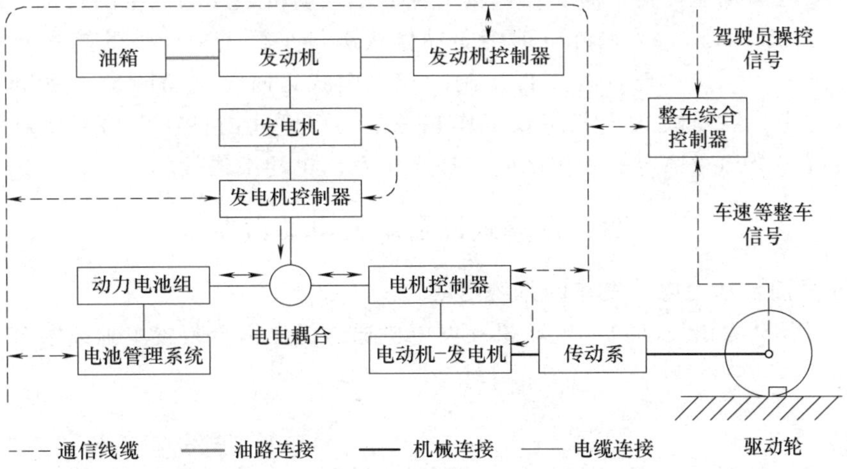

图 5-4 串联式混合动力电动汽车的系统组成

驶员操作指令（加速、减速等）、车速等整车反馈信息，由整车控制器实施预定的控制策略：

（1）输出指令到电机控制器，实施电动机-发电机的电动、发电控制。

（2）输出指令到发动机控制器、发电机控制器，实施发动机-发电机组的开关控制以及输出功率控制。

（3）输出指令到电池管理系统，实施动力电池组的充电、放电能量管理。

2. 串联式混合动力电动汽车的工作过程

依据发动机—发电机组的工作状态以及动力电池组的充、放电状态，串联混合动力电动汽车具有 7 种工作模式，即：纯电池组驱动、再生制动充电、混合动力驱动、强制补充充电、混合补充充电、纯发动机驱动以及停车补充充电，如图 5-5 所示。

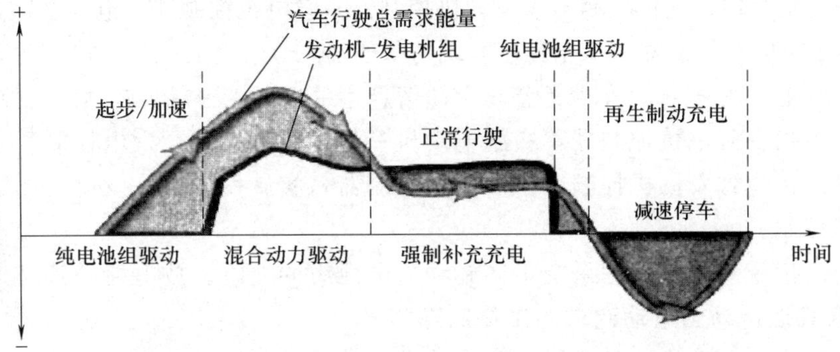

图 5-5 串联式混合动力电动汽车的工作过程

串联式混合动力电动汽车的典型工作过程：在整车控制器的控制下，汽车的起步阶段采用了纯电池驱动模式，当加速功率超过发动机-发电机组的启动门限时，发动机-发电机组启动发电并输出相对平稳的发电功率，剩余驱动功率由动力电池组补充，整车以混合动力驱动模式工作；当汽车加速完成进入正常行驶和巡航模式时，整车需求功率减少，此时发动机-发电机组仍输出较高的发电功率，除满足整车行驶外，为发动机电池组实施强制补充充电；当汽车减速，整车需求功率减少且低于发动机—发电机组的关机门限时，发动机-发电机组关机，此时，采用纯电池组驱动模式满足车辆正常行驶的能量要求，若汽车进一步减速进入制动阶段时，采用再生制动充电模式，回收制动能量，为动力电池组充电。在此过程中，发动机-发电机组仅工作在一个功率区间内且输出功率相对平稳，保证了发动机具有一个相对稳定的工作区间，提高了发动机的工作效率。

四、并联式混合动力电动汽车

1. 并联式混合动力电动汽车的系统组成

汽车的行驶动力由发动机、电动机—发电机通过机电耦合装置单独或联合提供，如图5-6所示。

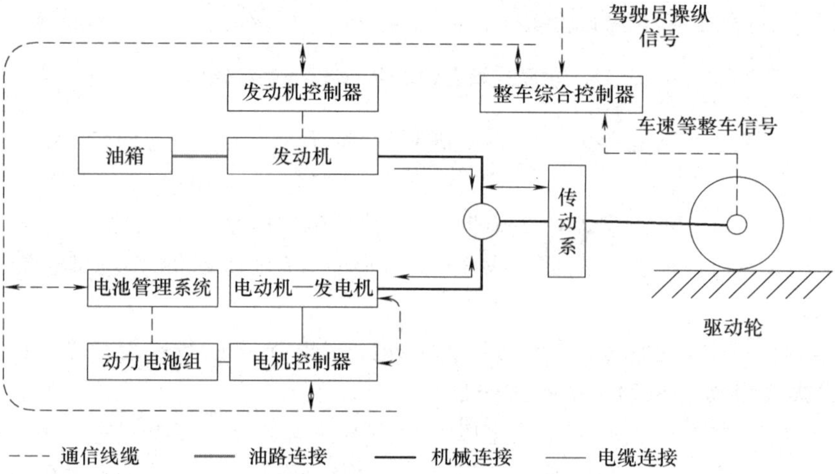

图 5-6 并联式混合动力电动汽车的系统组成

整车综合控制器、电机控制器、发动机控制器、发电机控制器、电池管理系统等通过通信电缆连接组成整车控制器，依据控制系统的状态信息（温度、电压、电流等）以及驾驶员操作指令（加速、减速等）、车速等整车反馈信息，由整车控制器实施预定的控制策略：

（1）输出指令到电机控制器，实施电动机—发电机的电动、发电控制。

（2）输出指令到发动机控制器、发电机控制器，实施发动机—发电机组的开关控制以及输出功率控制。

（3）输出指令到电池管理系统，实施动力电池组的充电、放电能量管理。

2. 并联式混合动力电动汽车的工作原理

依据发动机、电动机—发电机的工作状态以及动力电池组的充放电状态，并联式混合动力电动汽车具有6种工作模式：纯电动机驱动、再生制动充电、混合动力驱动、强制补充充电、纯发动机驱动、停车补充充电。

在汽车起步加速时，依据驾驶员踩下加速踏板的深度，控制器判断是采用纯电动机驱动还是混合动力驱动。根据汽车行驶状况采用不同的驱动模式，且在汽车行驶过程中，依据动力电池组的电量状态和实际的控制目标，在必要时还将要实施动力电池组的强制补充充电，以控制动力电池组始终具有适中的电量。

在并联式混合动力电动汽车的工作过程中，发动机仅工作在一个适中的功率区间内且输出功率相对平稳，剩余的峰值功率通过电动机-发电机来补偿，以保证发动机具有一个相对稳定的高效率工作区，提高了整车的燃料经济性。

五、混联式混合动力电动汽车

混联式混合动力电动汽车同时具备了并联式和串联式混合动力电动汽车的电电耦合与机电耦合的特点。汽车行驶动力由发动机、电动机—发电机通过机电耦合装置单独或并联提供，如图 5-7 所示。

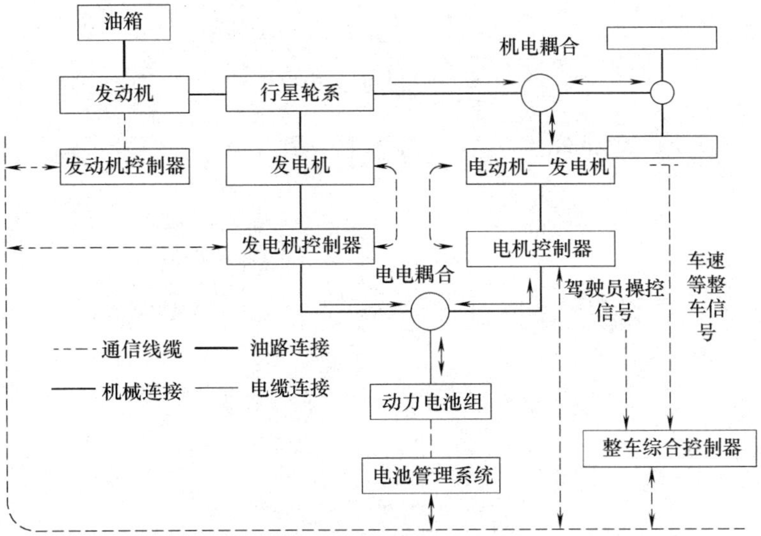

图 5-7　混联式混合动力电动汽车功率分流结构图

电机控制器的供电来自发动机-发电机与动力电池组成的串联式结构。整车综合控制器、电机控制器、发动机控制器、发电机控制器、电池管理系统等通过通信电缆连接组成整车控制器，依据控制系统的状态信息（温度、电压、电流等）以及驾驶员操作指令（加速、减速等）、车速等整车反馈信息，由整车控制器实施预定的控制策略：

（1）输出指令到电机控制器，实施电动机—发电机的电动、发电控制。

（2）输出指令到发动机控制器、发电机控制器，实施发动机-发电机组的开关控制以及输出功率控制。

（3）输出指令到电池管理系统，实施动力电池组的充电、放电能量管理。

依据发动机、发电机、电动机-发电机的工作状态以及动力电池组的充放电状态，混联式混合动力电动汽车具有纯电动机驱动、再生制动充电、纯发动机驱动、混合动力驱动以及强制补充充电 5 种模式。

六、混合动力汽车关键技术

1. 动力耦合技术

（1）电电耦合技术。在串联式混合动力电动汽车中，发动机—发电机组输出的直流与动力电池输出直流经过电电耦合装置的调整后，共同向电机控制器提供电能，在实际的应用中主要有直接并联与间接并联两种，如图 5-8、图 5-9 所示。

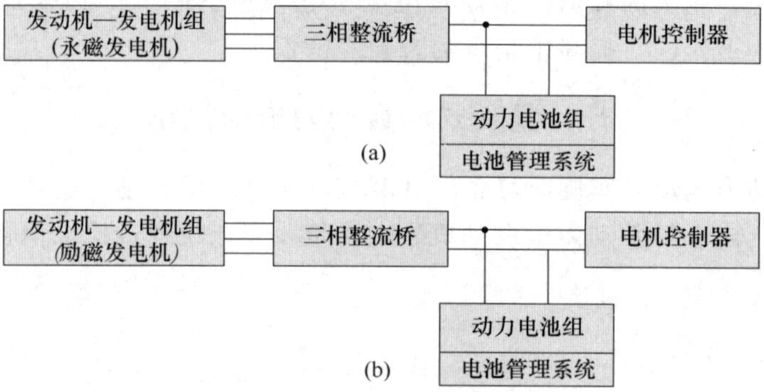

图 5-8　直接并联的电电耦合

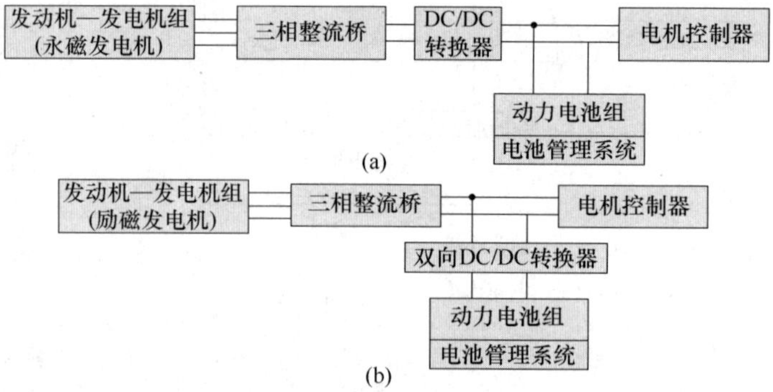

图 5-9　间接并联的电电耦合

（2）机电耦合技术。在并联式混合动力电动汽车中，机电耦合装置负责将混合动力电动汽车的多个动力装置的输出机械动力组合在一起，实现多机械动力间合理分配并传给驱动桥，实现各种工作模式，在并联式混合动力电动汽车开发中处于重要地位。

机电耦合装置应具备的功能：动力合成功能、动力输出不干涩功能、动力分解与能量回馈功能、辅助功能。

2. 动力耦合过程分析

从机电耦合装置实现动力耦合的机理出发，针对并联或混联式混合动力汽车的动力系统，根据多个动力源输出动力耦合方式的不同，将混合动力车的动力系统分为转矩耦合、转速耦合和功率耦合及牵引力耦合四类。

下面将分别从动力学和运动学规律、传动效率、能量流动路径等方面分别分析这 4 类传动方式的动力耦合过程。以两动力源为例，设动力源 1（发动机）的输出扭矩为 T_1，输出转速为 n_1；动力源 2（电动机）的输出扭矩为 T_2，输出转速为 n_2：耦合后的输出扭矩为 T_3，输出转速为 n_3。

（1）转矩耦合技术。扭矩耦合式动力系统是指 2 个（或多个）动力源的输出动力在耦合过程中，两动力源的输出扭矩相互独立，而输出转速必须互成比例，最终的合成扭矩是两动力源输出扭矩的耦合叠加，而合成转速则不是两动力源输出转速的叠加，合成扭矩：

$$T_3=\eta(T_1+kT_2)$$

式中：η、k 分别为耦合效率和从动力源 2 到动力源 1 的传动比。依据机械结构的不同，扭矩耦合方式又可分为齿轮耦合、磁场耦合、链或带耦合 3 种。

1）齿轮耦合式。这种动力耦合方式通过啮合齿轮（组）将多个输入动力合成在一起输出，如图 5-10 所示。

这种耦合方式结构简单，可以实现单输入、双输入等多种驱动方式，耦合效率较高，控制相对简单；但由于齿轮是刚性啮合的，在动力切换、耦合过程中易产生冲击。

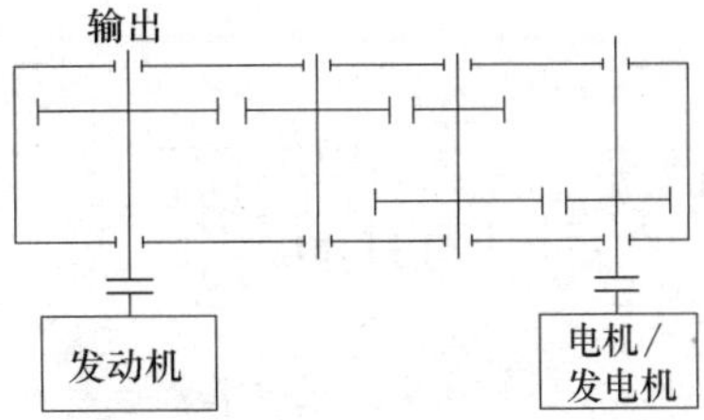

图 5-10　齿轮耦合式示意图

其中，合成转矩：

$$T_3=\eta(T_1+kT_2)$$

合成转速：

$$n_3=n_1=1/kn_2$$

2）磁场耦合式。这种耦合方式是将电机的转子与发动机输出轴做成一体，通过磁场作用力将电机输出动力与发动机输出动力耦合在一起，如图 5-11 所示。

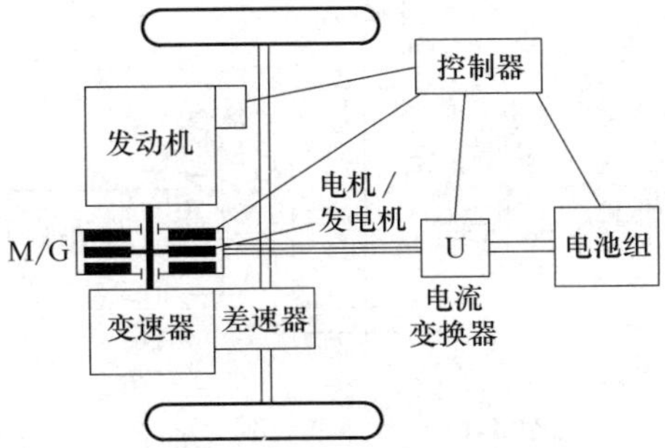

图 5-11　磁场耦合式

这种耦合方式耦合效率高，结构紧凑，耦合冲击小，能量回馈方便、效率高，但混合度（电机功率与发动机功率之比）低，电机一般只能起到辅助驱动的作用。由于电机转子具有一定的惯性，所以多用于轻度混合的电动车上。

其中，合成转矩：

$$T_3=T_1+T_2$$

合成转速：

$$n_3=n_1=n_2$$

3）链或带耦合式。这种耦合方式通过链条或皮带将两动力源输出动力进行合成。链或带耦合结构简单，冲击小，但是耦合效率低，如图 5-12 所示。

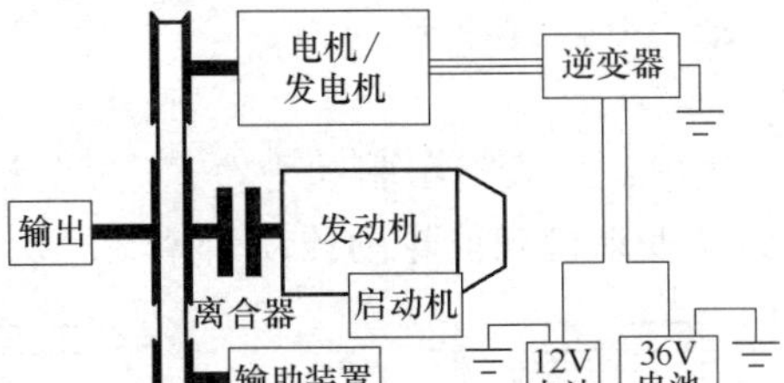

图 5-12　链或带耦合式

其中，合成转矩：

$$T_3=\eta(T_1+kT_2)$$

合成转速：

$$n_3=n_1=1/kn_2$$

（2）转速耦合。转速耦合式动力系统是指 2 个（或多个）动力源的输出动力在耦合过程中，两动力源的输出转速相互独立，而输出扭矩必须互成比例，最终的合成转速是两动力源输出转速的耦合叠加，合成扭矩则不是两动力源输出扭矩的叠加：

$$n_3=pn_1+qn_2$$

式中，p、q 由耦合器的结构确定。

依据驱动结构的不同，转速耦合方式又可分为行星齿轮式和差速器式 2 种。

1）行星齿轮式。行星齿轮式是一种普遍采用的动力耦合形式，通常发动机输出轴与太阳轮连接，电机与齿圈连接，行星架作为输出端，如图 5-13 所示。

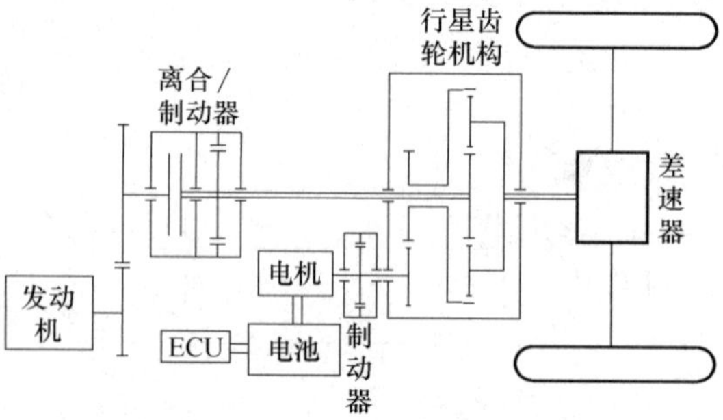

图 5-13 行星齿轮式转速耦合

行星齿轮式耦合的结构简单，传动效率高（约 98%），混合程度高，并且还可实现多形式驱动，动力切换过程中冲击较小，但整车驱动控制难度增大。

其中，合成转速：

$$n_3=\frac{n_1/k_1+kn_2/k_2}{1+k}=pn_1+qn_2$$

合成转矩：

$$T_3=\eta_1 k_1 T_1(1+k)=\eta_2 k_2 T_2(1+1/k)$$

2）差速器式。差速器实际上是行星齿轮系 $k=1$ 时的一种特殊情况。对一般差速器，将动力分解，对此逆用即可实现动力的耦合，如图 5-14 所示。

差速器耦合方式与行星齿轮耦合方式基本类似，只是二者对发动机和电机的动力性能要求不同，从而导致 HEV 动力混合程度高低不同。差速器式 HEV 要求发动机和电机动力参数相当，动力混合程度比较高。

其中满足：

$$p=q=1/2$$

合成转速：

$$n_3=\frac{n_1+n_2}{2}$$

合成转矩：

$$T_3=2\eta_1 T_1=2\eta_2 T_2$$

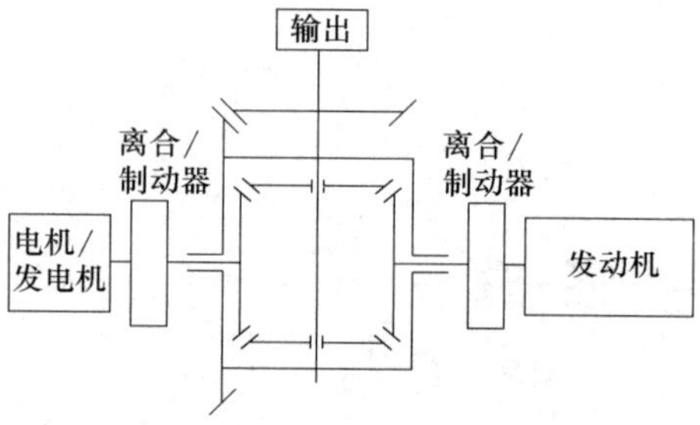

图 5-14 差速器式转速耦合

3）牵引力耦合式。这种耦合方式比较特殊，发动机驱动汽车前轮（或后轮），电机驱动后轮（或前轮），通过前后车轮驱动力将多个动力源输出动力合成在一起，如图 5-15 所示。

动力合成规律为：

$$F=F_1+F_2$$

式中：F 为整车驱动力；F_1 为发动机最终作用在前轮上的驱动力，$F_1=\eta_1 i_1 T_1/r$，η_1 为从发动机到前轮的传动效率，i_1 为从发动机到前轮的传动比；F_2 为电机最终作用在后轮上的驱动力，$F_2=\eta_2 i_2 T_2/r$，η_2 为从电机到后轮的传动效率，i_2 为从电机到后轮的传动比。

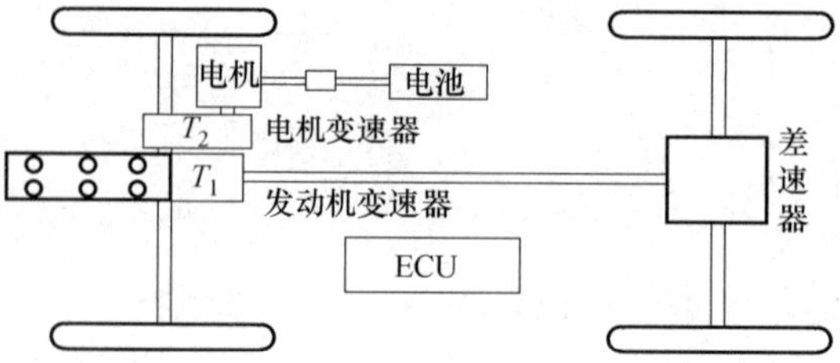

图 5-15 牵引力耦合式

这种耦合方式结构简单，改装方便，可实现单、双模式驱动及制动再生多种驱动方式，但整车的驱动控制更为复杂。

4）混合耦合式。混合耦合式是一种采用前面 2 种或 2 种以上耦合方式的动力耦合方式。

日本丰田汽车公司开发的 Pruis 的 HEV 混合驱动结构（图 5-16）发动机与发电机的

动力耦合是行星齿轮式，之后两者的合成动力又与电机动力进行齿轮式耦合，最终的合动力驱动差速器；再如福特汽车公司的 Escape，其动力合成是磁场扭矩耦合与行星齿轮转速耦合 2 种方式的结合（图 5-17）；此外，美国加州大学提出的一种先进、高效 HEV 传动系统的动力合成也采用混合耦合方式。

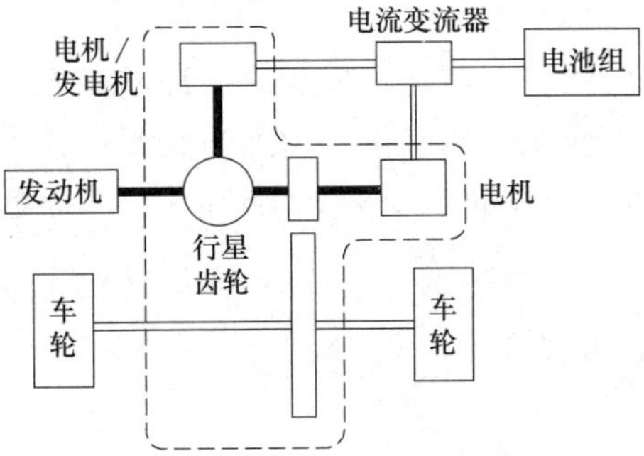

图 5-16　丰田 Pruis 耦合技术

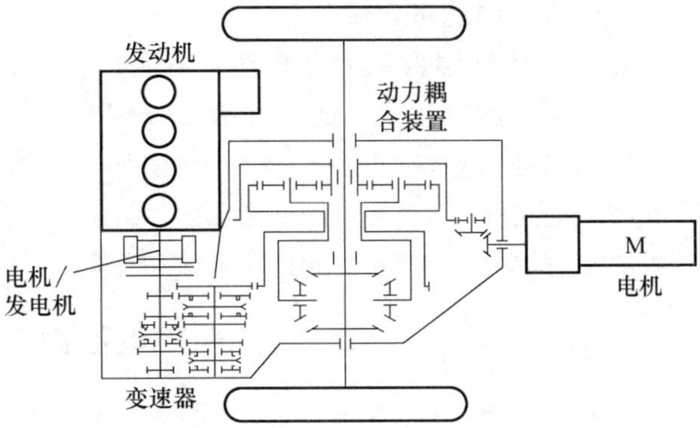

图 5-17　福特汽车公司耦合技术

任务二　燃料电池汽车的认知

任务引入

小李在汽车行业具有多年工作经验，一次小李在与客户小王交谈中，客户谈到新能源汽车，而小王认为新能源汽车就是纯电动汽车，作为小李，怎么给小王介绍燃料电池汽车呢?

【任务目标】

了解燃料电池汽车的基本结构组成，掌握燃料电池汽车类型，掌握燃料电池汽车的工作原理。

【相关知识】

一、燃料电池汽车的系统组成

燃料电池汽车（FCEV）是以燃料电池系统作为动力源或主动力源的车辆，燃料电池用于车辆驱动，为能源问题和环境污染问题提供了一个有效的解决方案，燃料电池与其他电动汽车的根本区别是所用的动力源以燃料电池为主，对于电动机驱动、传动机构以及汽车所需的各种辅助功能基本相同。

燃料电池汽车的结构多种多样：

按照驱动形式可以分为纯燃料电池驱动和混合驱动。

按照燃料电池系统的能量源来源可分为车载纯氢和燃料重整两种。

1. 燃料电池单独驱动汽车动力系统

燃料电池单独驱动系统一般由燃料箱、燃料电池、电动机控制器、电动机、信号线路等组成。

燃料电池系统将氢气和氧气反应产生的电能通过总线传给驱动电机，驱动电机将电能转化为机械能再传递给传动系，从而驱动汽车前进，这个系统有如下优点：

（1）系统结构简单，便于实现系统控制和整车布局。

（2）系统部件少，有利于整车轻量化。

（3）整车的能量效率高。

2. 燃料电池混合动力汽车动力系统

基于纯燃料电池汽车的不利因素，现在已较多采用混合驱动这种形式。这种结构形式既以燃料电池系统作为主动力源，又增加了动力电池组或超级电容作为辅助动力源，其主要由燃料电池系统、DC/DC 转换器、辅助动力源、驱动电机以及相应的控制器，再加上机械传动与车辆行驶机构等组成。

二、燃料电池汽车的基本类型

1. 纯燃料电池驱动的 FCEV（图 5-18）

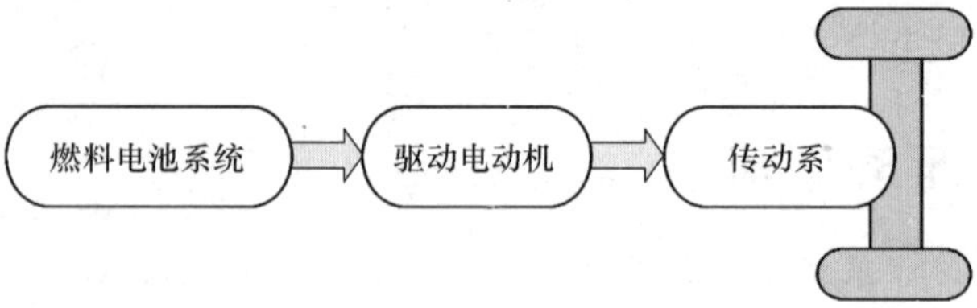

图 5-18　纯燃料电池驱动的 FCEV

纯燃料电池电动汽车只有燃料电池一个动力源，汽车的所有功率负荷都由燃料电池承担。

2. 燃料电池与辅助蓄电池联合驱动（FC＋B）的 FCEV（图 5-19）

在 FC＋B 动力系统结构中，燃料电池和动力电池一起驱动电机提供能量，驱动电机将电能转化成机械能传给传动系，从而驱动汽车前进；在汽车制动时，驱动电机变成发电机，动力电池将储存回馈的能量。

其优点：

（1）降低了整车的成本。

（2）燃料电池的效率较高。

（3）对燃料电池动态响应性能要求较低。

（4）冷启动性能好。

（5）可以回收部分动能。

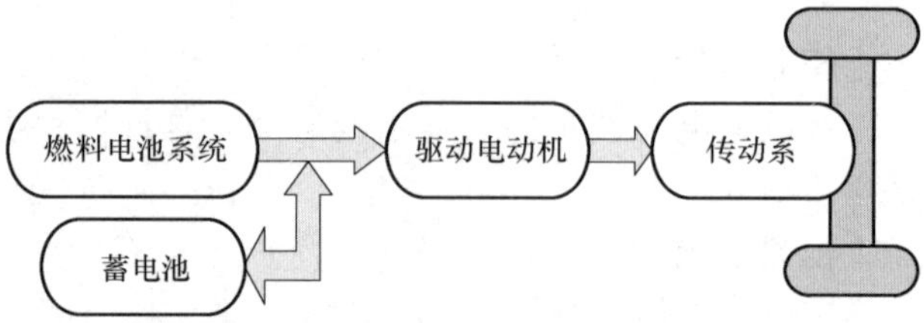

图 5-19　FC＋B 的 FCEV

3. 燃料电池与超级电容联合驱动（FC＋C）的 FCEV

这种结构形式与燃料电池＋蓄电池结构相似，只是把蓄电池换成超级电容。相对于蓄电池，超级电容充放电效率高，能量损失小，比蓄电池功率密度大，在回收制动能量方面比蓄电池有优势，循环寿命长，但是超级电容的能量密度较小。随着超级电容技术的不断进步，这种结构将成为一种新的重要研究方向。

4. 燃料电池与辅助蓄电池和超级电容联合驱动（FC＋B＋C）的 FCEV

如图 5-20 所示，该结构也称为串联式混合动力结构，在该动力系统中，燃料电池、动力电池和超级电容一起为驱动电机提供能量，驱动电机将电能转化成机械能传给传动系，从而驱动汽车前进；在汽车制动时，驱动电机变成发电机，动力电池和超级电容将储存回馈的能量。

在燃料电池、动力电池和超级电容联合供能时，燃料电池的能量输出较为平缓，随时间变化波动较小，而能量需求变化的低频部分由动力电池承担，能量需求高频部分由超级电容承担。各动力源的分工更加明确，因此它们的优势也得到更好的发挥。

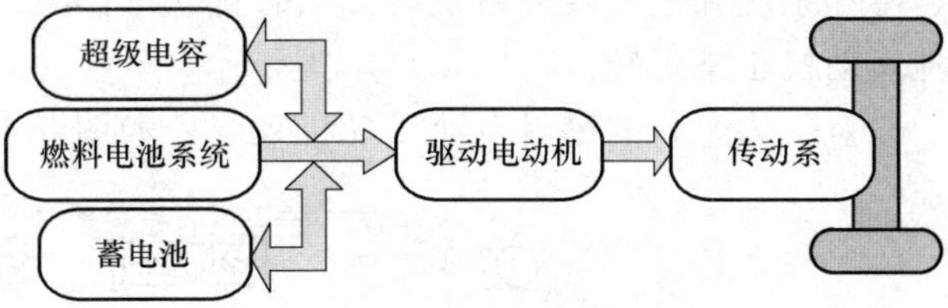

图 5-20　FC+B+C 的 FCEV

这种结构的优点表现在部件效率、动态特性、制动能量回馈等方面。

而缺点一样也更加明显：

（1）系统质量增加。

（2）系统更加复杂，系统控制难度和整车布置的难度都将增加。

总的说来，如果能够对系统进行很好的匹配和优化，这种结构带来的良好性能具有很大的吸引力。

三、燃料电池汽车的结构原理

燃料电池汽车的动力系统主要由燃料电池发动机、辅助动力源、DC/DC 转换器、DC/AC 逆变器、电动机和动力电控系统等组成，如图 5-21 所示。

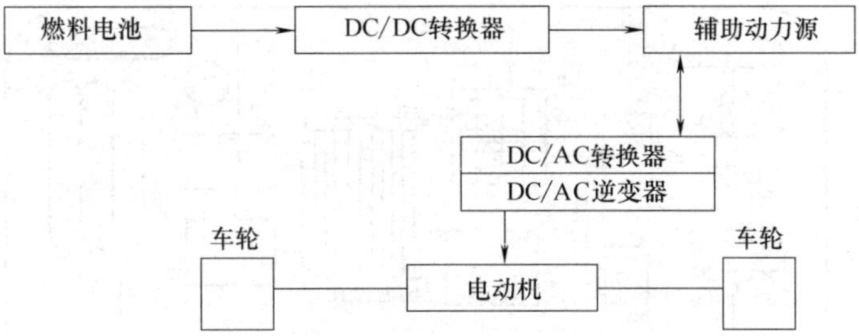

(a) 串联式

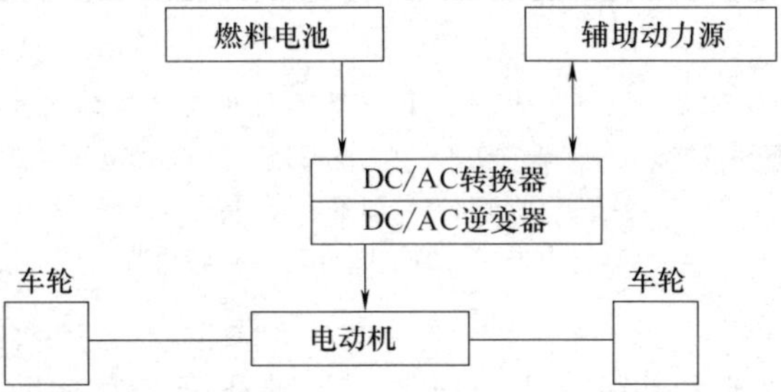

(b) 并联式

图 5-21　燃料电池电动汽车的动力系统

1. 燃料电池发动机

在 FCEV 所采用的燃料电池发动机中，为保证 PEMFC 组的正常工作，除以 PEMFC 组为核心外，还装有氢气供给系统、氧气供给系统、气体加湿系统、反应生成物的处理系统、冷却系统和电能转换系统等。只有这些辅助系统匹配恰当和正常运转，才能保证燃料电池发动机正常运转。

以氢气为燃料的燃料电池发动机系统，如图 5-22 所示。

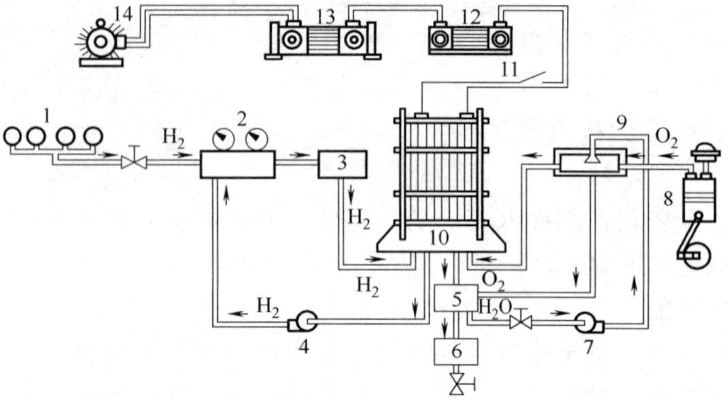

图 5-22　氢为燃料的燃料电池发动机系统

1—氢气储存罐　2—氢气压力调节器　3—热交换器　4—氢气循环泵　5—冷凝器、汽水分离器　6—水箱　7—水泵　8—空气压缩机　9—空气加湿、去离子过滤器　10—燃料电池组　11—电源开关　12—DC/DC 转换器　13—逆变器　14—驱动电机

以氢气为燃料的 FCEV 的总布置基本结构模型，如图 5-23 所示。

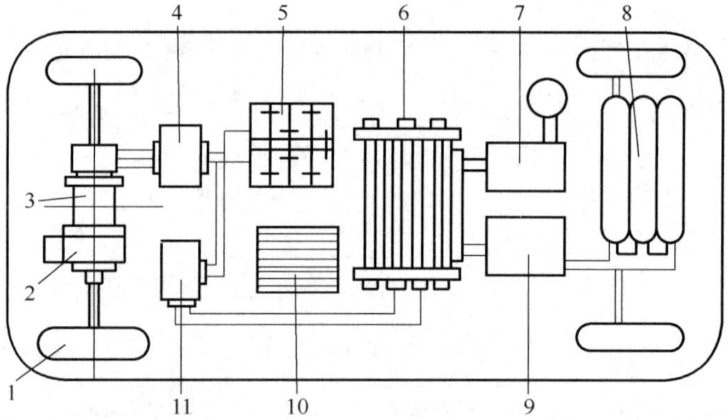

图 5-23　氢气为燃料的 FCEV 的总布置基本结构模型

1—驱动轮　2—驱动系统　3—驱动电动机　4—逆变器　5—辅助电源（蓄电池、超级电容器）　6—燃料电池发动机　7—空气压缩机和空气加湿装置　8—氢气储存罐　9—氢气管理系统　10—中央控制器　11—DC/DC 转换器

2. 辅助动力源

在 FCEV 上燃料电池发动机是主要电源，另外还配备有辅助动力源。根据 FCEV 的设计方案不同，其所采用的辅助动力源也有所不同，可以用蓄电池组、飞轮储能器或超大容量电容器等共同组成双电源系统。

3. DC/DC 转换器

FCEV 的燃料电池需要装置单向 DC/DC 转换器，蓄电池和超级电容器需要装置双向 DC/DC 转换器。

4. 驱动电动机

燃料电池电动汽车用的驱动电动机主要有直流电动机、交流电动机、永磁电动机和开关磁阻电动机等。燃料电池汽车驱动电机的选型必须结合整车开发目标，综合考虑电动机的特点。

5. 动力电控系统

燃料电池汽车的动力电控系统主要由燃料电池发动机管理系统（FCE-ECU）、蓄电池管理系统（BMS）、动力控制系统（PCU）及整车控制系统（VMS）组成，而原型车的变速器系统会简化很多。

任务三　气体燃料汽车的认知

任务引入

小李在汽车行业具有多年工作经验，一次小李在与客户小王交谈中，客户谈到汽车改装“烧气”，作为小李，怎么给小王介绍气体燃料汽车的基本知识呢?

【任务目标】

了解气体燃料汽车的类型，了解 CNG 汽车的结构组成，了解 CNG 汽车的工作原理，了解 CNG 汽车的改装。

【相关知识】

一、气体燃料汽车的类型

1. 液化石油气汽车

以液化石油气为燃料的汽车称为液化石油气汽车。液化石油气汽车和天然气汽车结构类似，增加一套燃气供给系统。

液化石油气汽车与燃油汽车相比，具有污染少、经济性和安全性好等优点，受到各国的重视。为适应汽车能源变革的大趋势，世界上各汽车制造商都纷纷投资开发液化石油气汽车，并制定各种优惠政策，推广使用液化石油气汽车。

2. 天然气汽车

天然气汽车是指以天然气作为燃料的汽车。按照所使用天然气燃料状态的不同，天然气汽车可以分为压缩天然气汽车（CNG）和液化天然气汽车（LNG）。本书重点介绍压缩天然气汽车。

（1）压缩天然气汽车是清洁燃料汽车。压缩天然气汽车的排放污染大大低于以汽油为燃料的汽车，尾气中不含硫化物和铅，一氧化碳降低 80%，碳氢化合物降低 60%，氮氧化合物降低 70%。因此，许多国家已将发展压缩天然气汽车作为一种减轻大气污染的重要手段。

（2）压缩天然气汽车有显著的经济效益。可降低汽车营运成本。目前天然气的价格比汽油和柴油低得多，燃料费用一般节省 50%左右，使营运成本大幅降低。

3. 氢燃料汽车

氢燃料汽车是在传统内燃机的基础上加以修改后可以直接用氢气作为燃料燃烧，产生动力。它是一种真正实现零排放的交通工具，排放出的是纯净水，其具有无污染、零排放、储量丰富等优势。因此，氢动力汽车是传统汽车最理想的替代方案。

二、CNG 汽车的结构组成

CNG 汽车采用定型汽油车改装，在保留原车供油系统的情况下，增加一套“CNG 型车用压缩天然气装置”。改装部分由以下三个系统组成。

（1）天然气系统。主要由充气阀、高压截止阀、天然气钢瓶、高压管线、高压接头、压力表、压力传感器及气量显示器等组成。

（2）天然气供给系统。主要由天然气高压电磁阀、三级组合式减压阀、混合器等组成。

（3）油气燃料转换系统。主要由三位油气转换开关、点火时间转换器、汽油电磁阀等组成。

天然气钢瓶的瓶口处安装有易熔塞和爆破片两种安全装置，当气瓶温度超过 100℃或压力超过 26MPa 时，安全装置会自动破裂卸压；减压阀上设有安全阀；气瓶及高压管线安装时，均有防振胶垫，卡固牢固。因此，该系统在使用中是安全可靠的。

CNG 汽车以天然气作燃料时，天然气经三级减压后，通过混合器与空气混合进入汽缸，压缩天然气由额定进气压力 20MPa 减为负压，其真空度为 49～69kPa。减压阀与混合器配合可满足发动机不同工况下混合气的浓度要求。

减压阀总成设有怠速电磁阀，用以供给发动机怠速用气；压缩天然气减压过程中要膨胀做功对外吸热，因此在减压阀上还设有利用发动机循环水的加温装置；为提高该车的操作性能，驾驶室设置有油气燃料转换开关，用来统一控制油气电磁阀及点火时间转换器；点火时间转换器由电路系统自动转换两种燃料的不同点火提前角；仪表板上气量显示器的 5 只红绿灯显示气瓶的储气量；燃料转换开关上还设有供发动机启动的供气按钮。

三、CNG 汽车的工作原理

该系统分为天然气气路、汽油油路和控制电路三大部分。

充气站将压缩天然气通过充气阀充入贮气瓶至 20MPa。当使用天然气作燃料时，手动截止阀打开，安装在驾驶室内的油气燃料转换电开关，扳到“气”的位置，此时天然气电磁阀打开，汽油电磁阀关闭，贮气瓶内的 20MPa 高压天然气通过高压管路进入减压调节器减压，再通过低压管路、动力阀进入混合器，并与经空气滤清器进入的空气混合，经化油器通道进入发动机汽缸燃烧。减压调节器与混合器相匹配，根据发动机的各种不同工况产生不同的真空度，自动调节减压调节器的供气量，并使天然气与空气均匀混合，满足发动机不同工况的使用要求。动力阀是一个调节天然气管道截面积的装置，可调节混合气的空燃比，使空燃比达到最佳状态。

油路中安装一个汽油电磁阀，其余部件均保留不变。当使用汽油作燃料时，驾驶员将油气燃料转换开关扳到“油”的位置，此时天然气电磁阀关闭，汽油电磁阀打开，汽油通过汽油电磁阀进入化油器并吸入汽缸燃烧。燃料转换开关有三个位置，当拨到中位时，油、气电磁阀均关闭，该功能是专门用来由汽油转换到天然气时，烧完化油器室里残存汽油而设置的，以免发生油气混烧现象。

四、CNG汽车的改装

为了确保CNG汽车的安全和改装质量，国家对CNG汽车的改装制定了严格的管理规定。

1. 车辆改装手续办理方法

（1）车辆改装前，应由车主向当地机动车辆管理部门提出申请，经车辆管理部门认可，填写车辆改装申请表，方可到指定的CNG汽车改装企业进行改装。

（2）车辆改装完毕后，应持改车单位发给的车辆改装合格证，连同改装申请表一起到车辆管理部门办理机动车辆异动手续。

（3）CNG汽车驾驶员应经市车管所培训并取得合格证，在车辆管理部门注册后，方能驾驶压缩天然气汽车。

2. 对被改装车辆的技术要求

车辆改装前，应进行车辆性能检查，主要检查发动机的启动性和动力性，要求发动机启动性能良好，加速灵敏，最大功率和最大扭矩不得低于发动机设计标定值的90%，否则该车不宜改装。送改车的主要技术性能指标应满足下列要求，方能改装。

（1）发动机技术指标。

1）最大功率、最大扭矩不得低于发动机设计标定值的90%。

2）发动机压缩比＞7.3。

3）各汽缸压力＞0.85MPa，且压力差不得超过平均缸压的5%。

4）怠速时进气管的真空度＜－0.0567MPa（负气压）。

5）发动机在使用汽油时，各转速工况下运行稳定，突然加速或减速时不得有突爆，化油器不回火，机油压力稳定。

（2）电气系统技术指标。

1）蓄电池空载电压＞12.4V；启动电压＞8.5V。

2）发动机正常发电；启动机正常工作。

3）火花塞间隙调正确，不积炭。

（3）整车技术指标。

1）整车各总成工作正常。

2）整车技术符合GB 7258—1997《机动车安全运行技术条件》要求。

3. 改装系统的安装

（1）天然气钢瓶安装。气瓶应安装在汽车的安全部位，不得影响汽车的行驶性能。根据各车型具体情况，可安装在汽车车架旁、副纵梁上或驾驶室与车厢之间。气瓶与固定卡子间应垫胶垫，安装必须牢固。气瓶固紧后，沿汽车纵向施加8倍于气瓶重量的力，不得发生位移或松动。

（2）高压管线安装。高压管线用卡套式高压接头与气瓶连接，气瓶间及靠近减压阀处管线应有抗振弯，管线固定卡子间距不得大于600mm，卡子及穿越孔板处应安装橡胶垫。安装在驾驶室、载人车厢或行李厢的气瓶或管线接头，必须设置能将泄漏气体排出驾驶室或车厢外的通风口等装置。

（3）减压阀安装。减压阀安装在振动较小的驾驶室前挡板或发动机的其他地方，减压阀膜片应垂直于地面，远离排气管和其他热源，尽可能与化油器靠近。减压阀安装好后，将发动循环水接到减压阀水道上。

（4）安装其他附件。

1）安装高压截止阀、压力表，连接高压管线。

2）安装混合器与低压管线，连接减压阀及混合器。

3）在化油器和输油泵之间安装汽油电磁阀，注意电磁线圈应向上。

4）在适当位置安装充气阀。

（5）安装电器部件。根据选用电器部件的多少，按有关说明要求进行接线和安装。安装时应注意以下两点：

1）在驾驶室内便于操作和观察的位置，安装燃料转换开关及气量显示器，在适当的位置装点火时间转换器。

2）按电路图连接所有电器线路，注意电器部件良好搭铁。

项目六　新能源汽车安全操作

任务一　高压安全防护

任务引入

小李即将进入电动汽车技术服务岗位，担心在进行电动汽车保养维修或处理损坏车辆时高压触电而不能保护自己，请问作为车间主管的你，该如何对小李进行新能源汽车安全操作与防护方面的培训呢？

【任务目标】

了解电动汽车的高压系统布置，了解新能源汽车高压系统的潜在危害，掌握高压安全防护措施，掌握意外触电的急救方法。

【相关知识】

一、电动汽车的高压系统组成及布置认识

电动汽车内部与动力电池直流母线相连或由动力电池电源驱动的高压驱动零部件系统即电动汽车高压系统。整车带有高压电的零部件有动力电池、驱动电机、高压配电箱（PDU）、DC/DC转换器、车载充电机（OBC）、电动空调压缩机、电加热器（PTC）、高压线束等，这些部件组成了整车的高压系统，其中动力电池、驱动电机、高压控制系统为纯电动汽车的三大核心部件，为了保证高压安全，高压部件和车体进行了二级绝缘处理，如图6-1、图6-2所示。

1. 动力电池与管理系统BMS

新能源电动车的整车动力来源是动力电池，其电压一般为400V的高压，输出电流能够达到300A，现在新能源电动汽车都向高电压系统（上千伏）发展，如图6-3、图6-4所示。动力电池的电压平台等级是按照整车需要配置的，动力电池的容量大小直接影响到整车的续航里程。电池电芯单体串并联在一起，强电回路配置有负责通断的主正/主负继电器，电流测量传感器以及防止短路事故造成重大危害的熔断器，如图6-5所示。

2. 驱动电机MG与电机控制器MCU

电机控制器MCU将高压直流电转为交流电，并与整车上其他模块进行信号交互，实现对驱动电机MG的有效控制，母线电压越高，电机的恒功率的转速区越宽，如图6-6所示。

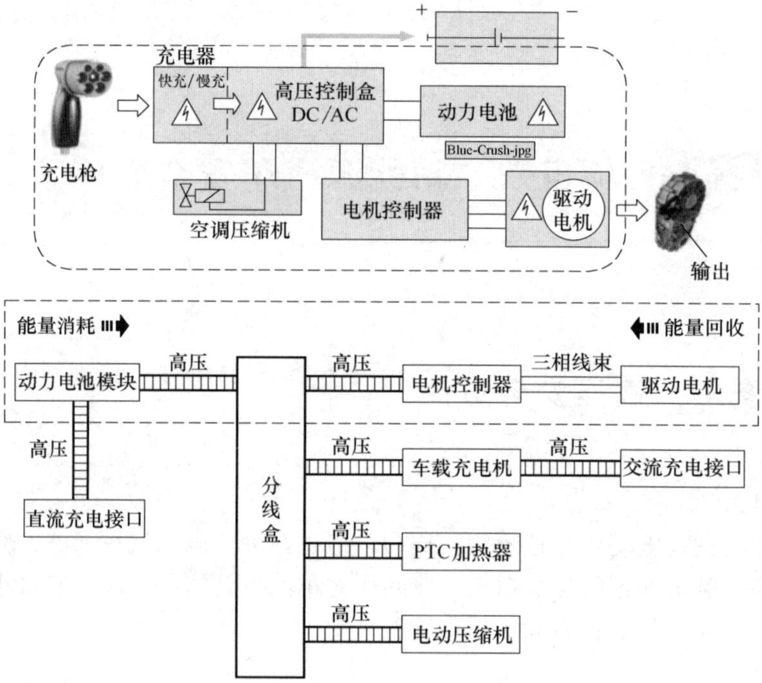

图 6-1 纯电动汽车高压部件组成和电气原理图

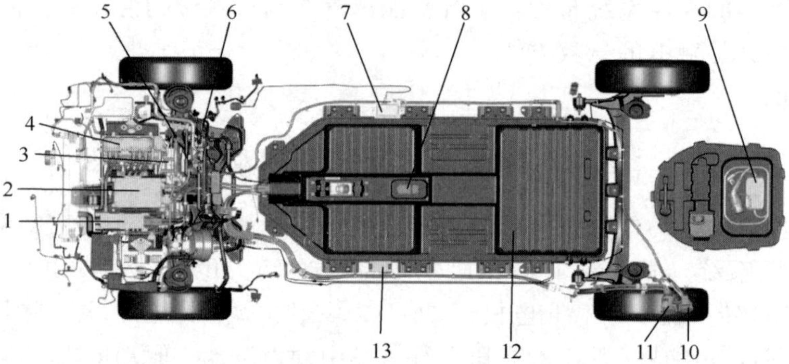

图 6-2 吉利 EV300 高压部件布置图

1—分线盒 2—充电机 3—电动压缩机 4—电机控制器 5—整车控制器 VCU 6—电加热器 PTC 7—远程监控 8—手动维修开关 9—应急充电盒 10—交流充电插座 11—直流充电插座 12—动力电池 13—低速报警

图 6-3 北汽 EV160 纯电动汽车高压系统

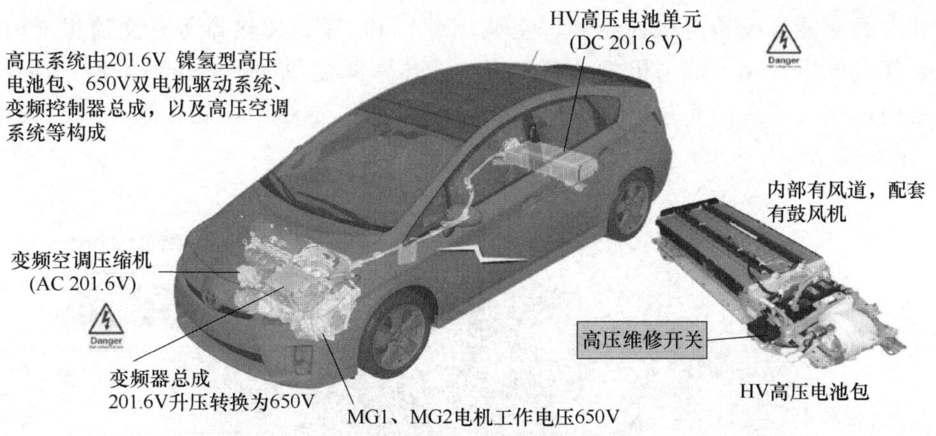

图 6-4　丰田普锐斯Ⅲ高压系统

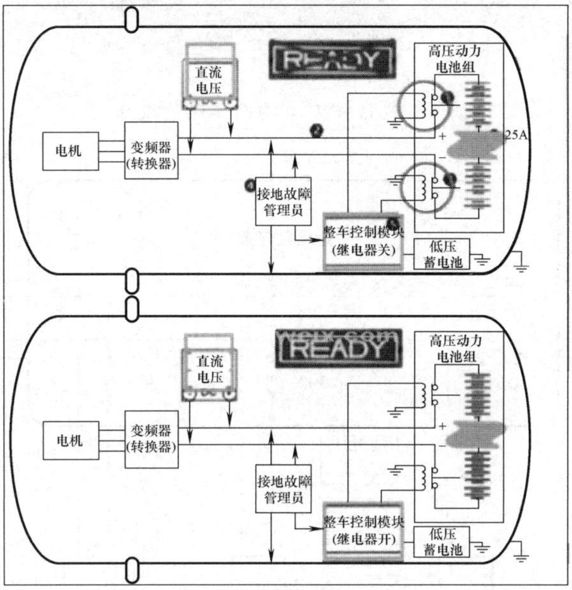

图 6-5　动力电池的主正/主负母线继电器的控制

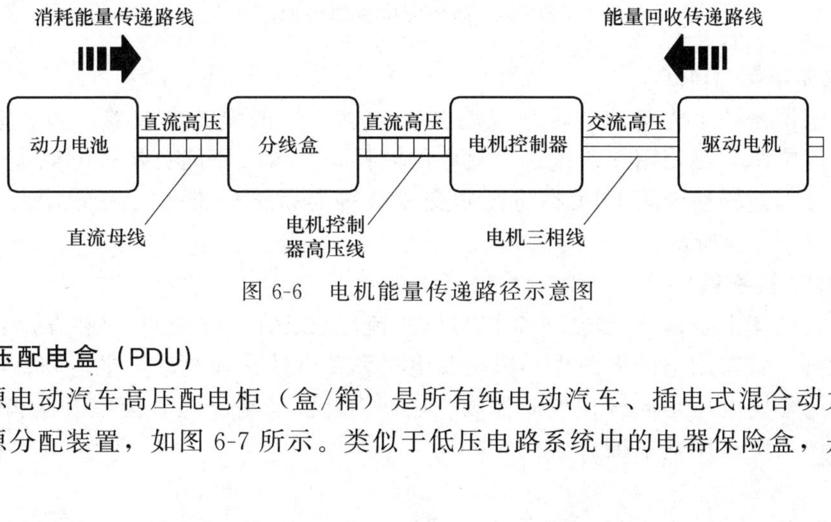

图 6-6　电机能量传递路径示意图

3. 高压配电盒（PDU）

新能源电动汽车高压配电柜（盒/箱）是所有纯电动汽车、插电式混合动力汽车的高压电大电源分配装置，如图 6-7 所示。类似于低压电路系统中的电器保险盒，是将动力电池总成输送的电能分配给电机控制器、空调压缩机和 PTC 加热器等，交流慢充时，充电电流也会经过配电盒流入动力电池为其充电。高压保险盒由很多高压继电器、高压保险丝组成，它内部还有相关的芯片，以便同相关模块实现信号通信，确保整车高压用电安全，如图 6-8 所示。

图 6-7 混合动力电动汽车高压配电盒

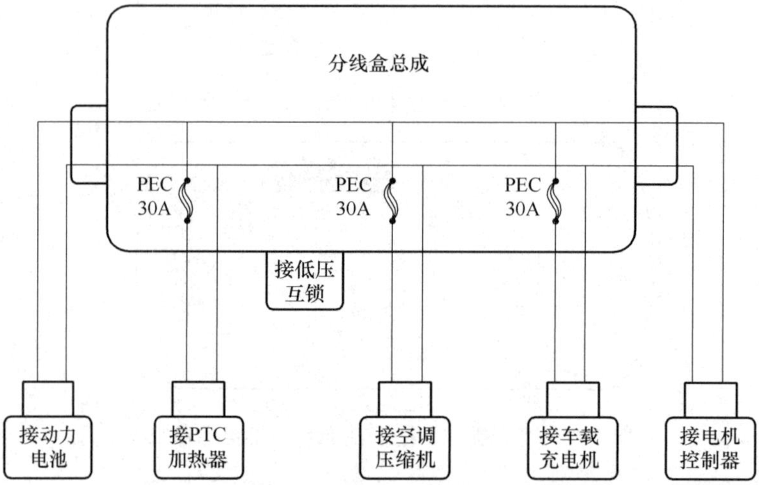

图 6-8 高压配电盒原理图

4. 车载充电器（OBC）

车载充电器是一个将交流电转为直流电（AC/DC）的慢充电装置。因为动力电池是一个高压直流电源，当使用交流电进行充电的时候，交流电不能直接被电池包进行电量储存，因此需要电源转换装置 OBC，将高压交流电转为高压直流电，从而给动力电池进行充电储存，如图 6-9 所示。

5. DC/DC 转换器

在新能源汽车上，DC/DC 是一个将高压直流电转为低压直流电的装置。新能源汽车上没有发动机，整车用电的来源也不再是发电机和蓄电池，而是动力电池和蓄电池。由于整车用电器的额定电压是低压，因此需要 DC/DC 装置来将高压直流电转为低压直流电，这样才能够保持整车用电平衡。

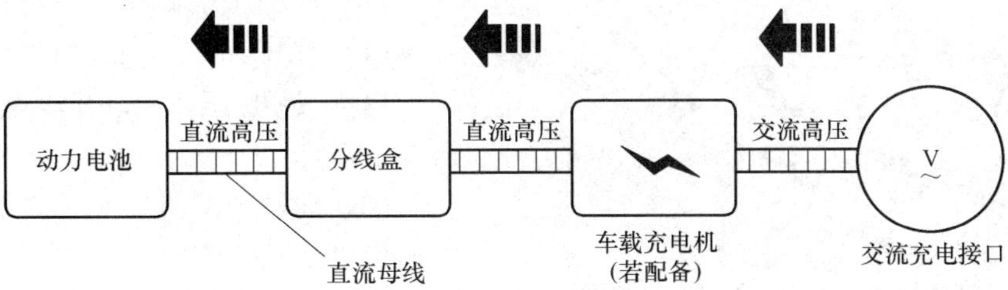

图 6-9　交流充电路径示意图

6. **电动压缩机**

电动车没有发动机，它的压缩机是通过高压电源直接驱动的，如图 6-10 所示。

图 6-10　特斯拉电动汽车电动压缩机

7. **PTC 加热器**

电动汽车 PTC 水暖加热器是采用正温度系统材料利用电能加热防冻液，沿袭燃油汽车的制热系统，解决除霜和车厢取暖、电池保温等一系列问题，如图 6-11 所示。

8. **维修开关**

维修开关（维修塞）介于动力电池和 PDU 之间，这是个必需的元件。当维修动力电池时，使用它可以进行整车高压电的切断，确保维修安全，也有些电动汽车无维修开关，如图 6-12 所示。

图 6-11　PTC 加热器

图 6-12　维修开关

9. **高压线束**

高压线束将高压系统上各个部件相连，作为高压电源传输的媒介，如图 6-13 所示。高压线束区别于低压线束，这些线束均带有高压电，是整车性能和安全的关键零部件之一，高压线束设计的安全性是我们主要考虑的。高压线束需要传输电流达到 250～450A，电压需要达到 600V 甚至更高，线束承受温度达到 125℃ 或 150℃，产品防护性能达到 IP67 及以上。

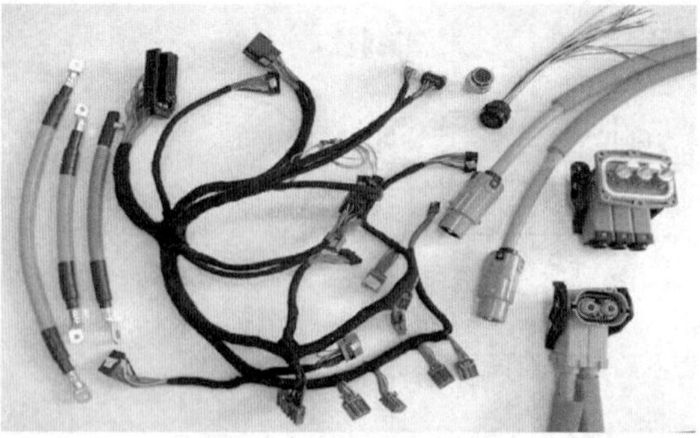

图 6-13 高压线束

目前典型车辆高压系统电压值：

(1) 普锐斯三代混动汽车双电压系统，电池包电压 201.6V，电机输入电压 650V。

(2) 北汽 EV160 纯电动汽车，动力电池包电压 320V。

(3) 荣威 E50 纯电动汽车，电池包电压 380V。

(4) 比亚迪秦混合动力汽车，动力电池包电压 528V。

(5) 比亚迪唐高压系统电压 750V。

目前面世的新能源电动汽车都向高电压系统（上千伏）发展，未来电动汽车高压系统的电压将会更高。

二、高压系统的潜在危害与触电急救

1. 高压系统电压等级

依据 GB/T 31466—2015 电动汽车高压系统电压等级，电动汽车直流电压等级见表 6-1。依据电动汽车安全标准 ISO 6469.3 和 GB/T 18384.3—2015，对电动汽车的电压作了规范定义，标准里将电动汽车的工作电压分为 A、B 两个等级，电动汽车电压等级划分见表 6-2。

表 6-1 高压系统直流电压等级

高压系统直流电压等级					
144V	288V	317V	346V	400V	576V

注：
1. 由于电动汽车技术进步，整车布置空间方面的因素，可采用偏离该电压等级的其他电压。
2. 超级电容电动汽车高压系统可以参考本标准。

表 6-2 电压等级划分

序号	工作电压等级	直流/V	交流(15～150Hz)/V
1	A 级	$0<U\leqslant60$	$0<U\leqslant30$
2	B 级	$60<U\leqslant1000$	$30<U\leqslant660$

对于 A 级电压不需要进行触电防护，对于任何 B 级电压，超过车辆制造标准允许的最大接触电压 30V 交流电和 60V 直流电，因此在操作 B 级电路中的带电部件时都应为电路的接触人员提供安全防护。

电动汽车高压系统都有高压安全设计，如维修开关、可插拔保险丝、漏电保护器、高压互锁、绝缘防护、绝缘电阻、电位均衡等措施，降低高压系统因线路短路、线束漏电、连接松动等现象对人体的电伤害程度，但人体如触碰高压电路或者高压电线会导致严重烧伤甚至死亡。

2. IP防护等级与电动车的安全防护等级

IP（INGRESS PROTECTION）防护等级系统是由国际电工委员会（International Electrotechnical Commission，IEC）起草，将电器依其防尘防湿气之特性加以分级，见表6-3。IP防护等级是由IP后跟随两位数字来表述，第一位数字表示电器防尘、防止外物侵入的等级（这里所指的外物含工具，人的手指等均不可接触到电器之内带电部分，以免触电），最高级别是6；第二位数字表示电器防湿气、防水浸入的密闭程度，数字越大表示其防护等级越高，最高级别是8。目前市场上合规的电动汽车所有高压部件都应该达到第6级固体颗粒防护标准和第7级液体侵入防护标准，保证车辆在潮湿、积水地面安全行驶，充电桩室内防护等级不低于IP32，室外充电桩防护等级不低于IP54。

表6-3 IP防护等级表

组成IP	数字	防护程度	定义
第一位特征数字	0	无防护	无特殊的防护
	1	防止大于50mm的固体异物	防止直径大于50mm的物体侵入
	2	防止大于12mm的固体异物	防止直径大于12mm的物体侵入
	3	防止大于2.5mm的固体异物	防止直径大于2.5mm的物体侵入
	4	防止大于1mm的固体异物	防止直径大于1mm的物体侵入
	5	防尘	无法完全防止灰尘侵入，但侵入灰尘量不会影响电气正常运作
	6	防尘	完全防止灰尘侵入
第二位特征数字	0	无防护	无专门的防水措施
	1	防止水滴浸入	垂直落下的水滴（如凝结水）不会对电器造成损坏
	2	倾斜15°时，仍可防止水滴浸入	当电器由垂直倾斜至15°时，滴水不会对电器造成损坏
	3	防止喷洒的水浸入	防雨或防止与垂直的夹角小于60°的方向所喷洒的水浸入电器而造成损坏
	4	防止飞溅的水浸入	防止各个方向飞溅而来的水浸入电器而造成损坏
	5	防止喷射的水浸入	防止持续至少3min的低压喷水
	6	防止大浪浸入	防止持续至少3min的大量喷水
	7	防止浸水时水的浸入	在深达1m的水中防30min的浸泡影响
	8	防止沉没时水的浸入	在深度超过1m的水中防持续浸泡影响，准确的条件由制造商针对各设备指定

3. 高压系统潜在危害

安全操作、预防电气事故是电动汽车电气安全的核心问题。如果在操作中不注意安全防护会带来灾害。例如，触电可造成人身伤亡，设备漏电产生的电火花可能酿成火灾、爆炸。触电是人体意外接触电气设备或线路的带电部分而造成的人身伤害事故。人体触电时，通过人体的电流导致合理机能失常或破坏，如烧伤、肌肉抽搐、呼吸困难、心脏停搏，甚至危及生命。触电的危害程度与通过人体电流的大小、持续时间的长短等因素有关。

人体电阻的大小是影响触电后人体受到伤害程度的重要物理因素。一般在干燥环境中，人体电阻在 2kΩ～20MΩ 范围内；皮肤出汗时，为 1kΩ 左右；皮肤有伤口时，为 800Ω 左右。人体电阻由（体内电阻）和（皮肤电阻）组成，体内电阻基本稳定，约为 500Ω。接触电压为 220V 时，人体电阻的平均值为 1900Ω；接触电压为 380V 时，人体电阻降为 1200Ω。经过对大量实验数据的分析研究确定，人体电阻的平均值一般为 2000Ω 左右，而在计算和分析时，通常取下限值 1700Ω。

实验资料表明，对不同的人引起感觉的最小电流是不一样的，成年男性平均约为 1.01mA，成年女性约为 0.7mA，这一数值称为感知电流。这时人体由于神经受刺激而感觉轻微刺痛。不同的人触电后能自主摆脱电源的最大电流也不一样，成年男性平均为 16mA，成年女性为 10.5mA，这个数值称为摆脱电流。一般情况下，8～10mA 以下的交流电流，50mA 以下的直流电流可以当作人体允许的安全电流。当通过人体的电流为 20mA 时，人体就很难摆脱带电体，通过电流达到 50mA 时，对人将是致命的，当通过电流达到 100mA 时，短时间内人就会窒息死亡。人体触电反应见表 6-4。

表 6-4　　人体触电反应

序号	电流/mA	电流对人体的作用特征	
		50～60Hz 交流电	直流电
1	0.6～1.5	手指开始感觉发麻	无感觉
2	2～3	手指感觉强烈发麻	无感觉
3	5～7	手指肌肉感觉痉挛	手指有灼热感和刺痛
4	8～10	手指关节与手掌感觉痛，手已难以脱离电源，但尚能摆脱电源	手指灼热感增强
5	20～25	手指感觉剧痛，迅速麻痹，不能摆脱电源，呼吸困难	手指灼热感继续增加，手的肌肉开始痉挛
6	50～80	呼吸麻痹，心房开始震颤	强烈灼痛，手的肌肉痉挛，呼吸困难
7	90～100	呼吸麻痹，持续 3min 后或更长时间后，心脏停搏或心房停止跳动	呼吸麻痹

4. 触电急救

人体触电后，通常会出现面色苍白、瞳孔放大、脉搏和呼吸停止等症状。发生触电后，应立即进行现场急救，只要处理及时、正确，多数触电者都可以获救。触电后采取的急救措施如下：

（1）切断电源。无法切断电源时，可以用木棒、绝缘棒等快速将电线挑离触电者身体。救援者最好戴上橡皮手套，穿橡胶鞋等，千万不要用手去拉触电者。

（2）如果触电的人神志清醒，呼吸心跳均正常，可将其抬到温暖的地方静卧，严密观察，暂时不要让其站立或走动，防止引发休克或心力衰竭。

（3）如果触电的人呼吸停止而脉搏存在，应使其就地平卧，松解衣扣，打开气道，立即进行口对口人工呼吸，有条件的可用气管插管，加压氧气人工呼吸。也可针刺人中、涌泉等穴，或让其服呼吸兴奋剂。

（4）对于触电者心搏停止而呼吸存在的人，应立即做人工胸外心脏按压。

（5）呼吸心跳均停止者，则应立即进行心肺复苏，以建立呼吸循环，恢复全身器官的氧供应。发生触电事故时，即使严重到“假死”状态，如果能抢救及时、救护得法，绝大多数也能化险为夷，转危为安。

（6）在抢救过程中，不要随意移动伤员。送医院抢救的途中，注意保暖，严密观察触电人的呼吸、心跳、血压等。在医务人员未接替前不能停止急救。

（7）将灼伤或起泡的皮肤表面保护好。灼伤的范围一般很小，但症状却都很严重，因此，要用干净布料覆盖伤处包扎，防止伤口感染。

抢救过程要不停地进行，在送往医院的途中也不能停止抢救。如触电者出现面色好转、嘴唇逐渐红润、瞳孔缩小、心跳和呼吸逐渐恢复正常时，即为抢救有效的特征。

5. 防火及应对

新能源汽车的起火事故大多数都与动力电池失控相关，同时新能源汽车在充电不当、发生交通事故、维修或使用不当造成短路时也很容易引起火灾。新能源汽车起火后的特点一是燃烧速度很快，更猛烈，电池在燃烧时温度可达1000℃以上；二是火灾很难扑灭。电动车的电池往往都是锂电池，很多品牌电动车应急救援手册告知电池着火可能需要24h才能完全扑灭，冒烟表示电池内部仍处于高温状态，必须监控直到电池不再冒烟之后1h以上，因为电池极易“死灰复燃”；三是动力电池燃烧后会产生大量的有毒气体，如氟化氢、一氧化碳、氰化氢等。因此新能源汽车起火后，对于灭火人员的高压防护、高温防护和毒气防护要求会更高，要求灭火员要戴好绝缘手套、呼吸面罩等。

由中国汽车工程学会和中国消防协会联合起草的T/CSAE 84—2018《电动汽车火灾事故救援规程》明确火灾事故的处置程序：①识别车辆；②侦查环境情况，确定采取的灭火方案；③做好救援人员防护；④火灾扑救；⑤火灾扑灭后固守车辆；⑥如有需要，进行断电；⑦现场清理。

高压电池未着火时，可按照传统车辆火灾处置方法进行灭火，可采用泡沫灭火器或干粉灭火器灭火。当高压电池着火时，应使用大量的、持续的消防水进行灭火，一方面是持续降温，降低电池复燃风险；另一方面是利用大量的水来稀释锂电池燃烧过程中产生的有毒气体。

三、高压系统操作的安全防护

对于新能源汽车的非高压部件（如制动系统、悬架系统和车身系统）进行检修时，不需要专业的安全防护措施，对高压系统中的高压部件进行检修时，就必须采取特殊的防护措施，每个操作人员须注意以下事项：

（1）必须具备操作高电压车辆人员所必需的资质条件，应具有安监局颁发的特种作业操作证——低压电工作业证，明确专业职责、工作权限和处置权限。

在靠近开启的电机或高压系统的地方时，如在人体内或体外有镇痛泵、植入的除颤器、心脏起搏器、大脑起搏器、胰岛素泵、助听器等电子生命辅助仪器的员工不能参与高压系统的检修工作。禁止个人携带钥匙、手表、首饰等导电金属物品。

（2）必须使用安全防护装备。

（3）必须按规定使用装备（工具、车辆等）。注意汽车制造商的安全警告，遵守厂家要求的检修高压系统时的安全规程。

（4）必须掌握高压和氢气系统出现事故时以及人员触电时的急救措施。

1. 高压防护用具

高压防护用具包括个人防护用品、高压防护工具、安全标识、高压检测工具等。

（1）绝缘手套。绝缘手套是用绝缘性能良好的特种橡胶制成，要求薄、柔软，有足够的绝缘强度和机械强度。绝缘手套可以使人的两手与带电体绝缘，防止人两手同时触及同一电位带电体或同时触及不同电位带电体而触电。新能源汽车检修时要求绝缘手套耐压≥10kV。

在使用前必须进行气密性检验，具体方法是将手套从口部向上卷，稍用力将空气压至手掌及指头部分检查上述部位有无漏气，如图 6-14 所示，发现有任何破损则不能使用。绝缘手套每半年应进行一次绝缘性检验。存放时应放置在干燥处，不得接触油类及腐蚀性物品等。

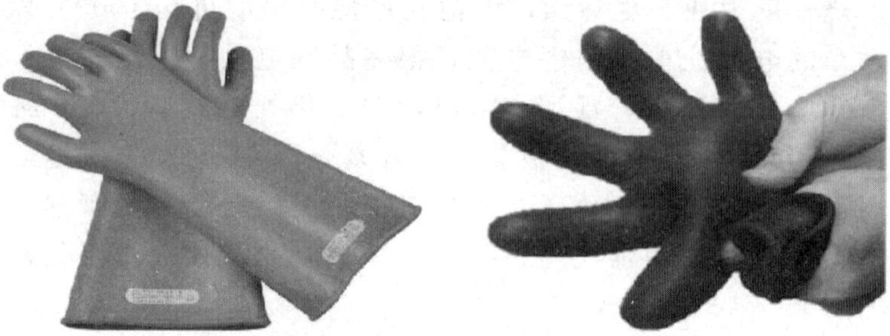

图 6-14　绝缘手套及气密性检查

（2）绝缘鞋。绝缘鞋是使用绝缘材料制成的一种安全鞋，是作为从事电气工作的安全辅助用具，如图 6-15 所示，有高低腰两种。绝缘鞋使人体与地面绝缘，防止电流通过人体与大地之间构成通路，对人体造成电击伤害，把触电时的危险降低到最低程度，它还防止试验电压范围内的跨步电压对人体的危害，所以电气作业时不仅要戴绝缘手套，还要穿绝缘鞋。绝缘鞋在穿用过程中，应避开锐器利物，一旦尖锐物体刺穿绝缘底或鞋底防滑花纹磨平即不再具有绝缘性能。

（3）护目镜。护目镜种类较多，有防尘、防冲击、防化学液体飞溅、防光辐射、防微波辐射等种类，主要针对不同场合起一种特殊防护作用，如图 6-16 所示。

图 6-15　绝缘鞋

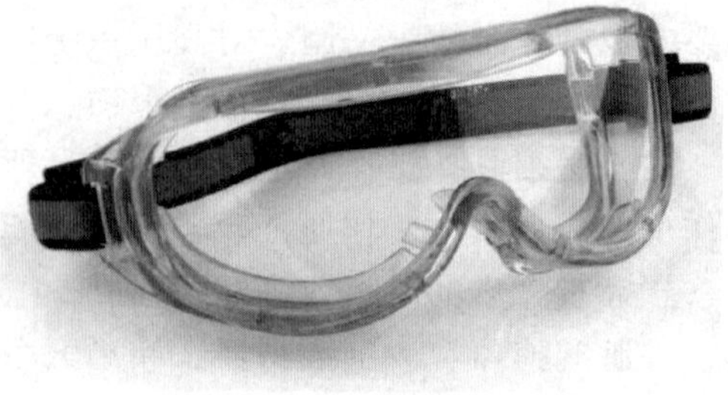

图 6-16　护目镜

（4）绝缘垫。绝缘垫是具有较大体积电阻率和耐电击穿的胶垫，用于电气等工作场合的台面或铺地绝缘材料，按电压等级、颜色和厚度有不同技术规格。

（5）安全帽。安全帽对作业人员在车身下作业时因头部碰撞、坠落物及其他特定因素引起的伤害起到防护作用。安全帽由帽壳、帽衬、下颏带及附件等组成，如图6-17所示。

图6-17 安全帽

（6）绝缘服。绝缘服采用绝缘材料，耐高压，阻燃、防酸、防碱，主要用于带电作业时的身体防护。

（7）隔离栏。隔离栏主要用于危险区域或作业区域的隔离。

（8）高压绝缘棒。高压绝缘棒是进行高压部件检测、隔离高压线、拆卸高压插接头等作业的辅助用品。

（9）高压作业警示标志。在高压电气系统的检修作业场所放置高压电警示牌是保证工作人员安全的主要措施之一，以此起到安全警示作用，避免或减少安全事故的发生。根据作业内容的不同，通常在警示牌上书写“严禁触摸高压危险”“严禁合闸 正在检修”“严禁操作 正在检修”等字样，如图6-18所示。

图6-18 警示标志

（10）高压绝缘防护维修、检测设备。高压作业时必须使用电工专用绝缘维修套装工具（图6-19）、绝缘电阻测试仪（6-20）、放电工装、数学电流钳、高压测电笔、绝缘扭力扳手等设备。

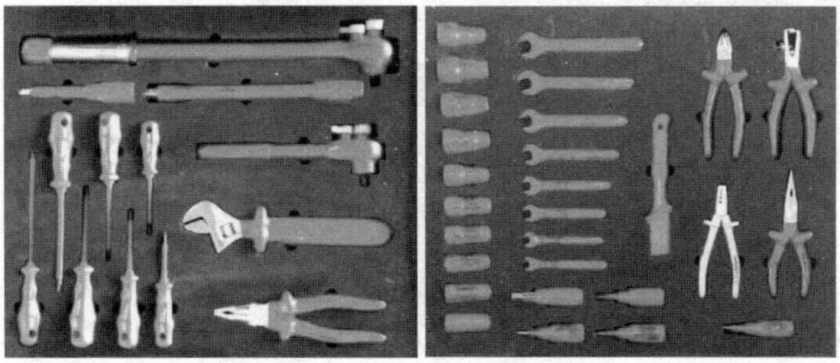

图6-19 电工专用绝缘维修工具

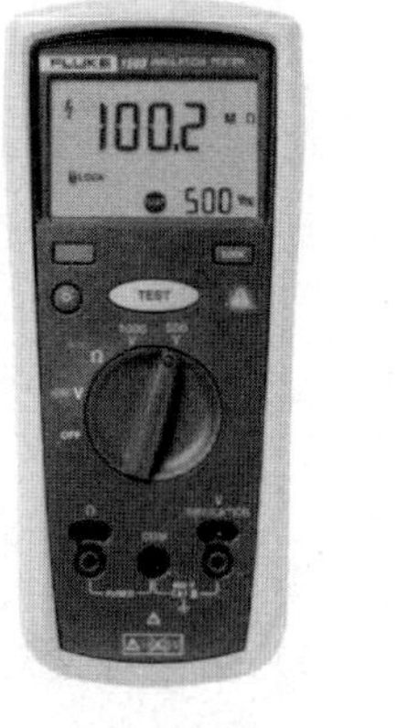

图6-20 绝缘电阻测试仪

2. 检修高压系统的安全规范

（1）作业前检查。检查现场操作环境周边不得有易燃物品及与工作无关的金属物品，并在维修车辆周围设置隔离桩，无关人员不得进入现场，在地面或车辆附近明显位置放置“高压危险”警示牌。

作业用的警示牌、绝缘垫、隔离桩、绝缘辅助用具、绝缘基本用具、专用检测仪器仪表外观检查及功能性检查均正常。

（2）高压电断电安全规范。

1）关掉点火开关，将钥匙移到智能系统探测范围外，严禁置于他人可触及处。

2）放置警告标志在车顶上。

3）断开低压辅助电池负极端子并绝缘处理。

4）检验确认并佩戴绝缘手套。

5）等待 5～10min 以便高压电容器放电。

6）拆除维修塞或维修开关并妥善放置，如图 6-21 所示。

图 6-21 拆除维修开关

在动力蓄电池上，按照国家新能源汽车安全标准都会设计有一个串联的手动维修开关，用于人工切断整个动力蓄电池的回路。进行高电压组件方面工作时须切断动力电池组供电，只有车辆已断电和变频器电容已充分放电情况下方可拆卸维修开关。

7）先断开高压配电盒 PDU 低压插头，后断开高压插头，用绝缘乙烯胶带包裹被断开的低压线路连接器。

8）高压插头验电、放电、验电，确认高压系统母线电压是 0V，如图 6-22 所示。

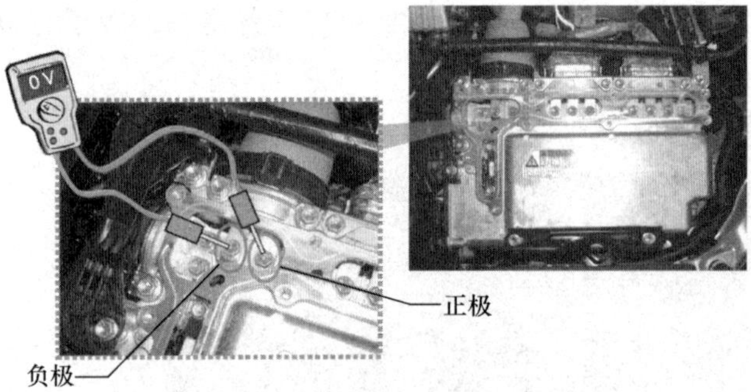

图 6-22 高压母线电压检验

9）用绝缘乙烯胶带包裹被断开的高压线路连接器。

任务二 车辆安全操作

任务引入

王先生新购置一辆某品牌新能源汽车，因对新能源汽车不了解，一方面担心不会相关操作，另一方面担心日常使用中触及高压组件，希望 4S 店能安排专业人员进行讲解。

【任务目标】

了解电动汽车上的安全警告标识，掌握电动汽车仪表信息，掌握车辆安全操作。

【相关知识】

一、电动汽车上的高压警示标识

因为高电压带来应用风险增加，所以汽车制造厂家在高压组件和高压电缆等危险区域均有警示标记。如不留意汽车制造商的安全警告，不遵守厂家的操作程序，轻则会引起触电、电灼伤或化学灼伤，重则导致死亡。如国家标准定义高压电缆必须在视觉上与普通汽车电缆区分，指定表面必须是鲜艳的橙色，并在高压组件上印刷警示内容和特殊标记，如“小心！高压 600V”、高电压的闪电标识等。电动汽车上的高压警示标记一般分为由红色标记、橙色标记和急救标记。

红色标记警示该组件时刻存在高压，张贴于动力电池组上，如图 6-23 所示。救援及维修警告标识位于发动机舱的前部，目的是向维修人员和救援人员说明专业的作业程序，提示维修人员和救援人员在操作前断开低压电源以断掉高压组件的高压，如图 6-24 所示。

图 6-23　动力电池组上的高电压危险警示标识

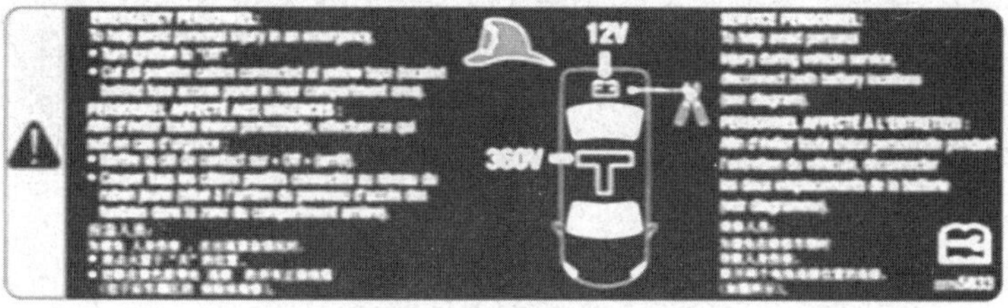

图 6-24　发动机舱上的紧急救援及维修警告标识

橙色标记警示该高压部件或电缆可能存在高压，若不正确禁用高电压系统将存在潜在触电危险，提示用户与维修人员在保养与维修时注意这些高压部件。此标识张贴于高电压部件，如高压配电 PDU 盒、车载充电机、DC/DC、电动压缩机、PTC 等，高压电池组除外，如图 6-25 所示。同时高压线束与高压连接器也标识为橙色，高压连接器应达到 IP67 防护等级。

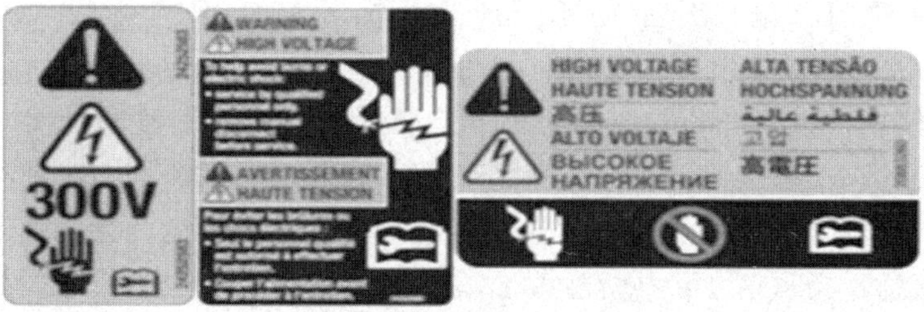

图 6-25　橙色警示标识

黄色标识提示在操作或救援时的相关操作，如图 6-26 所示为宝马 i3 动力电池警告提示牌，提示有高压，禁止触摸。

图 6-26　宝马 i3 动力电池黄色提示牌

二、新能源汽车仪表识读

新能源汽车仪表和传统燃油车的仪表作用是一样的，但是其显示的内容则有着很大的区别，了解新能源汽车特有的仪表信息有助于及时发现使用中的问题，有助于新能源汽车的维护与故障诊断。

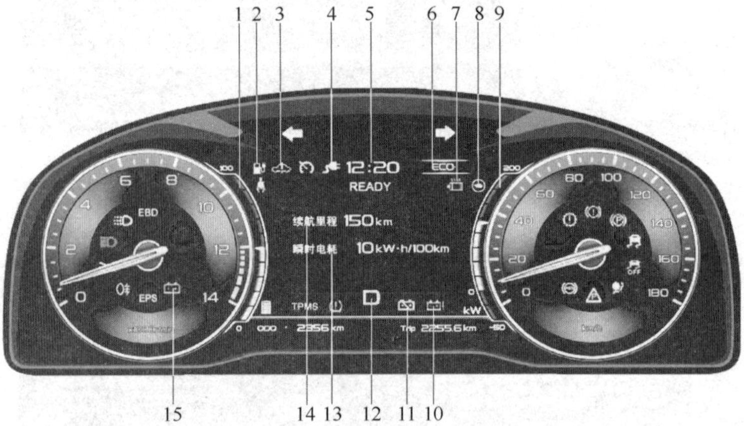

图 6-27　吉利 EV300 仪表

1—电池电量　2—动力电池充电状态　3—电机故障指示　4—充电线连接提示　5—运行准备就绪　6—ECO/SPORT 模式　7—电机及控制器过热　8—功率限制指示　9—功率　10—动力蓄电池故障　11—动力电池切断　12—挡位　13—瞬时电耗　14—续航里程　15—蓄电池充电提示

吉利 EV300 仪表（图 6-27）中的 READY 灯的作用是告知当前车辆的准备状态（不是所有的电动汽车都有该指示灯），READY 灯闪动的时候，相当于燃油车钥匙的“ON”挡位，此时全车的弱电系统（仪表、中控等）处于通电状态，但动力电池不工作，电动机未启动，此时踩油门（电门）车是不会动的，需要转一下钥匙到“START”，此时 READY 灯不再闪动，动力电源接通，车才可以开始行驶。

比亚迪 e5 仪表（图 6-28）左侧为功率表，显示当前模式下整车的实时功率，当车辆下坡或慢速行驶时，功率指示值可能为负值，表示当前车辆在给动力电池充电；中间矩形屏为信息显示屏，包含电量表、里程信息、挡位指示、室外温度、背光调节挡位提示、调节菜单、行车信息、提示信息、故障信息；右侧为车速表，仪表当中各类指示灯点亮或闪烁的含义如表 6-5 所示。

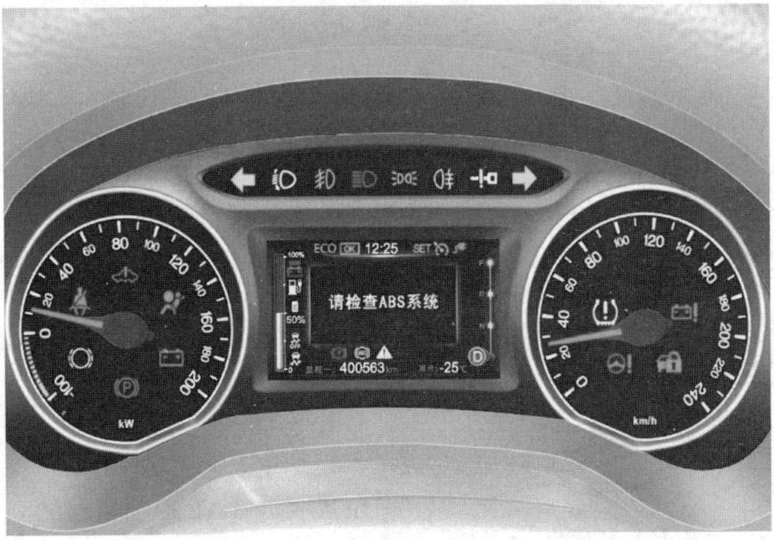

图 6-28　比亚迪 e5 仪表

表 6-5　　**比亚迪 e5 主要指示灯点亮（闪烁）及应对措施**

	充电系统警告灯 无法给蓄电池充电，立即停车并建议与比亚迪汽车授权服务店联系		电机冷却液温度过高警告灯 常亮时表示温度过高，请停车使电动机降温；闪烁时表示冷却液液位低，请及时添加冷却液
	EPS 故障指示灯 该警告灯常亮时，建议将车辆送到比亚迪汽车授权服务店进行检查		动力系统故障警告灯 该警告灯常亮时，建议将车辆送到比亚迪汽车授权服务店进行检查
	动力电池故障警告灯 该警告灯常亮时，说明动力电池组有故障，建议将车辆送到比亚迪汽车授权服务店进行检查		驻车制动故障警告灯 可能存在的情况：制动液位低、制动系统故障、电子驻车系统故障、真空泵故障。立即停车并建议与比亚迪汽车授权服务店联系
	智能钥匙系统警告灯 检查钥匙是否在车内或是否电池电量低		动力电池过热警告灯 该警告灯点亮时应停车使电池冷却熄火后再行驶
	主告警指示灯 应注意信息显示屏的提示信息		动力电池电量低警告灯 该警告灯常亮时，请及时给车辆进行充电，当电量高于 35% 时，故障灯就会熄灭
	动力电池充电连接指示灯 当充电线正常连接后，该指示灯亮起；充电结束该指示灯熄灭		防盗指示灯 点火开关接通后，指示灯将短暂点亮，这表明指示灯工作正常

三、车辆行驶

1. 车辆启动

以北汽 EV160 为例。

启动开关位于转向柱右侧。它按照以下顺序可以操作方向锁，如图 6-29 所示，接通电路并启动驱动电动机。

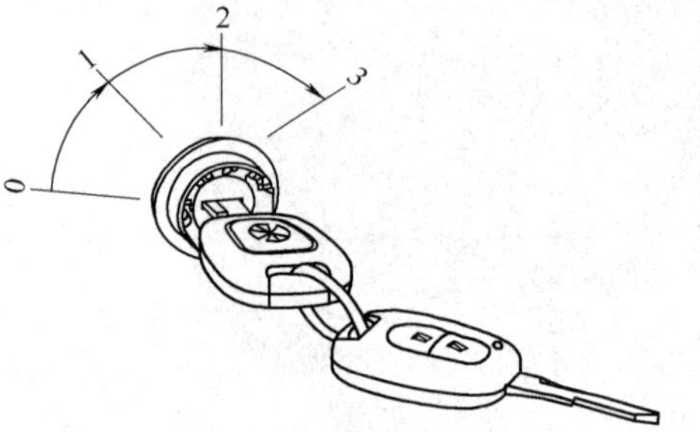

图 6-29 北汽 EV160 钥匙

位置 0（LOCK）：拔下启动钥匙、方向盘锁，大多数电路不能工作。

位置 1（ACC）：转向解锁、个别电器或附件可以工作。

位置 2（ON）：所有仪表、警告灯和电路可以工作，高压上电完毕。

位置 3（START）：钥匙位于 ON 挡且挡位在 N 挡，整车即可以显示 READY，可以踩制动挂挡行车。

启动步骤如下：

1）携带有效钥匙或智能钥匙。

2）车辆启动前确认换挡旋钮处于 N 挡位置。

3）踩住制动踏板。

4）按下启动按钮或转动钥匙至 START 挡。

5）检查驾驶就绪指示灯 READY 亮起。

6）检查电池电量和计程表上的预估行程。

7）踩制动，将挡位从 N 挡旋至 D 挡或 R 挡，轻踩油门即可行驶。在车辆行驶时不要拔出启动钥匙，这将会导致方向锁啮合，使车辆不能转向诱发安全事故。

2. 换挡操作

挡位旋钮位于车辆中间位置的电子换挡面板上，如图 6-30 所示，有 R（倒挡）、N（空挡）、D（前进挡）、E（前进挡经济模式）四个挡位，选中的挡位指示灯为冰蓝色，未选中为白色。车辆静止时，驾驶员进行换挡操作必须同时踩下制动踏板才能换挡成功。如果驾驶员换挡时未踩下制动踏板，仪表显示当前换挡旋钮的挡位并进行闪烁，此时驾驶员需要换至 N 挡，重新进行换挡操作。

图 6-30 北汽 EV160 电动汽车挡位

注意事项：在换挡之前，请先踩制动踏板，否则挡位选择无效；车辆运行中切勿换挡；启动车辆前请确认换挡旋钮处于 N 挡位置。

3. 车辆涉水

国家对电动汽车的安全性有很高的要求，根据《电动汽车用动力蓄电池技术要求及试

验方法　安全》的规定，蓄电池模块要在海水中进行浸泡试验，试验结果应不爆炸、不起火，蓄电池中的单个电池更要在海水中浸泡 2h 看看有没有出现爆炸、起火的现象，如果有即证明不合格。同时要求电动车防护等级为 IP67，在水深 30cm 的情况下电池至少可以承受 30min 的浸泡。但由于电动车的涉水能力是有一定限度的，在行驶中尽量不要走涉水路段，应注意以下事项：

1）驶入积水路段前必须查明积水深度，积水高度不得超过车身下边缘。

2）如要涉水行车，在车辆起步前将空调关掉，减速慢行，然后轻踩油门踏板且不要松脚，以稳定而缓慢的速度通过积水路段。

3）切勿将车辆停在过深的积水中，避免电动机进水，否则势必严重损坏电动机并无法进行质保。

4）顺利涉水通过积水区后，必须连续轻踩制动踏板数次将制动盘上的水蒸发，以便尽快恢复正常的制动性能。

5）避免大量的水进入前舱，否则将导致电动机动力系统和电器部件受到损坏。

任务三　车辆充电操作

任务引入

张先生在 4S 店购置一辆电动汽车，但不知如何进行日常充电操作，特咨询 4S 店的销售顾问小芳。小芳该如何给客户讲解日常使用中的充电操作及注意事项呢?

【任务目标】

认识电动汽车充电设施，熟悉电动汽车动力电池的充电方式及注意事项，具备电动汽车的充电操作能力。

【相关知识】

当组合仪表中的电量表指针指向表盘中的红色区域时，表示动力电池电量低，应尽快充电，不建议在电量完全耗尽后再进行充电，否则会影响动力电池的使用寿命。

一、充电装置

电动汽车产业能否得到快速发展，充电技术是关键因素之一。智能、快速的充电方式成为电动汽车充电技术发展的趋势。充电装置的功能是将电网的电能转化为电动汽车车载动力电池的电能。电动汽车充电装置可分为车载充电装置和非车载充电装置两种。

车载充电装置是指安装在电动汽车上的采用地面交流电网或车载电源对电池组进行充电的装置，有 2kW、3.3kW、6.6kW 三种，包括车载充电机、车载充电发电机和运行能量回收充电装置。它将一根带插头的交流动力电缆线直接插到电动汽车的插座中给电动汽车充电。车载充电装置通常使用结构简单、控制方便的接触式充电器，也可以是感应充电器。它完全按照车载动力电池的种类进行设计，针对性较强，但输出充电电流小，功率较小，充电时间较长，一般的混合动力车型需要 4～6h 充满，纯电动车要 8h 以上充满。充电倍率基本都在 0.5C 以下。液冷车载充电机如图 6-31 所示。

吉利帝豪 EV300 增配升级了 6.6kW 车载慢充电机，满足了更多充电状态需求。在 60kW 公共快充桩实现 45min 内电量从 0% 充至 80%；使用 10kW 快充盒，4.5h 内充满，同时帝豪 EV300 还可使用 3.3kW 家用慢充盒和 1.8kW 随车应急充电线，五种充电模式使充电更便捷。帝豪 EV300 搭载了 ITCS 电池智能温控管理系统。该系统能够让帝豪 EV300 动力电池实现在－20℃的环境中快速充电，－30℃时车辆仍可正常使用，确保帝豪 EV300 在极寒、极热地区充电效率不降低，续航能力不衰减。

图 6-31　液冷车载充电机

非车载充电装置，即地面充电装置，主要包括专用充电机、专用充电站、通用充电机、公共场所用充电站等。它可以满足各种电池的各种充电方式。通常非车载充电器的功率、体积和重量均比较大，以便能够适应各种充电方式。

另外，根据对电动汽车动力电池充电时的能量转换方式不同，充电装置又可分为接触式和感应式。感应充电器是利用高频交流磁场的变压器原理，将电能从离车的原方感应到车载的副方，以达到给电池充电的目的。感应充电的最大优点是安全，这是因为充电器与电动车之间并无直接的点接触，使得即使电动汽车在恶劣的气候下，如雨雪天，进行充电也无触电的危险。

二、充电方式

根据充电方式不同分为慢充、快充、无线充电、更换电池充电、移动式充电等方式。

1. 慢充

这种充电方式是采用恒压、恒流的传统充电方式对电动汽车进行充电。这种方式的充电电流十分有限，只有 16～32A。通常情况下充电时间比较久，相应的充电器工作和安装成本比较低，简单易操作。这种充电方式普遍用在家用充电设备和小型充电站上，由于在充电时只需要将车载充电插头插到停车场或者家用的电源插座上，因此，充电过程一般由客户自己独立完成。

(1) 便携充电。便携充电是指使用随车附带的便携充电线连接普通家用插座充电，见图 6-32。这是一种非常方便的充电方式，只要能找到插座，就可以充电。但是其充电速度较慢。一般来说，普通家用插座的电压为 220V，电流为 10A，理论上功率为 2.2kW，而在实际使用中，充电功率一般来说只有 1.5kW。

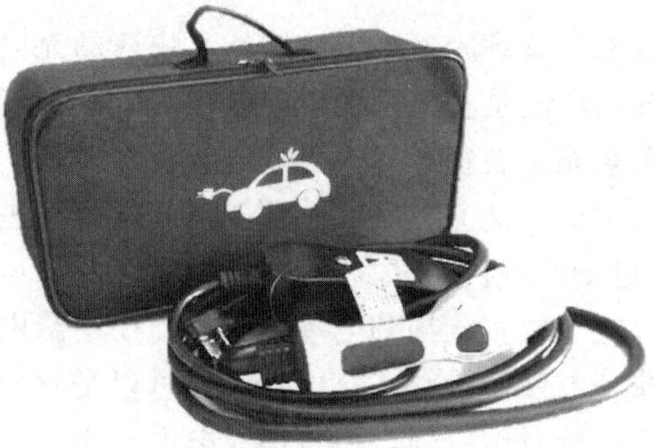

图 6-32　随车充电枪

也就是说，使用便携充电装置，为一辆北汽新能源 EV200 纯电动汽车（续航里程 200km，电池容量 30.4kW · h）充满电需要 20h，为一辆比亚迪 e6 纯电动汽车（续航 300km，电池容量 57kW · h）充满电需要近 40h。由于充电速度最慢，只能是作为其他充电方式的一种补充，方便用户随时补电。

（2）壁挂式充电桩。家用充电桩是最常见的一种充电桩，见图 6-33。一般私人用户购买电动汽车都会附赠一个家用充电桩。当然，光有桩是不够的，还需要有车位并且物业公司同意安装。

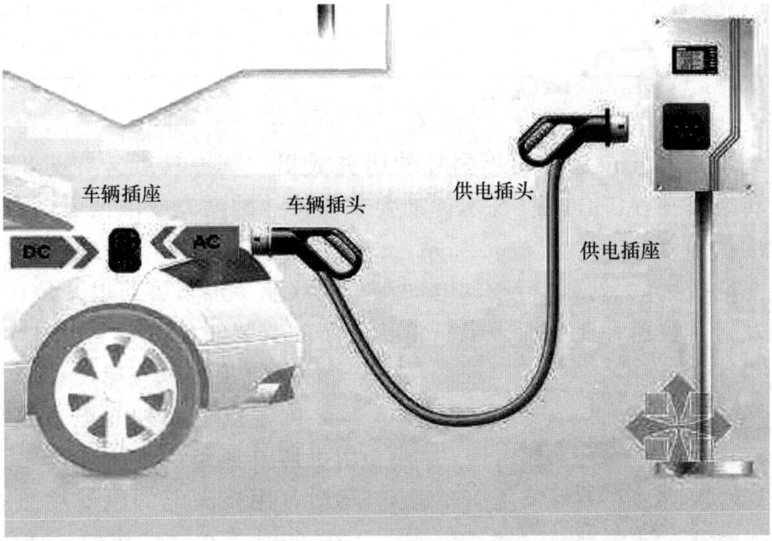

图 6-33　壁挂式充电桩

在充电速度方面，由于每个厂商提供的充电桩规格都不一样，所以充电速度也不尽相同。宝马 i3 所配备的 iWallboxPro 充电墙盒功率为 7.4kW。启辰晨风有 2 种家用充电桩，低配版的是 3.6kW，高配版的则是 6.6kW。腾势同样提供 2 种家用充电柜可供使用，功率分别为 10kW 和 20kW。

基本上，不同型号的家用充电桩虽然输出功率有差异，但是都能保证一晚上将电动汽车的电池充满，基本可以满足普通用户的需求。

2. 快充

这种充电方式是以 150～400A 的直流电流在短时间内为蓄电池完成充电。相对于常规的充电而言，成本要高，所以快速充电又被称为迅速充电或者是应急充电，其目的就是保证电动汽车在短时间快速充满电，一般多用在大型充电站。充电桩内置功率转换模块，能将电网的交流电转换为直流电，不须经过车载充电机转换，直接接入车内电池。充电功率取决于电池管理系统和充电桩输出功率，两者取小。目前市场上特斯拉的快充功率达到 120kW，半小时能充满 80%电量，充电倍率接近 $2C$。北汽 EV200 可以达到 37kW，充电倍率 $1.3C$。这种充电方式对电池寿命有一定的影响，特别是普通蓄电池不能进行快速充电，因为在短时间内接受大量的电量会导致蓄电池过热。由于功率和电流的额定值都很高，因此这种充电方式对电网有较高的要求，一般应靠近 10kV 变电站附近或在监测站和服务中心中使用。国内纯电动汽车充电时间见表 6-6。

表 6-6　　国内纯电动汽车充电时间一览表

车型	慢充时间/h	快充时间/h	续航里程/km	车型	慢充时间/h	快充时间/h	续航里程/km
北汽 E150EV	8	2.0	150	北汽 C70GB	≥10	2.0	130
比亚迪 e6	20	2.0	300	荣威 E50	6～8	1.5	180
江淮和悦 IEV4	8	2.5	200	赛欧 SPRINGO	7.5	—	130
江淮和悦 IEV5	8	2.5	200	长安 E30	8	1.5	160
奇瑞 eQ 纯电动车	8～10	0.5	200	启辰 e30	8	1.5	180
腾势	5	1.5～2.0	250	众泰知豆 E20	6	1.0	120

3. 无线充电

电动汽车无线充电方式是近几年国外的研究成果，其原理就像在车里使用的移动电话——将电能转换成一种符合现行技术标准要求的特殊的激光或微波束，在汽车顶上安装一个专用天线接收即可。

有了无线充电技术，公路上行驶的电动汽车或双能源汽车可通过安装在电线杆或其他高层建筑上的发射器快速补充电能。电费将从汽车上安装的预付卡中扣除。

图 6-34　移动充电

4. 更换电池充电

除了以上几种充电方式外，还可以采用更换电池组的方式，即在蓄电池电量耗尽时，用充满电的电池组更换已经耗尽的电池组。蓄电池归服务站或电池厂商所有，电动汽车用户只需租用电池。

5. 移动式充电

主要的方式是在汽车巡航的时候就能给汽车充电。客户就没必要去寻找充电桩，并花费时间去充电。这种充电方式需要移动式充电系统（MAC），并预先将其埋在一段路下面，即充电区。接触式和感应式的 MAC 都可以实行。这种充电方式成本巨大，目前仍处在理论研究阶段，但是前景十分广阔，如图 6-34 所示。

三、车辆充电操作

1. 充电接口

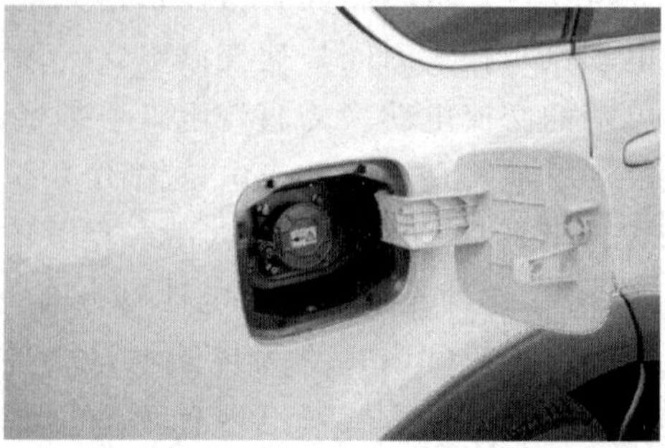

图 6-35　比亚迪唐交流充电接口

充电接口分为交流接口和直流接口，一般混合动力车型因为车辆带电量小，只配备了交流充电接口，见图 6-35。而纯电动汽车因为带电量大，一般配备交流接口和直流接口两个接口，见图 6-36 和图 6-37，常见车型充电口位置见表 6-7。充电接口也是有标准的，全球主要有美国标准、

GB/T直流充电口(9孔)

GB/T交流充电口(7孔)

图 6-36　纯电动汽车充电口

欧洲标准、日本标准和中国标准。目前我国销售的电动汽车除特斯拉外，都是符合中国国家标准的接口，理论上不同车厂的车辆可以到所有厂家的充电桩上充电。但是因为软件协议定义不完全一致，也有极少量充电桩和车辆 BMS 系统不兼容的情况出现。另外，特斯拉之前也承诺会给出兼容中国标准的方案。

图 6-37　特斯拉新国标充电口（左直流右交流）

表 6-7　常用车型充电口位置

车型	电动类型	慢充接口	快充接口	备注
比亚迪秦	PHEV	车后备箱盖上		
比亚迪唐	PHEV	车身右侧后方		
上汽荣威 e550	PHEV	车身左侧后方		
奇瑞艾瑞泽 7e	PHEV	车身左侧后方		
北汽 EV 系列	BEV	车身左侧后方	车头 Logo 处	
特斯拉	BEV	车身左侧后方(左侧)	车身左侧后方(右侧)	新国标充电标准
比亚迪 e5	BEV	车头 Logo 处(左侧)	车头 Logo 处(右侧)	
比亚迪 e6	BEV	车身左侧后方(右侧)	车身左侧后方(左侧)	
江淮 iev6E	BEV	车头 Logo 处(右侧)	车头 Logo 处(左侧)	

2. 北汽 EV200 充电操作

快速和慢速充电口分别位于车辆前格栅 Logo 和左后方处，直接摁住前格栅 Logo 右侧内平面即可开启快充电口，慢充电盖板由位于驾驶员座椅左下方手柄开启。随车标配一根交流充电桩用交流充电线（公用充电线），见图 6-38（a），桩端充电枪为黑色，车端充电枪为黑/蓝色，并有提示标签，见图 6-39。家用充电线非标配，需单独在 4S 店购买［图 6-38（b）］。

（1）家用交流充电。利用家用充电线，将被充车辆与家用 220V、50Hz、16A 的单相三眼插座可靠连接，并确保插座的地线与大地连接良好。

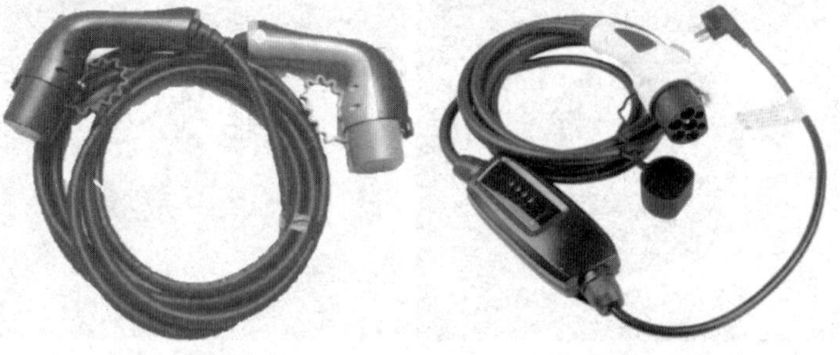

(a) 标配　　(b) 非标配

图 6-38　北汽 EV200 交流充电桩和家用 16A/250V AC 慢充连接器

(2) 交流/直流充电桩充电。利用充电桩用充电线，将被充车辆与公共交流/直流充电桩按照操作说明可靠连接，通过插卡、输入密码、启动等一系列操作后完成交流充电工作。

• 充电桩操作流程：

① 车辆静止，关闭点火开关并取下车钥匙，拉紧手制动，打开充电盖板。

② 检查充电枪有无破损现象，注意充电线上的识别符号，将标有车端的充电枪插入车端充电接口，标有桩端的充电枪插入桩端充电接口。

图 6-39　慢充电枪标识

③ 连接好充电线并在充电桩上启动充电后，车辆端会自动锁止车端充电枪，避免非本车用户或儿童误操作拔出充电枪。

④ 充电过程中，观察车辆仪表充电界面显示内容是否正常。

⑤ 充电结束后，刷卡结费。应先拔出车端充电枪，后拔出桩端充电枪。

⑥ 拔出充电枪后，请盖好充电枪的防尘盖，将充电设备放入专用的收纳箱中。

(3) 仪表充电状态信息。

① 车辆进入充电状态后，组合仪表的行车电脑显示屏自动点亮，显示当前充电信息，如图 6-40 所示，10s 后屏幕熄灭。

② 充电已满。动力电池电量充满后，行车电脑的显示屏自动点亮，蜂鸣器鸣叫提示电量已经充满，10s 后屏幕熄灭，如图 6-41 所示。

③ 充电故障。充电过程中车辆出现故障，行车电脑显示屏自动点亮，充电故障指示灯点亮，蜂鸣器鸣叫，提示 10s 后熄灭。

3. 充电注意事项

(1) 确保充电口连接正确，充电线连接可靠，禁止在电锁锁止状态强行插入或拔出充电枪。

(2) 确保充电口无积水，严禁湿手操作，严禁在充电时接触充电端口或充电连接器内的金属端子。

(3) 充电环境温度最佳范围为 0～45℃，当环境温度过低或过高时，尽量不要充电。

(4) 不要经常深度放电，会减少电池的使用寿命。当电量 SOC≤30%时应及时进行

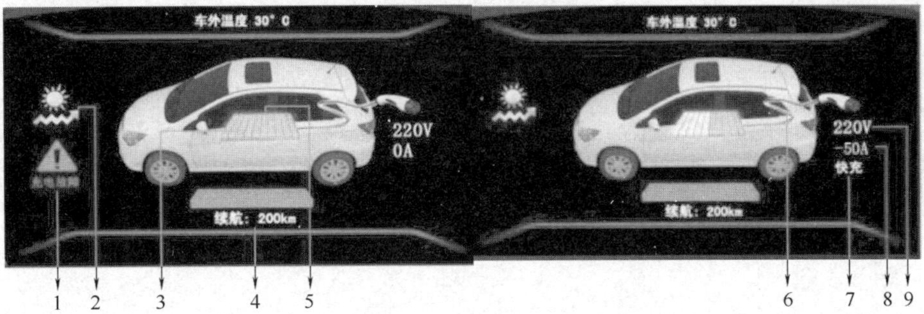

图 6-40　充电状态信息显示

1—充电故障指示灯　2、5—动力电池正在加热　3—电量　4—续航里程

6—充电动态电流　7—快慢充状态　8—充电电流　9—动力电池电压

注：图示 2 亮表示动力电池正在加热，此时图示 5 动力电池外围会出现一层红色光晕。

充电电流为负值表示动力电池正在充电，正值表示动力电池正在放电。

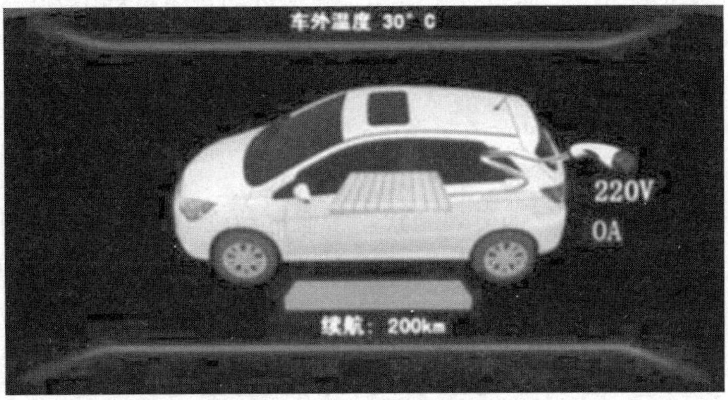

图 6-41　充满电的信息显示

充电，保证电池在充足状态下使用。

（5）充电场地、充电设备设施、消防器材等保持清洁干燥，确保设备情况良好。

（6）充电过程中禁止启动车辆，防止对车辆和充电桩造成损坏。

（7）家用便携充电时避免过载工作引起火灾。

项目七　电动汽车辅助系统的检修

任务一　电动助力转向系统的检修

任务引入

车主小李的纯电动汽车使用一年以后，在最近的行车过程中发现转向系统故障灯偶有显示，并发现车辆在起步过程中转向较重。那么作为纯电动汽车的维修人员，该怎么排除这个故障呢？

【任务目标】

了解电动汽车汽车转向系统的发展现状，掌握电动汽车转向系统的组成及作用，掌握转向系统的原理及工作过程，能完成纯电动汽车转向系统常见故障的检测。

【相关知识】

一、电动助力转向系统概述

1. 发展历程

在汽车的发展历程中，转向系统经历了四个发展阶段：

从最初的机械式转向系统（manual steering，MS）发展为液压助力转向系统（hydraulic power steering，HPS），然后又出现了电控液压助力转向系统（electro hydraulic power steering，EHPS）和电动助力转向系统（electric power steering，EPS）。

装配机械式转向系统的汽车，在泊车和低速行驶时驾驶员的转向操纵负担过于沉重，为了解决这个问题，美国GM公司在20世纪50年代率先在轿车上采用了液压助力转向系统。但是，液压助力转向系统无法兼顾车辆低速时的转向轻便性和高速时的转向稳定性，因此在1983年日本Koyo公司推出了具备车速感应功能的电控液压助力转向系统。这种新型的转向系统可以随着车速的升高而提供逐渐减小的转向助力，但是结构复杂、造价较高，而且无法克服液压系统自身所具有的许多缺点，是一种介于液压助力转向和电动助力转向之间的过渡产品。到了1988年，日本Suzuki公司首先在小型轿车Cervo上配备了Koyo公司研发的转向柱助力式电动助力转向系统；1990年，日本Honda公司在运动型轿车NSX上采用了自主研发的齿条助力式电动助力转向系统，从此揭开了电动助力转向系统在汽车上应用的历史。

2. 电动助力转向系统的优势

电动助力转向系统是在机械式转向系统的基础上，加装了电动机及减速机构、转矩转角传感器、车速传感器和 ECU 电控单元。

相比传统液压助力转向系统，电动助力转向系统具有以下优点：

(1) 只在转向时电动机才提供助力，可以显著降低燃油消耗。传统的液压助力转向系统由发动机带动转向油泵，不管转向或者不转向都要消耗发动机的部分动力。而电动助力转向系统只是在转向时才由电动机提供助力，不转向时则不消耗任何能量。因此，电动助力转向系统可以降低车辆的燃油消耗。

与液压助力转向系统对比试验表明：在不转向时，电动助力转向系统可以降低燃油消耗 2.5%；在转向时，可以降低 5.5%。

(2) 转向助力大小可以通过软件调整，能够兼顾低速时的转向轻便性和高速时的转向稳定性，回正性能好。

传统的液压助力转向系统所提供的转向助力大小不能随车速的提高而改变。这样就使得车辆虽然在低速时具有良好的转向轻便性，但是在高速行驶时由于转向盘太轻，会产生转向“发飘”的现象，使驾驶员缺少显著的“路感”，从而降低了高速行驶时的车辆稳定性和驾驶员的安全感。

电动助力转向系统提供的助力大小可以通过软件方便地调整。在低速时，电动助力转向系统可以提供较大的转向助力，提供车辆的转向轻便性。随着车速的提高，电动助力转向系统提供的转向助力可以逐渐减小，转向时驾驶员所需提供的转向力将逐渐增大，这样驾驶员就感受到明显的“路感”，提高了车辆稳定性。

电动助力转向系统还可以施加一定的附加回正力矩或阻尼力矩，使得低速时转向盘能够精确地回到中间位置，而且可以抑制高速回正过程中转向盘的振荡和超调，兼顾了车辆高、低速时的回正性能。

(3) 结构紧凑，质量轻，生产线装配好，易于维护保养。电动助力转向系统取消了液压转向油泵、油缸、液压管路、油罐等部件，而且电动机及减速机构可以和转向柱、转向器做成一个整体，使得整个转向系统结构紧凑，质量轻，在生产线上的装配性好，节省装配时间，易于维护保养。

(4) 通过程序的设置，电动助力转向系统容易与不同车型匹配，可以缩短生产和开发的周期。

由于电动助力转向系统具有上述多项优点，因此近年来获得了越来越广泛的应用。

二、电动助力转向系统

1. 电动助力转向系统的结构

电动助力转向系统（EPS）利用电机产生的动力协助驾驶员进行动力转向。电动助力转向系统一般由转矩传感器、电子控制器（ECU）、助力电机、减速器、机械转向器以及供电电源所构成，如图 7-1 所示。

(1) 转矩传感器。转矩传感器用来测量驾驶员作用在转向盘上的力矩大小与方向，以及转向盘转角的大小与方向。目前采用较多的是扭杆式电位计传感器，它是在转向轴位置加一根扭杆，如图 7-2 所示，通过扭杆检测输入轴与输出轴的相对扭转位移得到转矩。

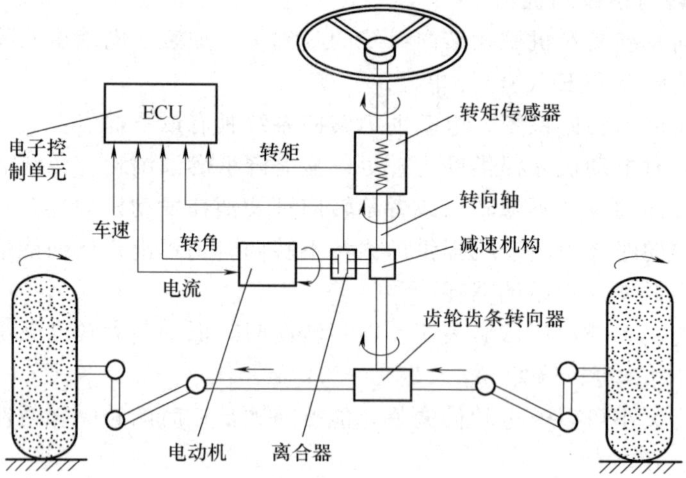

图 7-1 电动助力转向系统的结构

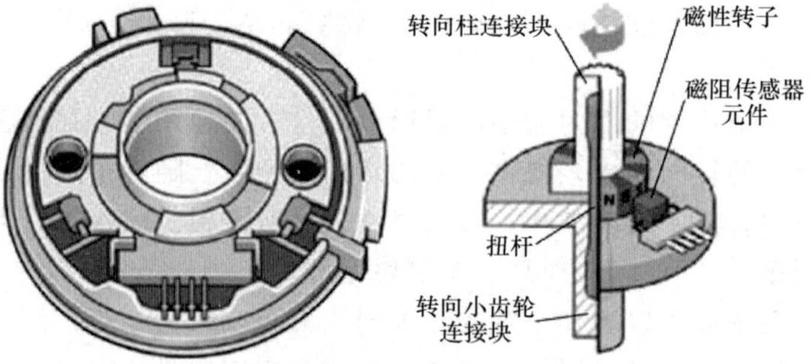

图 7-2 电动助力转向系统的转矩传感器

（2）助力电机。助力电机通常选用有刷直流电机或无刷直流电机，通过对电机的正反转从而实现车辆的左右转向，其控制方式如图 7-3 所示。

当 a_1 端子通电，VT_2、VT_3 导通，电机正传；当 a_2 端子通电，VT_1、VT_4 导通，电机反转。

1）转子位置检测（旋转变压器），实现转子位置的实时检测。

2）采用矢量控制算法，实现正弦波控制和转矩稳定输出。

3）绕组电流为正弦波，谐波分量小，转矩脉动小。

4）运行平衡性好，噪声低，响应快，定位精度高。

5）与方波驱动相比，转矩脉动更小。

（3）电磁离合器。EPS 中的电磁离合器主要起安全保护作用，当 EPS 发生

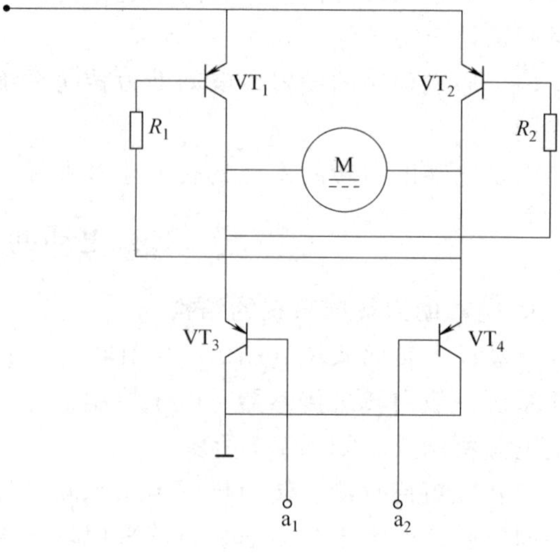

图 7-3 助力电机正反转控制原理

故障、助力电机工作电流过大等情况下，电磁离合器会及时切断，此时汽车仍可以以传统转向装置进行工作，从而保证整个系统和行车的安全。常用电磁离合器为单片式电磁离合器，其工作原理如图 7-4 所示。

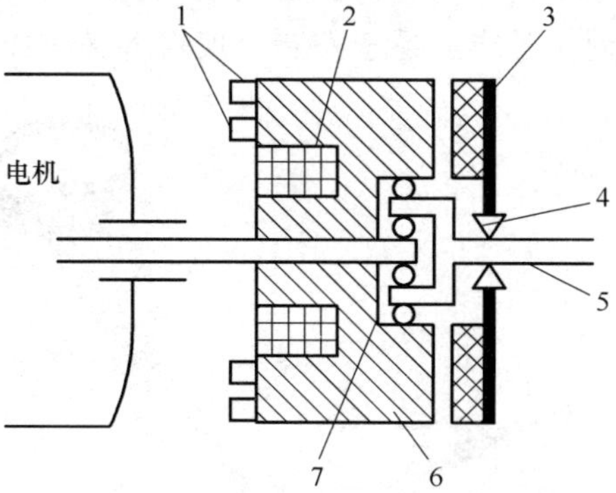

图 7-4 单片式电磁离合器的工作原理

1—集电环 2—线圈 3—压板 4—花键

5—从动轴 6—主动盘 7—球轴承

当集电环接通，线圈通电，产生磁力吸合从动盘，使主动盘与从动盘结合，动力输出。

(4) 减速机构。离合器与电机相连，可以起到减速增扭的作用。离合器装在减速机构一侧是为了保证 EPS 只在预先设定的车速（如 0～45km/h）范围内起作用。

(5) 电子控制单元。ECU 的功能是根据转矩传感器信号和车速传感器进行逻辑分析和计算后，发出指令控制电机和离合器的动作，此外，ECU 还有安全保护和自我诊断功能。

2. 电动助力转向系统的原理

汽车在转向时，转矩传感器把采集到的转向盘转矩和传动方向信号，车速传感器把采集到的车速信号，通过数据总线发给电子控制单元（ECU），ECU 根据转动转矩、转动的方向、行驶速度等数据信号，进行综合逻辑分析与计算后，选择一条合适的助力特性曲线，向助力电机控制器发出动作指令，电机按转向盘转动的速度和方向产生所需的助力转矩协助驾驶员进行转向操作，从而实现助力转向，如图 7-5 所示。

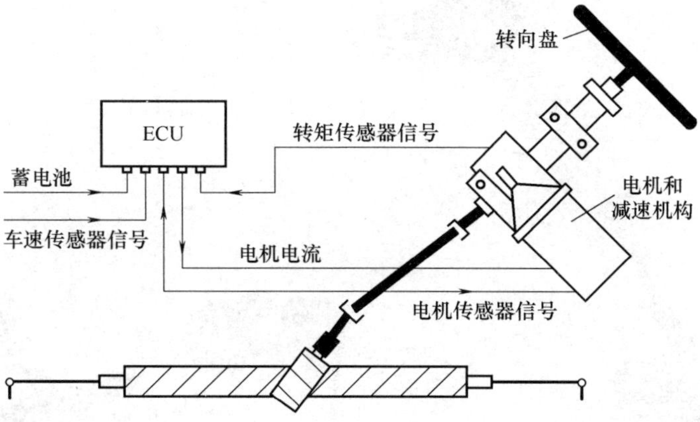

图 7-5 电动助力转向工作原理

3. 电动助力转向系统的分类

电动助力转向系统按照电动机布置位置的不同，可以分为：转向轴助力式（Column-assist type EPS）、齿轮助力式（Pinion-assist type EPS）、齿条助力式（Rack-assist type EPS）、直接助力式（Direct-drive type EPS）四种。

(1) 转向轴助力式电动助力转向器（C-EPS）的助力电机固定在转向柱的一侧，通过减速增扭机构与转向轴相连，直接驱动转向轴助力转向。这种形式的电动助力转向系统结构简单紧凑、易于安装。现在多数 EPS 就是采用这种形式。此外，C-EPS 的助力提供装置可以设计成适用于各种转向柱，如固定式转向柱、斜度可调式转向柱以及其他形式的转向柱。但由于助力电机安装在驾驶舱内，受到空间布置和噪声的影响，电机的体积较小，输出扭矩不大，一般只用在小型及紧凑型车辆上，如图 7-6 所示。

图 7-6 转向轴助力式 EPS

（2）齿轮助力式电动助力转向器（P-EPS）的助力电机和减速增扭机构与小齿轮相连，直接驱动齿轮实现助力转向。由于助力电机不是安装在乘客舱内，因此可以使用较大的电机以获得较高的助力扭矩，而不必担心电机转动惯量太大产生的噪声。该类型转向器可用于中型车辆，以提供较大的助力，如图 7-7 所示。

（3）齿条助力式电动助力转向器（R-EPS）的助力电机和减速增扭机构则直接驱动齿条提供助力。由于助力电机安装于齿条上的位置比较自由，因此在汽车的底盘布置时非常方便。同时，同 C-EPS 和 P-EPS 相比，R-EPS 可以提供更大的助力值，所以一般用于大型车辆上，如图 7-8 所示。

图 7-7 齿轮助力式 EPS

图 7-8 齿条助力式 EPS

（4）直接助力式电动助力转向器（D-EPS）的助力电机和减速增扭机构同转向齿轮形成了一个独立的单元。它与 R-EPS 比较相似，两者的主要区别是扭矩传感器的安装位置有所不同。通过优化电控单元（ECU）内部的算法，让电机向齿条直接提供转向助力可以获得良好的转向路感。

三、电动线控转向系统

1. 电动线控转向系统的结构

电动线控转向系统由主控制器、故障处理器、各转向传感器、转向盘总成、回正力矩电机、故障离合器、齿轮齿条转向器以及转向执行电机等组成，如图 7-9 所示。

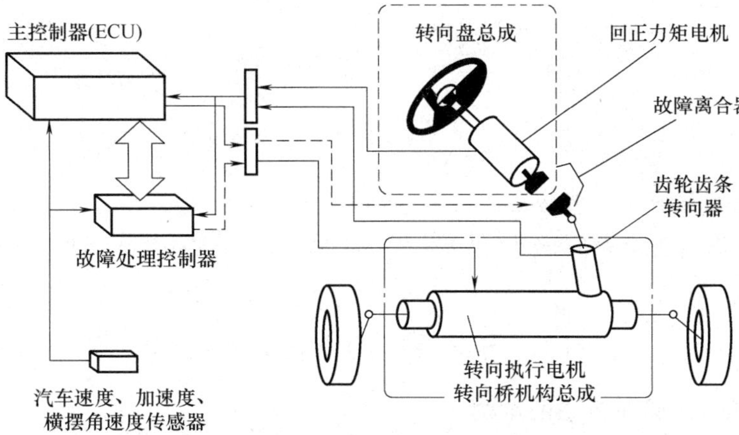

图 7-9 电动线控转向系统

（1）转向盘总成。转向盘总成包括转向盘、转向盘转角传感器、力矩传感器、转向盘回正力矩电机。

（2）转向执行总成。转向执行总成包括前轮转角传感器、转向执行电机、转向电机控制器和前轮转向组件等。

（3）主控制器。主控制器对采集的信号进行分析处理，判别汽车的运动状态，向转向盘回正力矩电机和转向电机发送指令，控制两个电机的工作，保证各种工况下都有理想的车速响应，以减少驾驶人对汽车转向特性随车速变化的补偿任务，减轻驾驶人的驾驶负担。

（4）自动防故障系统。自动防故障系统是线控转向系统的重要模块，它包括一系列的监控和实施算法，针对不同的故障形式和故障等级做出相应的处理，以求最大限度地保持汽车的正常行驶。

（5）电源系统。电源系统承担着控制器、两个执行电机以及其他车用电器的供电任务，其中仅前轮转角执行电机的最大功率就有 500～800W，加上汽车上的其他电子设备，电源的负担已经相当沉重。

2. 电动线控转向系统的原理

通过驾驶员的操纵，传递给转矩传感器，形成转角及转动力矩信号，同时路面激起的转向轮摆振被侧向加速度传感器接收，形成信号。这两组信号被转向控制器接收，并进行分析计算，同时控制电磁离合器及转向电机进行转向控制，并通过模拟路面信息传递到转向盘，传递给驾驶员，让驾驶员实时了解路面信息，如图 7-10 所示。

3. 电动线控转向系统中的特殊问题

（1）系统的安全性问题。作为汽车行驶安全的控制系统，转向系统必须配备安全模块

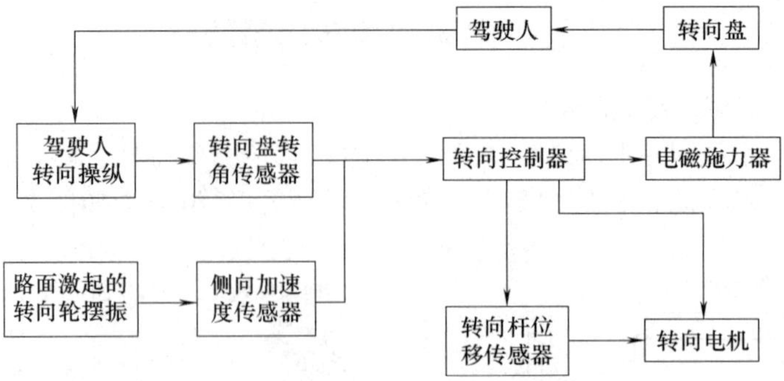

图 7-10 电动线控转向系统原理框图

和自检模块以确保系统安全可靠地运行和维修的方便。

（2）路感模拟。由于转向盘和转向车轮之间无机械连接，驾驶人的“路感”必须通过模拟生成。

四、电动液压助力转向系统

1. 电动液压助力转向系统的结构

电动液压助力转向系统由传统发动机助力升级改造而来，取消了发动机助力系统，增加了电机助力系统，其包含助力电机、控制器、转向油泵、储油罐、油管、转角传感器及传统的转向器，转向盘等，如图 7-11 所示。

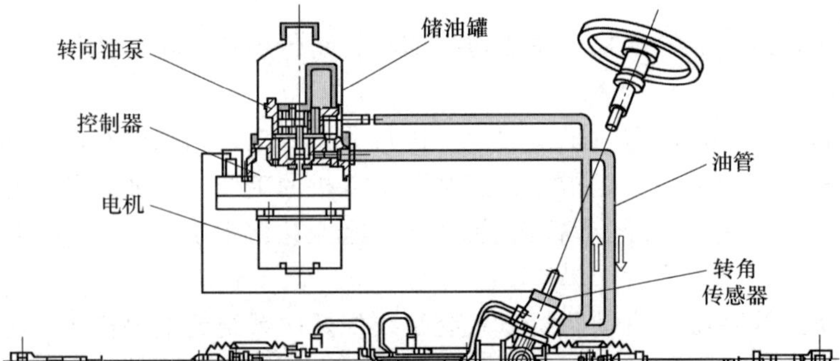

图 7-11 电动液压助力转向系统的结构

国内纯电动汽车多采用这种类型的转向系统，其储油罐、转向油泵、控制器以及助力电机多采用整体式，其转向油泵的工作原理如图 7-12 所示。

2. 电动液压助力转向系统的原理

车速传感器、转向盘转角传感器以及发动机转速传感器的信号传递给转向控制器，同时车载蓄电池信号及 DC/DC 转换器信号也传递给转向控制器，转向控制器进行分析与计算，控制助力电机转动方向及力矩大小，带动转向油泵工作，对转向器进行油路控制，高进低出，形成完整回路，实现转向助力，如图 7-13 所示。

（1）左转。左转向时，通过转向阀的分配，高压油进入油缸的左腔，如图 7-14 所示。

（2）右转。右转向时，通过转向阀的分配，高压油进入油缸的右腔，如图 7-15 所示。

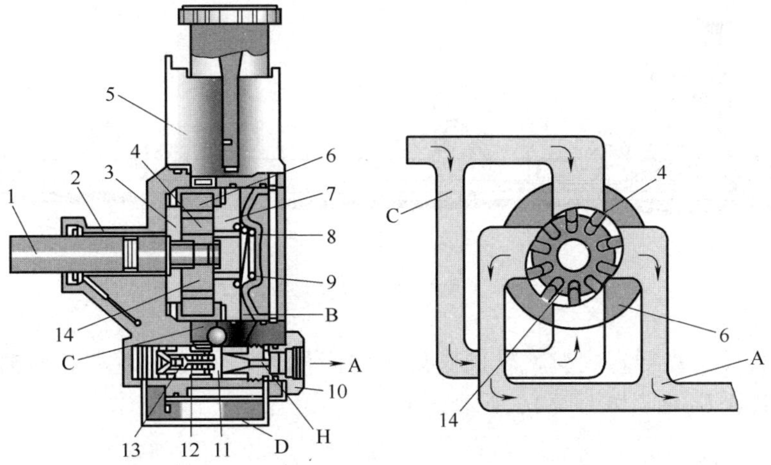

图 7-12　转向油泵的结构和原理

1—驱动轴　2—壳体　3—前配油盘　4—叶片　5—储油罐　6—定子　7—后配盘
8—后盖　9—弹簧　10—管接头　11—柱塞　12—阀杆　13—钢球　14—转子
A—出油口　B—出油腔　C—进油腔　D—油道　H—主量孔

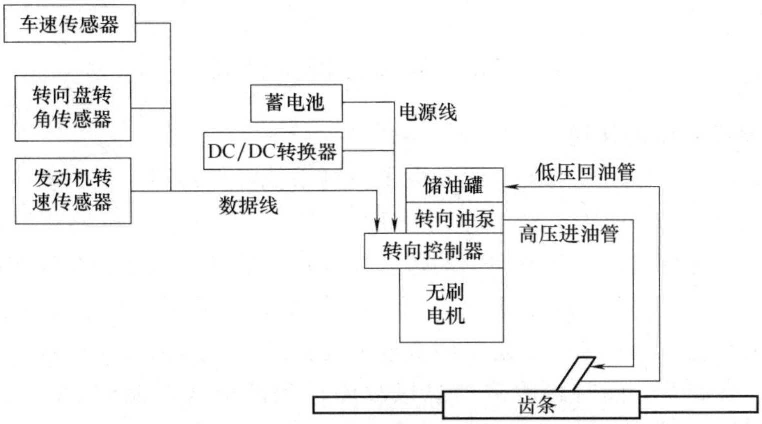

图 7-13　电动液压助力转向系统原理图

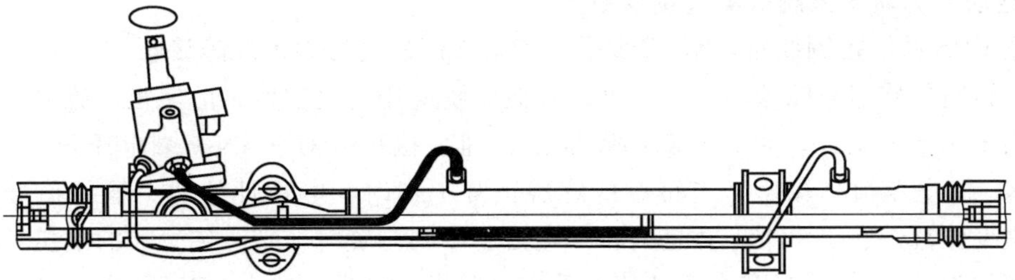

图 7-14　电动液压助力左转执行

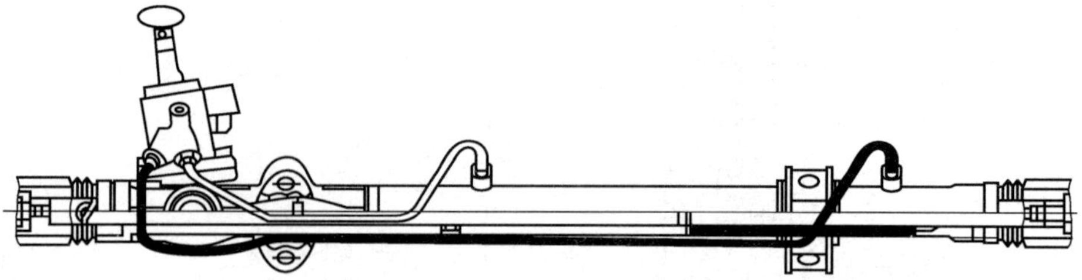

图 7-15　电动液压助力右转执行

（3）直线行驶。直线行驶时，转向阀处于中间位置，油缸的左右腔的油压是平衡的，没有油压推动齿条移动，如图 7-16 所示。

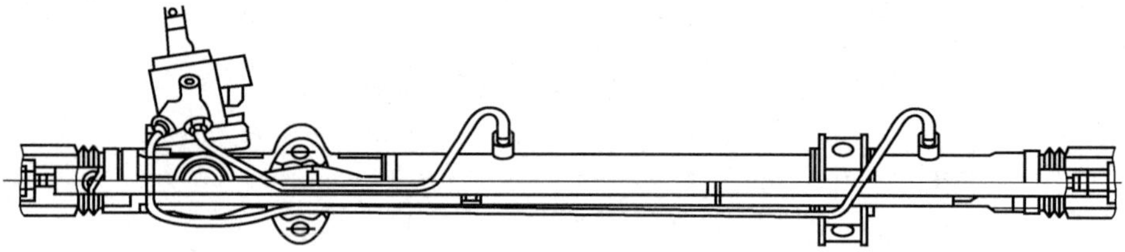

图 7-16　电动液压助力直线行驶

五、EPS 故障分析及诊断

1. 故障自诊断系统的作用

故障自诊断系统的作用是监测、诊断电子控制系统各传感器、执行器以及电子控制器（electronic control unit，ECU）的工作是否正常。当 ECU 中某一电路超出规定范围的信号时，自诊断系统就判定该电路及相关的传感器或执行器发生故障，并控制故障指示灯闪烁。目前常用的故障代码指示有两种：一是以闪烁次数和时间长短表示不同故障，如三菱、现代、克莱斯勒、宝马等；二是不同颜色的几盏灯（一般为红、绿灯）闪烁表示不同故障，如本田、日产等。同时将故障信息以故障代码的形式存储到 ECU 内部的存储器中，然后 ECU 控制系统采取相应的安全防范措施。故障信息一旦被存储，即使故障已经排除且故障指示灯熄灭，故障信息仍将储存在存储器中。消除故障码的方法有二：一是将保险丝盒中的保险丝拔下 10s 以上；二是将蓄电池搭铁线拆下 10s 以上。

2. 电动助力转向系统故障实例诊断

根据 EPS 系统控制线路，对 EPS 系统各组成部件进行如下故障诊断：

（1）转矩传感器故障诊断。电动助力转向系统应用的是摆臂式的转矩传感器，其工作原理相当于一个电位计，它具有双回路输出，即主扭矩（对应 IN＋端电压值）、副扭矩（对应 IN－端电压值）输出。当转矩传感器正常工作时，电位计的两个输出信号，理论上，正常工作范围在 1～4V，并且当转向盘处于中间位置时，转矩传感器的主扭和副扭的输出电压均为 2.5V。一旦其本身及信号采集电路出现异常，输入 CPU 的主、副扭矩信号将大于 4V 或小于 1V 或两信号之差超过 3V。实际车辆行驶中，虽然在硬件和软件设计中考虑了各种抗干扰措施，但各种偶尔的噪声或振动还是或多或少地引起转矩信号的暂时偏差，而这种偏差是暂时的且系统能自动修复，故将转矩信号的异常界限值设为0.9～4.1V，并且只有当信号值超出其范围持续一定时间（如30ms），才判定转矩传感器有故障，这样可以减少因其他外界因素而引起对转矩传感器故障的误判。此外，转矩传感器的信号检测是建立在＋5V的稳压电源基础上的，稳压电源电路的正常与否将直接影响到主、副扭矩信号。因此在检测转矩传感器主、副扭矩信号异常之前，首先判断转矩传感器电源电压是否在规定范围内。考虑到三端稳压集成块在环境温度影响下其输出电压会有±0.1V的偏差，因此我们规定其正常输出电压为（5±0.2）V。如果CPU检测到电源电压异常，此时就跳过对转矩传感器信号的检测，这样可以避免对转矩传感器本身故障的误判。

（2）电机故障诊断。转向助力大小通过控制电机电流来实现，因此检测电机两端的实际控制电流就显得非常重要。电机电流采集电路，通过测量串联在驱动回路中的精密电阻两端的电压，经过信号放大和适当的电容滤波，然后通过端口反馈给CPU，此时程序设计将此电压与理论计算电压进行比较，如果两者差距过大，或者连续几分钟之内的平均电流消耗超过预先规定的数值，就判断电机及其线路有故障。

（3）车速和发动机转速信号故障诊断。车速信号和发动机转速信号都是数字信号，因此不需要经过A/D转换，只需经过一定的整形电路，就可以直接送给CPU的定时器/计数器端口，然后通过计数器对波形在一定时间内的计数即可采集车速和发动机转速。对车速整形电路，车速信号通过一定的滤波和比较器比较，然后直接送给CPU的计数器。通过信号的采集，然后与相应工况的规定值比较，便可以诊断故障。

（4）电磁离合器故障诊断。电磁离合器连接了助力电机和转向柱，它的分离与接合稳定与否将直接影响转向性能，因此系统工作时，其状态信号要及时反馈给CPU。电磁离合器状态信号采集电路所示：当离合器处于接合状态时，端口输出高电流；反之，输出低电流。因此离合器线路断开或短路可以通过端口输出的电流大小判断。

（5）控制单元电源线路故障诊断。当点火开关闭合时，蓄电池电压将通过端口送给CPU，因此当端口检测的电压信号低于10V时，程序设计就可以控制故障灯显示蓄电池电压太低。

（6）控制单元故障诊断。控制单元主要由电子元件和软件组成，其本身不易出现故障。我们主要通过在硬件方面进行合理的布线和相应的滤波、抗干扰等措施来减少故障的发生；软件上通过使用看门狗技术、容错技术和设置软件陷阱等处理程序运行时的“跑飞”和“死循环”等问题。

3. 故障代码显示控制及安全防范措施

当系统检测到各组成部件出现上述异常之一，且持续时间超过相应的规定值，程序设计就通过对端口间断地置0或1，故障显示控制电路就控制发光二极管（故障灯）闪烁，其中闪烁的次数和延续的时间（各种故障代码）通过计数指针和延时子程序实现。比如主扭矩信号出现异常，指示灯将显示故障代码号DTC11，亮1.5s，暗2s；再亮0.5s，暗3s，往复进行，直至故障排除，称“一长一短”。故障显示的同时，程序设计也对端口分别置1和0，经过电磁离合器控制电路和继电器控制电路使得电磁离合器和继电器同时被切断，以确保电机助力完全被切断，从而确保行车安全。

任务二　电动汽车冷却系统的检修

任务引入

车主反映自己使用8个月的吉利帝豪EV300纯电动汽车，在使用过程中仪表显示电机过热故障，车速受到限制，当停车过后一段时间，故障现象及故障灯消失，但行驶一定时间后再次出现该故障，那么作为维修技师，应该怎样排除该故障呢?

【任务目标】

了解电动汽车冷却系统的类型，掌握电动汽车冷却系统的组成及工作原理，掌握更换冷却液的方法，掌握电动汽车冷却系统的故障诊断与排除。

【相关知识】

一、电动冷却系统概述

冷却散热技术是车辆辅助系统的核心技术之一，是动力、传动装置正常工作的重要技术保证，其技术水平及实车工况如何，将直接影响车辆性能指标的实现。电动汽车的冷却系统功能要求与普通机械传动车辆基本相同。但是，由于结构差异导致了热源及其散热方式的不同。因此，必须考虑热源的特点，采取相应的冷却方式来满足其使用的要求。

1. 冷却系统的要求

由于热源不同导致结构差异及散热方式不同。在电动汽车的设计中，要根据热源的特点，采取相应的冷却方式来满足其使用要求，必须设计一套有效的冷却系统，并且综合考虑冷却散热的体积、重量尺寸等问题。

（1）根据选用不同部件的散热特点采取相应的冷却措施，对热源进行实时监控，形成智能化和自动化控制的冷却系统。

（2）降低电动汽车的电能消耗，延长散热设备的使用寿命。

（3）选用零部件时，采用技术成熟的通风散热零部件。

2. 电池散热系统

（1）铅酸蓄电池。铅酸蓄电池使用广泛和常见，由于其主要集中在低速电动汽车上，且功率密度较低，续航里程要求不高，一般不需要进行强制冷却，采取普通的自然通风散热即可满足。

铅酸蓄电池在使用过程中，特别是在充电过程中，容易产生氢气，故还需要考虑通风。铅酸蓄电池的电解液为硫酸，属于强腐蚀性液体，还应考虑电解液泄漏收集和排放装置，避免车体腐蚀。

（2）锂离子电池。锂离子电池受温度影响较大，过高的温度容易使电解液分解，引起电池早衰，在使用过程中应考虑强制冷却。锂电池的散热量相对降低，但是由于在安装和使用过程中，一般将电池做成电池组或者电池包，大量锂电池在一起工作容易产生热量的堆积，影响电池性能，因而对锂离子电池系统的散热主要是为了避免热量堆积，如图7-17所示。

锂离子电池的使用条件和要求相对较高，冷却的方式可以采用自然通风散热，也可以强制散热。一般采用加装风扇的方式进行强制散热。

对于车用锂离子电池受到温度的影响较大，特别是在低温环境，充放电受到严重影响，为了保证电池的使用，电池箱在散热设计上不是采用空气冷却，而是常采用液体冷却，需要把电池置于不导电的油中，通过油的流通带走热量或带来热量。

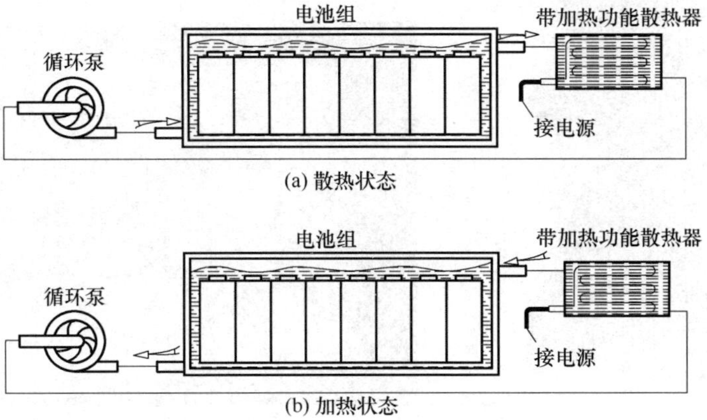

图 7-17　液冷电池箱工作原理图

3. 电机及控制器散热系统

（1）电动机冷却。电动汽车的驱动电机有别于传统的电动机。电动汽车一般不再装配离合器，车辆变速器挡位也变得较少甚至取消，车辆的起步、加速、高速行驶全靠电动机实现。而电动机的内阻不可能为零，因此，在大电流状况下，电动机的内耗也会急剧增加，电动机的内耗几乎全部以热量的形式释放。

如果温度过高就会造成内部烧蚀或击穿，另外，磁性材料在温度过高时会导致稳定性下降等都会导致电动机损坏，因此，电动机的工作温度很关键。

从理论上讲，电动机均可以采用风冷和液冷，如果车辆安装空间自由度大，通风情况良好，电动机的重量要求不是很苛刻，可以采用风冷电动机，如电动大客车等。为了节约车辆空间，缩小电动机的体积，降低电动机的重量，提高电动机的功率，则采用液冷方式。

（2）控制器冷却。控制器包括主控制器和若干辅助控制器（DC/DC、DC/AC），车载电动机控制器的冷却方式主要取决于电动机的冷却方式。控制器一般允许最高温度为60～70℃，而最佳工作环境温度在40～50℃。

二、电动冷却系统的结构原理

1. 电动冷却系统的结构组成

电动汽车冷却系统与传统汽车冷却系统最大的差异在于水泵及冷却部件的不同，其中冷却系统的组成包含电动水泵、散热器、风扇、水管和冷却液等。电动汽车的热源主要有动力电池、驱动电机及控制器等。

（1）电动水泵。电动水泵是冷却液在冷却系统循环的动力元件，如图 7-18 所示，其作用是对冷却液加压，使冷却液在冷却系统中循环，带走热源的热量，使电机及控制器处于最佳的工作温度范围，提高其工作效率。

电动水泵采用的是永磁无刷直流电机，电动水泵内部结构如图 7-19 所示，整个部件中没有动密封，浮动式转子与叶轮注塑成一体。严禁电动水泵在没有冷却液的情况下空载运行，否则将导致转子、定子的磨损，将最终导致水泵的损坏。

图 7-18　电动水泵

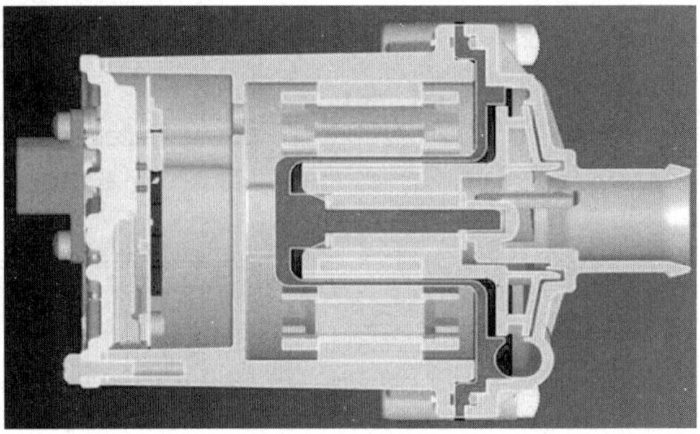

图 7-19　电动水泵内部结构图

（2）散热器及冷却风扇。如图 7-20 所示为散热器，其作用是降低冷却液的温度，在散热器上有两个水管口，分别是热水进、冷水出，内部具有较大表面积。

图 7-20　散热器

冷却风扇的作用是提高流经散热器、冷凝器的空气流速和流量，以增强散热器的散热能力，并冷却驱动电机及其控制器。电子风扇采用左右双风扇构架，不对称结构的扇叶。采用两挡调速风扇，双风扇分别由整车电源提供动力，根据电机、控制器、空调压力等参数由整车控制器控制双风扇运行。电子风扇电器接插件为四线，如图 7-21 所示。

图 7-21　冷却风扇

（3）膨胀水箱。膨胀水箱的作用是为冷却系统冷却液的排气、膨胀和收缩提供受压容积，同时也作为冷却液加注口。膨胀水箱不要用空或加液过满。如果膨胀水箱完全用空，就不能仅仅在罐中加液，需要开启散热器盖检查液面并添加冷却液，不然膨胀水箱就失去功用。膨胀水箱位置要高于冷却系统的所有部件，目的是当冷却液受热膨胀至散热盖的蒸汽阀打开时，部分冷却液随着高压蒸汽通过水管进入补偿水桶中，如图 7-22 所示。

图 7-22　膨胀水箱

（4）冷却水管。电动汽车冷却水管与传统汽车冷却水管一样，都采用内外胶为三元乙丙橡胶（EPDM），中间为织物增强，耐温等级是一级（125℃），爆破压力为 1.3MPa，壁厚约为 4mm，在冷却水管的端口处安装有定位标识，装配时标识与散热器上的定位标识对齐。

2. 电动冷却系统的原理

电动汽车的热源主要有驱动电机、控制器及动力电池，根据不同的使用要求及布置情况，采用不同的冷却方式。现阶段的冷却方式有分开式冷却方式和一体式冷却方式，即驱动电机和控制器冷却系统及动力电池冷却系统，以及驱动电机、控制器、动力电池一体式冷却系统。

（1）分开式冷却系统。电机及控制器的冷却如图 7-23 所示，冷却液通过水泵先经过控制器，再冷却驱动电机，然后经过散热器又回到水泵中，其动力电池采用单独的冷却系统加以冷却或加热。

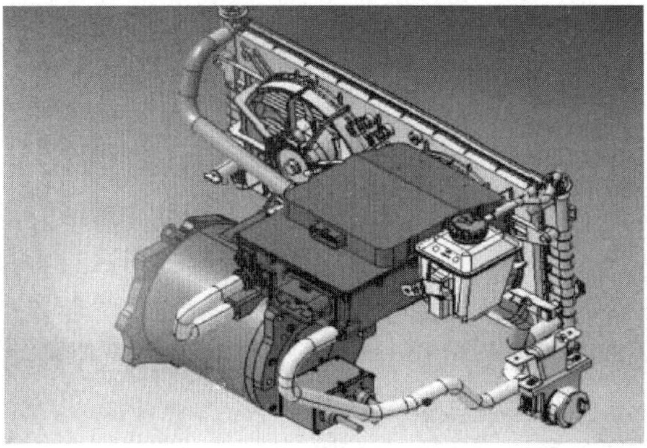

图 7-23　电机及控制器的冷却

（2）一体式冷却方式。冷却液分为两条冷却路径：一条路径通过水泵先经过控制器，再冷却驱动电机，然后经过散热器又回到水泵中；另一条路径冷却液直接通过水泵再经过动力电池，经过散热器又回到水泵中。

三、冷却液的更换及常见故障诊断

1. 冷却液的检查

（1）检查冷却系统。纯电动汽车冷却液液位必须定期检查。检查冷却液液位应在电动机降温后检查，在电动机未完全冷却时，打开散热器盖，可能会导致冷却液喷出，造成严重烫伤。检查冷却液液位与传统汽车无区别，目视检查，其液面位于A、B两线之间为正常，如图7-24所示。

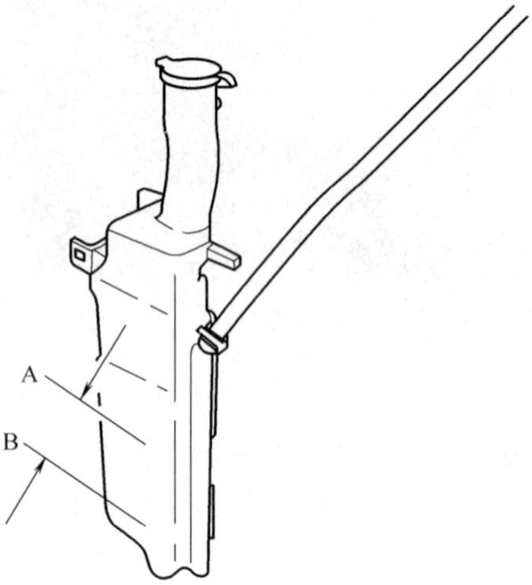

图7-24 检查冷却液的液位

（2）有无泄漏检查。检查冷却液是否低于最低刻度标准，并检查冷却系统各管路和各部件接口处有无泄漏现象。

（3）电动水泵线束检查。检查各连接器是否有脱落或接合不牢靠等情况，检查线束是否有老化、破皮、损伤等现象。

2. 冷却液的加注

通过检查，发现膨胀水箱中冷却液低于最低刻度标准时，需要加注冷却液，使液位上升到标准液位之内。

冷却液的加注步骤为：打开膨胀水箱盖—排空冷却液—关闭放水阀——次加注—ON挡运转水泵—二次加注—关闭散热器膨胀阀。

3. 常见故障诊断

（1）电机及控制器过热。电机及控制器过热的故障原因及解决方案：

1）冷却液过少——添加冷却液。

2）冷却液泄漏——找到泄漏处并修理恢复。

3）电动水泵不工作或运转不良——检查水泵及其线路。

4）散热风扇不工作或运转不良——检查风扇及其线路。

5）散热器堵塞——更换散热器。

6）进风口堵塞——检查排除异物。

（2）电动水泵异响。电动水泵异响的故障原因主要有冷却液杂质、泵轮破坏、冷却液缺失、冷却液排空不彻底、电动水泵高速运转等。对应的解决方案分别是更换冷却液、更换电动水泵、补充冷却液、冷却液排空处理、更换控制器或诊断线束故障等。

（3）散热器风扇异响。散热器风扇异响的原因主要有叶片破损、护风圈和叶片有摩擦、护风圈进入杂质、冷却液温度过高等。

4. 冷却系统典型故障诊断

（1）故障现象。车主反映自己使用8个月的吉利帝豪EV300纯电动汽车，在使用过程中仪表显示电机过热故障，车速受到限制，当停车过后一段时间，故障现象及故障灯消失，但行驶一定时间后再次出现该故障。

（2）故障诊断与排除。分析其故障现象，可能的原因为冷却液少、电动水泵故障、散热器风扇故障、冷却水管堵塞、电机温度传感器故障等。

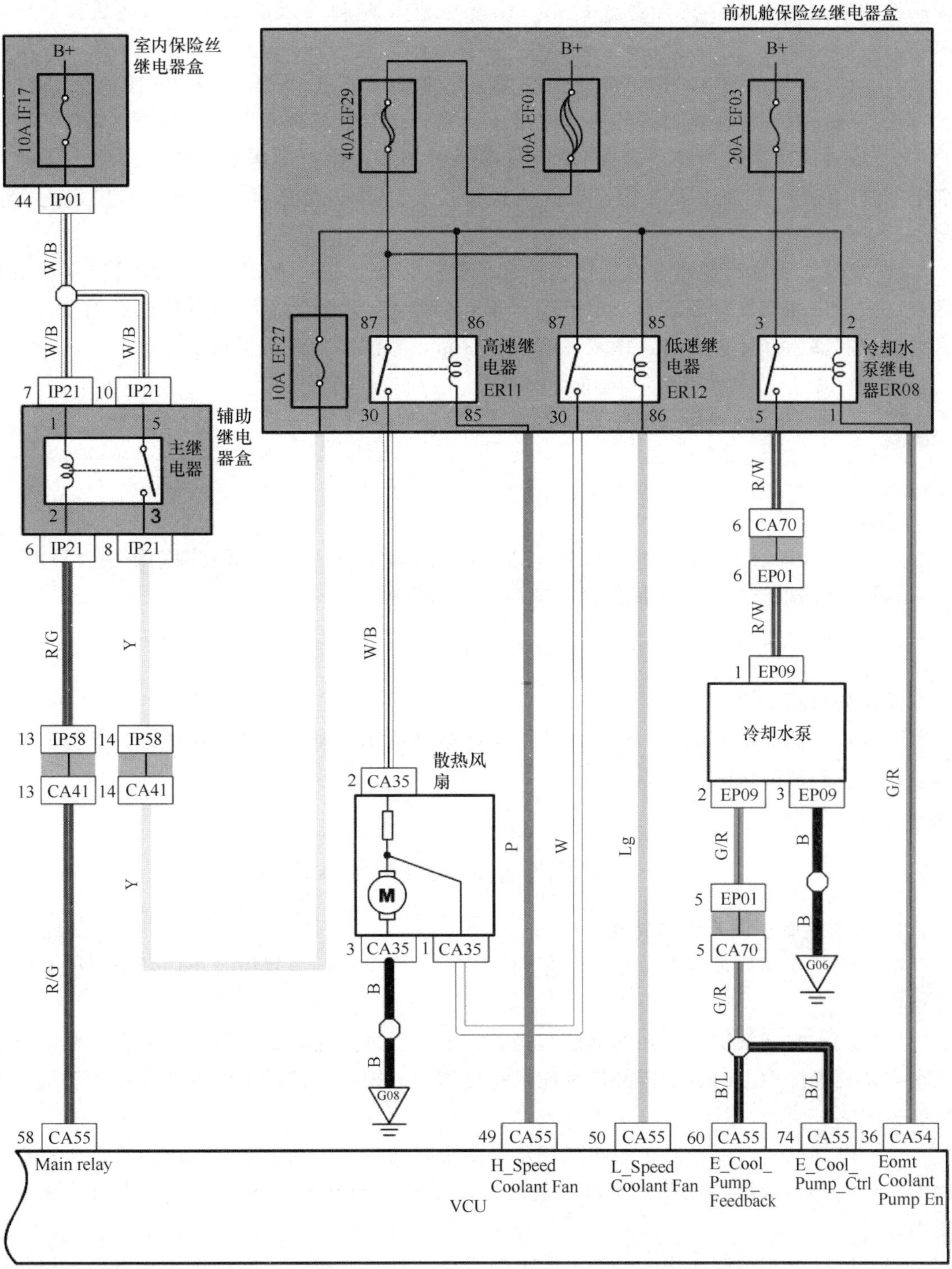

图 7-25　吉利 EV300 冷却系统电路图

1）首先目测，检查冷却液是否缺少，管路有无泄漏等现象。

2）若无冷却液缺少或管路无泄漏等，连接诊断仪，选择对应车型和系统，进入整车控制器的数据流界面，选择所需数据，读取电机及控制器温度的变化，判断具体故障原因。

3）分析冷却系统电路图，如图 7-25 所示，检查水泵工作情况，检查 IF17、EF03 保险是否损坏，如有，应更换；检查水泵继电器是否正常；检查水泵主体是否正常等。

4）检查风扇是否工作，检查 EF29 保险是否损坏，检查低速继电器（ER12）及高速继电器（ER11）是否正常工作，检查电机温度传感器是否正常，检查冷却风扇是否正常等。

5）观察膨胀水箱是否存在冷却液循环不畅的情况，进一步对冷却系统进行水道堵塞排查。采用压缩空气对散热器、电机控制器进行疏通，若有堵塞，找到堵塞点用高压空气将电机控制器内部异物吹出，恢复冷却系统管路，加注冷却液后进行试车。

任务三　电动汽车空调系统的检修

任务引入

车主反映自己使用一年的北汽 EV200 纯电动汽车，在使用空调系统时，不能出风，作为维修技师，应该怎么解决该车辆故障呢?

【任务目标】

了解电动汽车空调系统的结构组成，掌握电动汽车空调系统的工作原理，掌握电动汽车空调系统的故障诊断与排除。

【相关知识】

一、电动汽车空调系统的基本认识

1. 电动汽车空调系统的特点

电动汽车空调与普通汽车空调装置相比，电动汽车空调装置以及车内环境主要有以下特点：

（1）汽车空调系统安装在运动的车辆上，要承受剧烈而频繁的振动与冲击，要求电动汽车空调装置结构中的各个零部件都应具有足够的抗振动、抗冲击强度和良好的系统气密性能。

（2）电动汽车大部分属于短距离代步，乘坐时间较短，加上电动汽车内乘员所占空间比大，产生的热量相对较多，相对热负荷大，要求空调具有快速制冷、制热和低速运行能力。

（3）电动汽车空调使用的是车上蓄电池提供的直流电源，压缩机工作效率高，控制可靠性高，维护方便。

（4）汽车车身隔热层薄，而且门窗多，玻璃面积大，隔热性能差，电动汽车也不例外，致使车内漏热严重。

（5）车内设施高低不平且有座椅，气流分配组织困难，难以做到气流分布均匀。

2. 电动汽车空调系统的发展现状与趋势

电动汽车驱动能量来源于蓄电池，有别于传统燃油汽车，使得它的空调系统也不同于燃油汽车空调，由于作为驱动能量来源的蓄电池容量有限，空调系统的能耗对电动汽车的续航里程有较大的影响。同燃油汽车相比，对电动汽车空调系统的节能高效提出了更高的要求。同时，电动汽车空调必须要解决制冷、制热两大问题。根据电动汽车特有性质，目前电动汽车空调可采用热电（偶）空调系统和电动热泵型空调系统。

（1）热电（偶）电动汽车空调系统。该项技术具有很多适合电动汽车使用的特点，并且与传统机械压缩式空调系统相比，热电空气调节具有以下特点：

1）热电元件工作需要直流电源。

2）改变电流方向即可产生制冷、制热的逆效果。

3）热电制冷片热惯性非常小，制冷时间很短，在热端散热良好冷端空载的情况下，通电不到1min，制冷片就能达到最大温差。

4）调节组件工作电流的大小即可调节制冷速度和温度，温度控制精度可达0.001℃，并且容易实现能量的连续调节。

5）在正确设计和应用条件下，其制冷效率可达90%以上，而制热效率远大于1。

6）体积小、重量轻、结构紧凑，有利于减小电动汽车的整备质量；可靠性高、寿命长并且维护方便；没有转动部件，因此无振动、无摩擦、无噪声且耐冲击。

热电（偶）制冷、制热工作原理如图7-26所示。

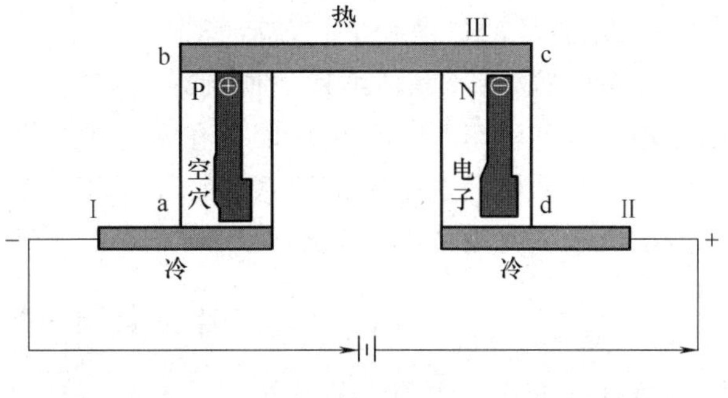

图7-26 热电（偶）制冷、制热工作原理图

（2）热泵型电动汽车空调系统。热泵型空调系统是在原有燃油汽车上进行改进的，压缩机由永磁直流无刷电机直接驱动，系统的工作原理如图7-27所示。该系统与普通的热泵空调系统并无本质区别，由于在电动车上使用，压缩机等主要部件有其特殊性。该技术最大的优点就是制冷、制热效率高，相关企业开发的全封闭电动涡旋压缩机，是由一个直流无刷电动机驱动，通过制冷剂回气冷却，具有噪声低、振动小、结构紧凑、质量轻等优点。在测试条件为环境温度40℃，车内温度27℃，相对湿度50%的工况下，系统稳定时它能以1kW的能耗获得2.9kW的制冷量；当环境温度－10℃，车内温度25℃，以1kW的能耗可以获得2.3kW的制热量。在－10～40℃的环境温度下，均能以较高的效率为电动汽车提供舒适的驾乘环境。若能在零部件技术上得到改进，相应效率还可以得到进一步提高。

综上所述，从空调技术成熟性和能源利用效率比较来看，对于热电（偶）电动汽车空调系统，目前存在着热电材料的优值系数较低、制冷性能不够理想、并且热电堆产量受到构成热电元件元素产量的限制，不具备电动汽车空调节能高效的要求。这使得电动汽车空

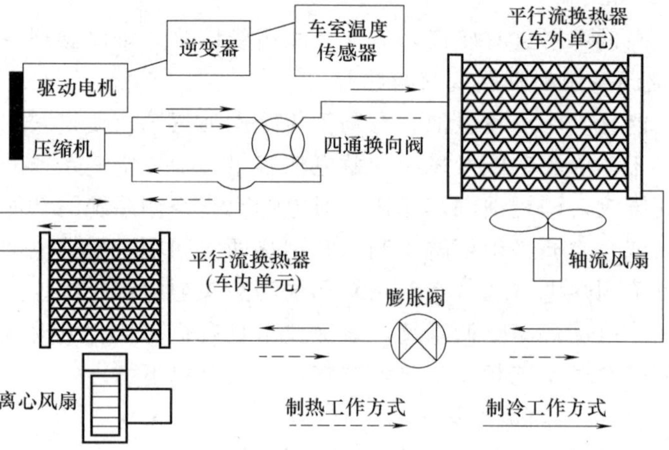

图 7-27　热泵系统工作原理图

调更倾向于选用节能高效的热泵型空调，该技术方案对于不同类型电动汽车通用性较好，并且对整车结构改变较小，是将来电动汽车空调的发展趋势。

目前热泵型电动汽车空调最大的软肋是低温制热问题，尤其是在东北地区，这也是将来该行业研究难题之一。为了使热泵型电动汽车空调更节能高效，可以从以下几个角度去着重解决：

1）开发更高效的直流涡旋压缩机。

2）开发控制更精准、更节能的硅电子膨胀阀。

3）采用高效的过冷式平行流冷凝器。

4）改善微通道蒸发器结构，使制冷剂蒸发更均匀。

此外，电动汽车开门的次数以及在行车中受车速、光照、怠速等因素的影响，空调湿热负荷大。压缩机乃至整个空调系统都要适应这种多因素变化的工况，因此热泵型电动汽车空调系统变工况设计尤为重要。

二、电动空调系统的组成

电动空调系统包含制冷与制热两个方面，其中空调制冷循环系统的组成与传统汽车类似，都由空调压缩机、冷凝器、膨胀阀、蒸发器及管路等组成，如图 7-28 所示。只是传统空调压缩机由发动机皮带带动，电动空调压缩机由电动机带动。制热方面由单独的加热器 PTC 制热，再通过热交换进入车厢内部。

1. 电动空调压缩机

电动空调系统的压缩机采用电机驱动，其固定在车辆底盘上，在压缩机上集成有电动机及其控制器。其中空调控制器将动力电池直流电转变成空调电机所需要的三相交流电，在电动压缩机上有高压和低压插接件，压缩机主体上还有制冷循环的进出管路，其结构如图 7-29 所示。

电动汽车空调压缩机一般采用涡旋式压缩机，其有一个定涡盘和一个动涡盘，这两个相互啮合的涡盘，其特点为互错开 180°的涡旋叶片圈组合一对啮合，动圈 2 以回旋半径的圆做回转运动。动圈涡旋中心绕定圈涡旋中心连续公转，原最大的月牙容积实现 a—b—c

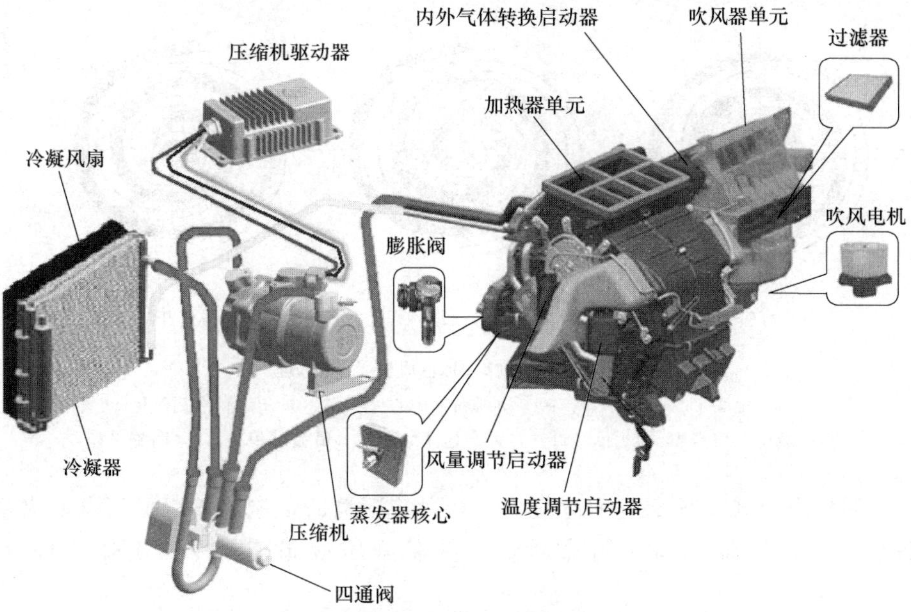

图 7-28　电动汽车空调系统

图 7-29　电动压缩机结构图

的压缩，达到预定压力，由排气口 9 排出。动圈和定圈的外周形成吸气容积 4、8，如此周而复始地吸气、压缩、排气，如图 7-30 所示。

2. **制冷剂**

采用制冷能力更强的 R407c 制冷剂。R407c 的导热系数高，黏度系数小，在同等条件下，其换热系数高。管道的阻力损失也小，这对提高系统能效比、减少车辆自重、节约成本有着不可低估的作用。相比于传统的 R134a 制冷剂，其破坏臭氧层潜能（ODP）、全球温室效应潜能（GWP）较小，如图 7-31 所示。

3. **冷凝器**

冷凝器是用于将制冷剂所含热量释放，并将制冷剂由气态转变成液态的热交换器。冷凝器安装在车辆的前部，风扇将风吹过散热装置，以利于排出热量。来自压缩机的制冷剂

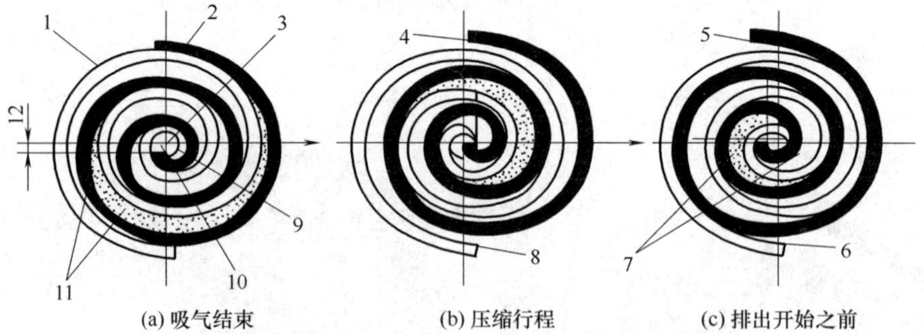

图 7-30　涡旋式压缩机的工作原理

1—定圈　2—动圈　3、10—动圈涡旋中心　4、5、6、8—制冷剂气体

7—最小压缩容积　9—排气口　11—开始压缩容积（最大容积）　12—回旋半径

以高温高压的气态形式从顶部进入冷凝器。经过冷凝器时，制冷剂释放所含的大量热量并凝结在底部。在冷凝器出口，制冷剂处于低温高压液态。制冷的工作原理如图 7-32 所示。

图 7-31　R407c 制冷剂

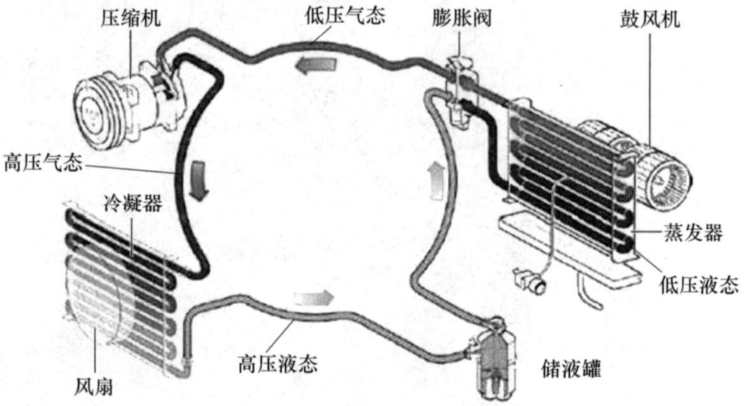

图 7-32　制冷的工作原理

4. 膨胀阀

膨胀阀的作用是使从冷凝器过来的低温高压液态制冷剂通过膨胀阀的节流降压成为容易蒸发的低温低压雾状制冷剂进入蒸发器，即分开了制冷剂的高压侧和低压侧。膨胀阀可以自动调节制冷剂流量，它根据制冷负荷的改变和压缩机转速的变化，自动调节制冷剂进入蒸发器的流量以满足制冷循环的需要。

5. 蒸发器

蒸发器是一个热交换器，如图 7-33 所示。减压后的制冷剂以液态或气态进入蒸发器，蒸发器中的制冷剂吸收进入车内的外部空气的热量，制冷剂蒸发。在蒸发器出口处，制冷剂呈低压低温气态。

在蒸发器处安装有蒸发器温度传感器来测量蒸发器温度，当蒸发器温度低于一定温度

图 7-33　蒸发器的结构

时空调停止运转，防止蒸发器结霜、结冰。当蒸发器温度高于一定温度时，空调系统才能重新接通，是空调电气控制系统的一个保护性传感元件。

三、空调送风系统及采暖系统

1. 空调送风系统

空调送风系统是指经过冷却或加热的空气通过特定的风道送到驾驶室内相应的位置。送风系统主要由鼓风机、风道、风门和出风口等组成，如图 7-34 所示。

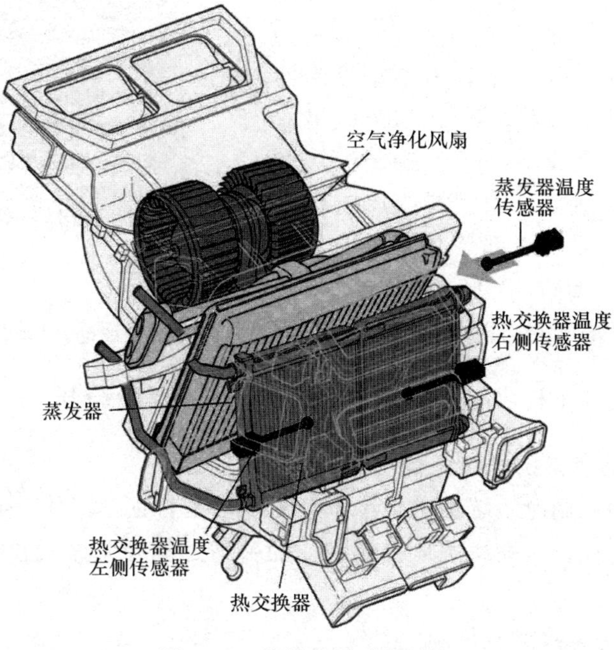

图 7-34　空调送风系统结构

空调控制器（ECC）一般与空调面板制成一体，控制电机调节和控制系统中的各个风门，使之按需要移动到各种位置。引入内部或外部的空气通过不同的风道，实现各种送风模式。如图 7-35 所示为空调系统进出风口示意图。

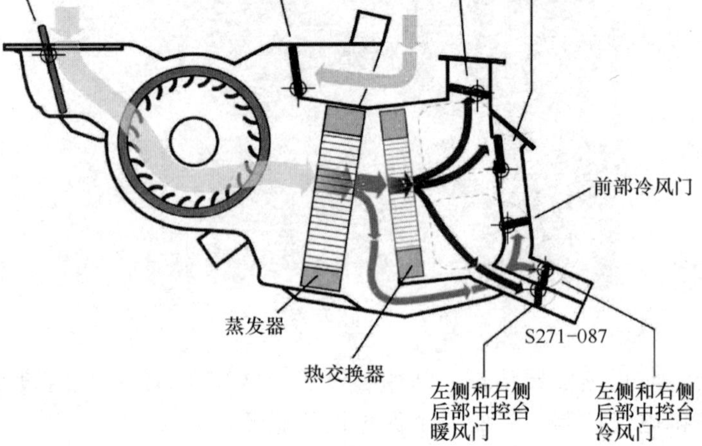

图 7-35　空调系统进出风口

2. 空调采暖系统

PTC 加热系统。电动空调系统采用变频调速的电动一体化压缩机取代了传统的机械传动方式的压缩机。由于取消了冷却系统，将采用电加热器进行冬天供暖，如图 7-36 所示 PTC 加热器。

图 7-36　PTC 加热器

PTC 加热电阻由高压供电，由整车控制器或空调控制器控制搭铁回路。PTC 加热电阻的工作由专门的控制模块控制，PTC 控制模块采集加热请求，同时根据整车控制器或压缩机控制器控制信号、PTC 总成内部传感器温度反馈等信号综合控制 PTC 通断。PTC 控制模块采集信息内容包括风速、冷暖程度设置、出风模式、加热器启动请求和环境温度等。

四、电动空调系统常见故障诊断分析

1. 电动空调压缩机常见故障分析

电动空调系统中，制冷系统关键在于电动压缩机是否正常工作，其中压缩机是否正常工作与其控制器、线束及压缩机本体存在相应的关系。电动压缩机常见故障分析如表 7-1 所示。

2. PTC 加热器常见故障及排除

PTC 加热器常见故障有 PTC 加热器不工作、PTC 加热器过热等，如表 7-2 所示。

3. 电动空调系统检修

丰田雷凌混动车电动空调系统出现故障时，可以通过故障自诊断和元件测试来寻找故障原因与部位。

(1) 故障自诊断。把空调“AUTO”开关和“PJF”开关同时按下，并接通点火开关，空调指示灯在1s间隔内连续亮灭4次，故障自诊断便自动开始自检。如有故障代码，故障代码由小到大显示，故障代码及故障部位如表7-3所示。如要退出故障自诊断状态，只需按下“OFF”开关。

表7-1 电动压缩机常见故障分析

故障	现象	原因及判断	检测及排除措施
驱动控制器不工作，压缩机不工作	压缩机无启动声音，电源电流无变化	①DC 12V控制电流未通入驱动控制器 ②控制电源电压不足或超压 ③插接件端子接触不良或松脱	①检查驱动控制器控制电源插头端子是否松脱 ②检查控制电源到驱动控制器之间的导线是否有断路 ③测量控制电源电压是否达到要求(对DC 12V控制电源驱动控制器，控制电源至少大于DC 9V，且不得高于DC 15V)
驱动控制器工作正常，压缩机不正常工作	压缩机发出异常声音	①电机缺相 ②冷凝器风机未正常工作，系统压差过大，电动机负载过大	①检查驱动控制器与电机连续的三相插头及相关导线，保证其接触良好及导通 ②保证冷凝器风机正常工作，待系统压力平衡后再次启动
驱动控制器工作正常，压缩机不工作	压缩机无启动声音，电源电流无变化，各端口电压正常	驱动控制器未接收到空调系统的A/C开关信号	①检查A/C开关是否有故障 ②检查与A/C开关相连的导线是否断路 ③A/C开关连接方式是否正确
驱动控制器工作正常，压缩机不工作	压缩机无启动声音，电源电流无变化，高压端口电压不足或无供电	欠电压保护启动	关闭整车主电源： ①检查驱动控制器主电源输入接口处的插接件端子是否有松脱 ②主电源到驱动控制器之间的导线是否有断路 ③控制主电源输入的继电器是否正常动作
驱动控制器自检正常，压缩机不工作	压缩机启动时有轻微抖动，电源电流有变化，随后降为0	①冷凝器风机未正常工作，系统压差过大，电机负载过大导致的过电流保护启动 ②电机缺相导致的过电流保护启动	①保证冷凝器风机正常工作，待系统压力平衡后再次启动 ②检查驱动控制器与电机连接的三相插头及相关导线，保证其接触良好及导通

表7-2 PTC加热器常见故障及排除

故障	现　　象	原因及判断	检测及排除措施
PTC加热器不工作	启动功能设置后，风仍为凉风	①冷暖模式设置不正确 ②PTC控制器本体断路 ③PTC控制器控制回路断路 ④内部短路烧毁、高压熔丝	①检查冷暖设置是否选择较暖方向 ②断开高压插件后测量高压正负电阻是否正常 ③断开低压插件后测量两极间是否为导通 ④更换更好的PTC控制器及高压熔丝
PTC加热器过热	出风温度异常升高或从空调出风口嗅到塑料焦煳气味	PTC控制器控制模块损坏粘连，不能正常断开	关闭制热功能，断电检查PTC控制器、加热器及PTC控制器控制模块

(2) 执行器测试。在空调指示灯闪烁状态下，再按下PJF开关，故障自诊断系统进入执行器元件测试状态。然后，空调控制系统每隔1s自动运行执行器和继电器，维修人

员可用手感觉温度和空气的流量，用眼睛观察执行器的工作情况。如果想慢慢显示，可按“TEMP”开关。将执行器的工作改变为步进运转。每按“TEMP”开关 1 次，改变 1 步显示，自动改变到对下一个执行器进行测试。

（3）故障代码的清除。故障排除后必须清除空调 ECU 存储器内的所有故障代码，然后重新进入故障自诊断状态，以验证维修后空调系统是否正常。清除故障代码的方法是拔下空调 ECU 常电源电路中的熔丝 10s 以上。清除 ECU 存储器中故障代码后，重新插上熔丝，检查是否有正常代码输出。

表 7-3　丰田雷凌混动空调系统故障代码及故障部位

故障代码	故障部位	故障代码	故障部位
B1411	室内温度传感器电路	B1443	出风口伺服电动机电路
B1412	室外温度传感器电路	B1462	湿度传感器电路
B1413	蒸发器表面温度传感器电路	B1471	空调变频器高压电源电路
B1421	阳光传感器电路	B1472	空调变频器高压输出电路
B1423	压力开关电路	B1473	空调变频器启动信号电路
B1431	空气混合风门位置传感器电路	B1475	空调变频器冷却系统
B1432	进风口风门位置传感器电路	B1476	空调变频器负载电路
B1433	出风口风门位置传感器电路	B1477	空调变频器低压电源电路
B1441	空气混合伺服电动机电路	B1498	通信系统
B1442	进风口伺服电动机电路	POA6-611	混合蓄电池系统

（4）丰田雷凌混动车全线控空调系统的故障案例，见表 7-3。一辆 2008 款雷凌混动车（已行驶了 20000km），接通空调开关后制冷系统工作正常，有冷风从出风口吹出，但工作一会儿后，冷风的温度较设置的要低；将空调开关断开，停一会儿再接通，制冷系统又可正常工作一段时间，接着又重复上述故障现象。打开发动机室盖，通过观察发现低压管路上有一层霜，断开空调开关并停一会儿后，霜会消失。

该故障现象主要是由制冷量过大引起的，其原因可能是电动变频压缩机、蒸发器表面温度传感器、室内温度传感器、室外温度传感器或空气混合风门等故障。

任务四　电动汽车制动系统的检修

任务引入

车主小李最近打算购买一辆新能源汽车，他对汽车安全方面特别重视，尤其是线控制动方面，作为维修技师的你，如何让小李了解最新新能源汽车制动技术，及当前新能源汽车制动系统的基本组成及故障检修方式？

【任务目标】

了解电动汽车制动系统的结构组成，掌握电动汽车制动系统的工作原理，掌握电动汽车制动系统的故障诊断与排除。

【相关知识】

一、线控制动系统的认知

1. 线控制动系统的基本结构

线控制动（EMB）系统有6大基本组成部分：安装在4个车轮的独立控制模块、制动踏板模拟器、中央控制单元、EMB执行器控制器、轮速传感器、车速传感器、电源系统。

（1）车轮制动模块。车轮制动模块由EMB执行器及其控制器等组成。EMB执行器作为制动系统的执行机构，也是核心部件，用来产生对制动盘的夹紧力，其性能直接影响制动的效果。它一般有3个基本组成部分：电机、传动装置和制动钳。电机的运动由EMB执行器控制，EMB执行器中的电机经减速装置减速增扭，再由运动转换装置将旋转运动转换为直线运动，驱动制动钳对制动盘进行制动。

（2）电子控制器。接收制动踏板发出的信号，控制制动；接收驻车制动信号，控制驻车制动；接收车轮传感器信号，识别车轮是否抱死、打滑等，控制车轮制动力，实现防抱死和驱动打滑。

（3）制动踏板模拟器。在电控机械制动系统中已不需要制动液，而是由电机来产生制动力矩，但是由于长期使用传统的制动器会形式一定的驾驶习惯，因此需要一个踏板模拟器来模拟传统制动器的驾驶感受。踏板模拟器必须满足的条件是：能辨别出驾驶员踩踏制动踏板的程度，从而产生近似大小的制动力矩；把路面状况反馈给驾驶员，便于操纵；模拟传统制动器踏板的特性以适应驾驶员所养成的驾驶习惯。

2. EMB系统常见的结构原理

（1）EMB系统的总体结构。EMB线控制动系统作为BBW线控制动系统的一种形式，除了有全新的线控制动器，还有其全新的制动系统，如图7-37所示。EMB线控制动系统有6大基本组成部分：安装在4个车轮的独立的线控制动器、制动踏板模拟器、中心控制单元、线控制动器的控制器、轮速传感器、车速等各种传感器、电源系统。

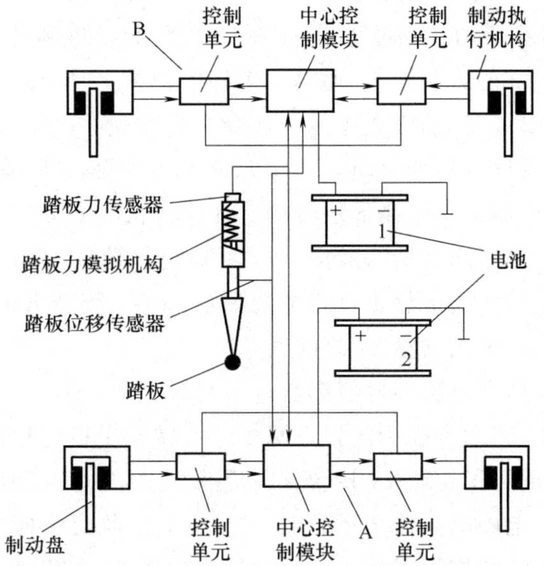

图7-37 EMB线控制动系统结构简图

由图7-37可见，每个车轮都有一个独立的线控制动器及其控制器。中心控制单元根据踏板模拟器传来的信号，识别驾驶员的意图，再根据车速、轮速等多种传感器来获得整个车辆的运行状态，综合处理各种信息后，发出相应的制动信号给4个控制器，控制器得到信号后将控制4台电机分别对4个车轮独立进行制动。通过传感器再将每个制动器的实际制动力矩等信息反馈给中心控制单元，形成闭环控制，以保证最佳制动效果。线控制动器制动力和制动时间都是由中心控制单元控制的，所以只需把 ABS、TCS、ESP 等功能的程序写入中心控制单元，而不必多加另外的硬件设备，便可以集中实现各种制动安全控制的功能。这正体现了线控系统模块化、集成化的优越性。

（2）EMB 的结构及工作原理。EMB 线控制动器是制动系统的制动执行机构，也是其核心部件，它的性能的好坏直接影响了制动的效果。它一般有 4 个基本组成部分：电源、电机、运动转换装置和制动钳，如图 7-38 所示。

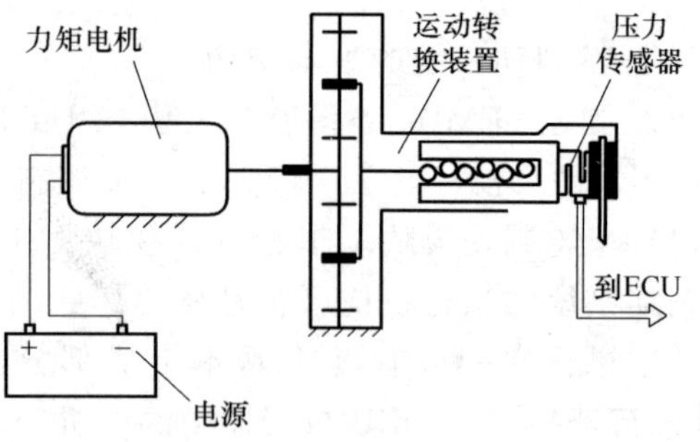

图 7-38　EMB 执行机构结构简图

对 EMB 的结构和性能有以下几点要求：

1）电机要小巧而又能提供足够大的力矩。

2）传动装置能减速增扭，还要将旋转运动转换为直线运动。

3）整个机构要工作迅速，反应灵敏。

4）能自动补偿制动间隙，并能实现驻车制动。

5）有良好的散热性。

6）整个执行器结构紧凑、体积小、质量轻，以便于安装。

7）有足够的强度和寿命，以保证安全可靠。

3. 国外比较成熟的 EMB 系统

（1）德国 Bosch 公司 EMB 的结构及原理，如图 7-39 所示。

工作时，动力由电机输入端 5 输入给内部的两个行星轮系 10 和 12，然后传递给螺纹心轴 19，再经螺纹心轴 19、螺母 17 和螺纹滚柱 18 组成的类似行星齿轮机构转化为螺母 17 的直线运动。螺母 17 推动制动钳块 22，将制动力施加在制动盘 21 上。摩擦盘 8 与行星轮系 12 的太阳轮 15 通过一个杯形弹簧 16 固接在一起，摩擦盘 2 与行星轮系 12 的行星齿圈 26 以同样的方式固接。在两个行星轮系 10、12 之间有两套电磁离合器 7 和 11。当两个电磁离合器通电时，摩擦盘 2 和 8 分别与母体 11 和 7 结合，同步运动。不通电时，摩擦盘受制动环限制无法转动。此执行机构有如下 4 种工作方式：

1）电磁离合器 7 通电，11 不通电。此时太阳轮 6、15 结合同步转动，齿圈 26 在制动环 24 的作用下静止，两个太阳轮 6、15 旋转方向相同，传动比大，可提供迅速克服制动钳块 22 和制动盘 21 之间间隙。

2）两个电磁离合器都通电。此时太阳轮 6、15 和齿圈 1、26 都同步转动。由于太阳轮 6、15 转动半径相同，齿圈 1、26 转动半径也相同，而行星轮 4 的转动半径大于行星轮 13，因此行星轮架 14 转动方向仍然与太阳轮 15 相同，实现了减速增扭的功能。

3）电磁离合器 7 不通电，11 通电。此时齿圈 1、26 结合，同步转动，太阳轮 15 在制动环 24 的作用下静止，此时行星轮架 14 和齿圈 26 的旋转方向相反，在不需电机反转的情况下，即可使制动钳块 22 和制动盘 21 分离。此功能可用来调整制动间隙。

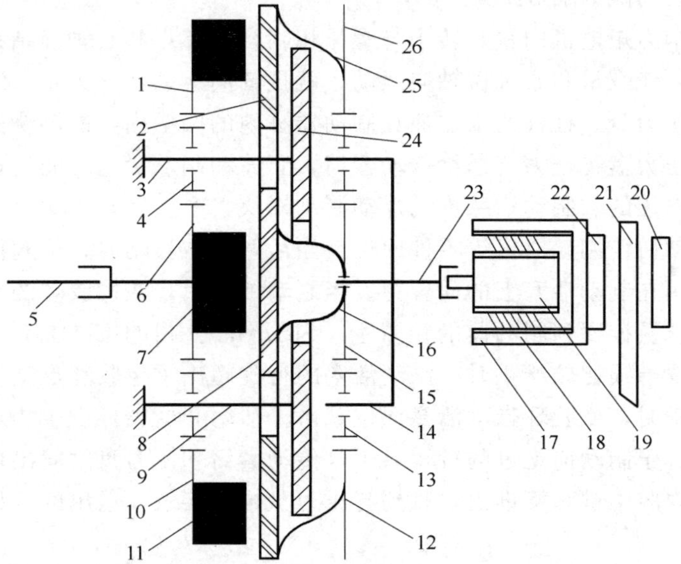

图 7-39　Bosch 公司的电子机械制动器结构简图

1、26—齿圈　2、8—摩擦盘　3、9—销钉　4、13—行星轮　5—电机输入轴　6、15—太阳轮　7、11—电磁离合器　10、12—行星轮系　14—行星轮架　16、25—杯形弹簧　17—螺母　18—螺纹滚柱　19—螺纹心轴　20、22—制动钳块　21—制动盘　23—电机输出轴　24—制动环

4）两个电磁离合器都不通电。此时太阳轮 15、齿圈 26 在制动环 24 的作用下都不转动，行星轮架 14 也无法转动，因此制动力矩始终施加在制动钳块 22 上，实现制动力保持，此种工作方式可用于驻车功能。

（2）Siemens 公司 EMB 的结构及原理。德国 Siemens 公司于 1997 年 7 月 24 日在美国专利局申请了第一篇关于 EMB 的专利开始，到 2002 年 8 月 13 日，先后一共申请了 5 项相关专利，图 7-40 为 Siemens 公司研制的一种典型的带有机械磨损后，可以自动补偿

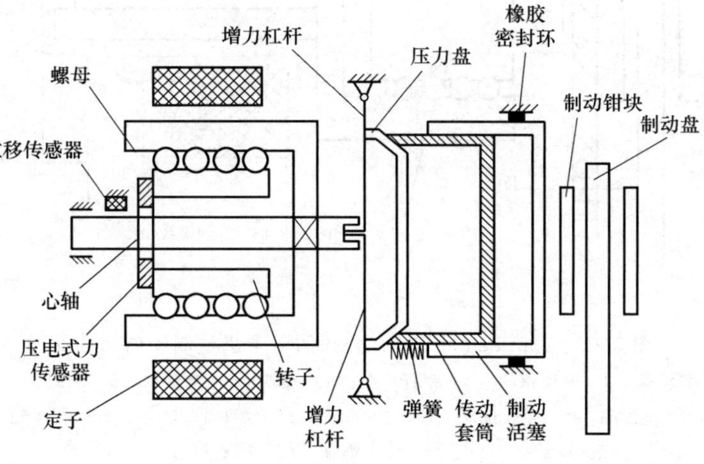

图 7-40　Siemens 公司的电子机械制动器结构简图

制动盘和制动钳块间隙的EMB执行机构。

这种执行机构力矩电机内置，转子与螺母相啮合，螺母和心轴固结在一起。当电机工作时，转子转动，使螺母和心轴做轴向运动，就把圆周运动转化为了直线运动。心轴轴向推动增力杠杆和压力盘。杠杆的末端插在制动器缸内的凹槽内，能够绕凹槽转动，在图中采用铰链表示。压力盘再把力传递给传动套筒，套筒和制动活塞之间通过螺纹传动，这个螺纹传动副是不自锁的。制动活塞推动浮动制动钳块，产生制动力矩。橡胶密封环和弹簧的主要作用是制动后使制动活塞等零件回位。当活塞向右移动时，活塞使橡胶环产生弹性变形，产生了作用在制动活塞上的回位力。当制动结束后，在橡胶环的弹性形变力下，传动套筒和制动活塞被推回到制动前的位置上。Siemens公司的EMB还具备间隙自动调整功能。当制动钳块磨损比较严重时，制动活塞的行程超出了橡胶环形变量时，二者发生相对滑动。制动卸载时，橡胶环带动活塞回位。由于活塞和橡胶环发生相对运动，因此活塞返回的行程一定小于制动前走过的行程，于是传动套筒和压力盘之间出现了空隙。传动套筒从制动活塞的内腔中被弹簧推出，直到与压力盘再次接触，退出的行程也就恰好等于磨损掉的厚度。

（3）Continental Teves公司EMB的结构及原理。如图7-41所示为Continental Teves公司研制的带有两级减速机构的EMB执行机构。Continental Teves公司的执行机构也采用了电机内置的结构，它还有一个特点就是模块化，整个机构分为3个独立的模块，分别为驱动部分，一级丝杠螺母减速部分和二级减速齿轮部分。3个模块在生产、安装、维修时可以独立进行，然后组装在一起工作。

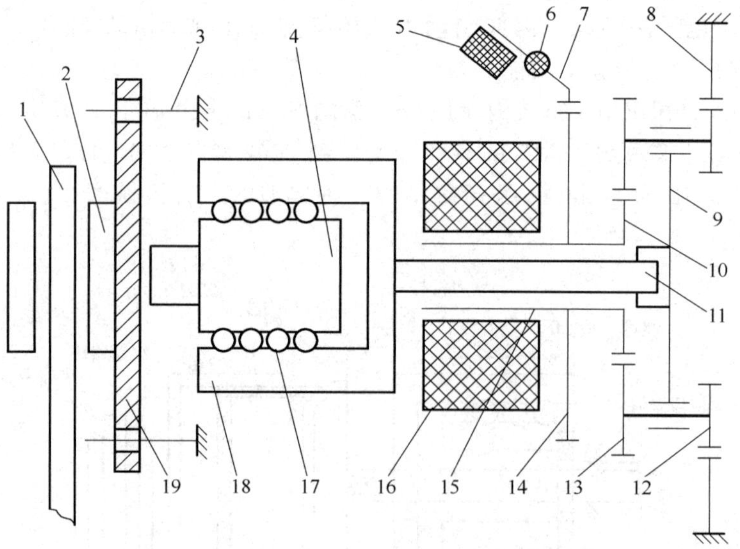

图7-41　Continental Teves公司的电子机械制动器结构简图

1—制动盘　2—制动钳块　3—销杆　4—螺旋心轴　5—电磁铁　6—销钉　7—棘爪
8—齿圈　9—行星轮架　10、14—齿轮　11—螺母轴颈　12、13—行星轮
15—转子　16—定子　17—钢珠　18—螺旋螺母　19—压盘

在驱动模块中包含有一个力矩电机，15、16分别是电机的转子和定子。一级丝杠螺

母减速部分由螺旋螺母 18、螺旋心轴 4 和大量的钢珠 17 组成，这三者构成了一个球螺旋机构。二级减速齿轮由 8、9、12、13 组成，这是一个行星轮系。当电机转子 15 转动时，其上的齿轮 10 带动二级减速齿轮部分的行星轮 13 转动，同时另一侧的行星轮 12 与齿圈 8 相啮合，这样力矩便通过旋转的行星轮架 9 传递给了一级减速机构中的螺母轴颈 11。当螺旋螺母 18 由二级减速齿轮驱动旋转时，通过球螺旋副螺旋心轴 4 产生向左的平动，推动压盘 19 和制动钳块 2，与制动盘 1 接触，产生制动力矩。在驱动部分中还有一个棘轮机构 5、6、7，用于实现驻车功能。通过电磁铁 5 的通断电，可以使棘爪 7 绕销钉 6 转动，来控制电机转子 15 是否旋转。当电机转子 15 不转动时，可以保持住制动力，达到驻车的目的。

(4) Siemens 公司楔块式 EMB（EWB）的结构及原理。EWB 方面，Siemens VDO 的技术源自赫尔曼-冯-黑尔姆霍尔茨联合会（DLR）开发的新型的线控制动技术，这是一项具有高自增力能力的电控机械制动器。

如图 7-42 所示，Siemens VDO EWB 的主要结构由电机、滚珠丝杠、楔块、滚柱以及驱动机构组成。楔块由滚珠丝杠驱动。在这个机构中，作用力通过两个相邻楔块表面的挤压传递。这就允许两个电机可以一起工作也可以自由地运动对系统加载。它们同时工作的时候，一个滚珠丝杠拉着楔块向拉楔块的方向运动而另一个滚珠丝杠与第一个滚珠丝杠推楔块。这样在消除制动间隙的过程中减小了单个电机的载荷。而楔块式 EMB 工作在临界点的时候，两个滚珠丝杠相对地向各自的方向拉楔块。

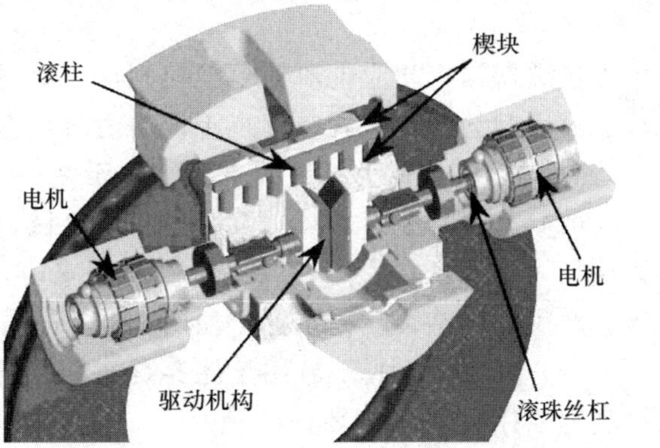

图 7-42　Siemens 公司 EWB 样机剖视结构图

楔块机构由两个表面呈 W 型的楔块组成。靠近电机的里面的楔块相对于电机是静止的，外面的楔块可以做轴向和沿制动盘方向的运动。这种结构分担了载荷并且使车辆在向任何方向行驶时都有自增力效果。在两楔块之间加有圆柱滚子以减小制动钳传来的滑动摩擦力。外侧安装制动衬块的楔块，通过一个预紧的弹簧连接在静止的楔块上。外面的楔块通过轴承表面传递轴向驱动力，这就允许楔块可以相对于电机中心线移动。

二、电动真空助力系统检修

当前新能源汽车所使用的制动系统与传统汽车类似，主要由制动器、制动压力调节装置 ABS、电动真空泵系统等组成，其中电动真空助力系统由真空泵、真空罐、真空泵控制器（后期集成到 VCU 整车控制器里）以及与传统汽车相同的真空助力器、12V 电源组成，如图 7-43 所示。

电动真空助力系统的工作过程为：当驾驶员启动汽车时，车辆电源接通，控制器开始进行系统自检，如果真空罐内的真空度小于设定值，真空罐内的真空压力传感器输出相应电压信号至控制器，此时控制器控制电动真空泵开始工作，当真空度达到设定值后，真空

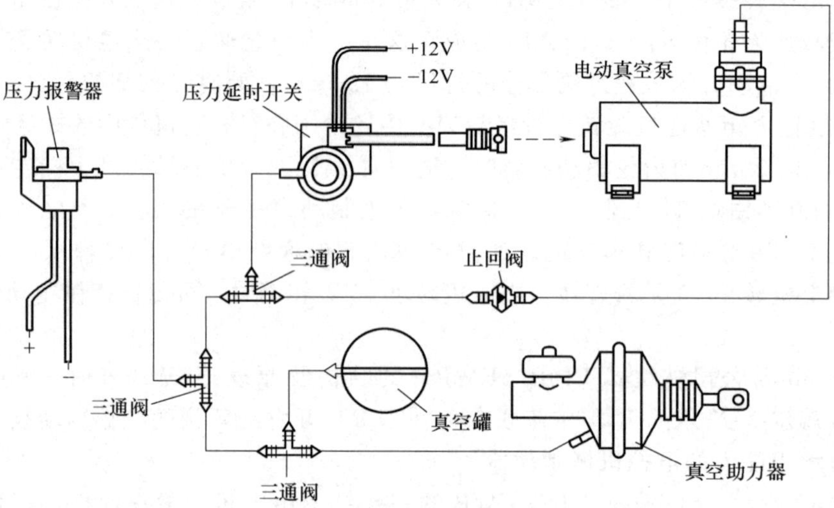

图 7-43　真空助力系统

压力传感器输出相应电压信号至控制器，此时控制器控制真空泵停止工作。当真空罐内的真空度因制动消耗，真空度小于设定值时，电动真空泵再次开始工作，如此循环。

1. 电动真空助力系统的主要组成元件

（1）电动真空泵。真空泵是指利用机械、物理、化学或物理化学的方法对被抽容器进行抽气而获得真空的器件或设备。通俗来讲，真空泵是用各种方法在某一封闭空间中改善、产生和维持真空的装置，如图 7-44 所示。

（2）真空罐。真空罐用于储存真空，并通过真空压力传感器感知真空度并把信号发送给真空泵控制器，如图 7-45 所示。

图 7-44　北汽 EV 系列真空泵

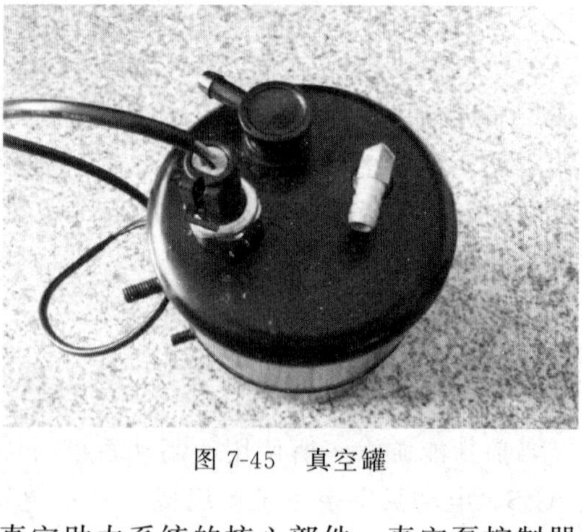

图 7-45　真空罐

（3）真空泵控制器。真空泵控制器是电动真空助力系统的核心部件。真空泵控制器根据真空罐真空压力传感器发送的信号控制真空泵工作，如图 7-46 所示。

2. 电动真空助力系统的工作原理

（1）电动真空助力系统参数如表 7-4 所示。

（2）真空泵的启动。当驾驶员启动车辆时，接通 12V 电源，电子控制系统模块开始自检，如果真空罐内的真空度小于设定值，真空压力开关处于常开状态，此时电动真空泵开始工作，当真空度大于设定值时，真空压力开关或传感器处于常闭状态，电子延时模块立即进入延时工作模式，15s左右延时时间停止。此时真空罐内的真空度达到设定值，电机停止工作，当真空罐内的真空度因制动消耗，真空度小于设定值时，真空压力开关或传感器再次处于常开状态，电动真空泵再次开始工作，如此循环。

图 7-46 真空泵控制器

表 7-4 电动真空助力系统性能参数

项 目	指 标
电动真空泵尺寸	214.5mm×95mm×114mm
真空罐直径	ϕ120mm×226mm
工作电流	不大于 15A
最大工作电流	不大于 25A
额定电压	12V(DC)
最大真空度	大于 85kPa
测试容积	2L
抽至真空度 55kPa，压力形成时间	不大于 4s
抽至真空度 70kPa，压力形成时间	不大于 7s
真空度从 40kPa 抽至 85kPa，压力形成时间	不大于 4s
延时模块接通闭合的真空度	55kPa
延时时间	15s
使用寿命	30 万次
工作环境温度范围	−20～100℃
启动温度	−30℃
噪声	75dB
真空罐密封性	在(66.7±5)kPa 真空度下，15s 内真空压力降 $\Delta p \leqslant 3$kPa

（3）真空泵工作原理。电线连接好后，接通 12V 直流电源，控制器接通真空泵电机开始工作，当真空度达到−55kPa 时真空压力开关闭合，输出高电平信号给控制器，控制器在接收到信号后延时 10s，电机停止工作。

3. 电动真空助力系统检修

电动真空助力系统是新能源汽车，特别是纯电动汽车制动系统的重要组成部分。以下介绍电动真空助力系统的检修方法，其他与传统汽车相同的部件检修可参照传统汽车的检修方法。

（1）电路分析。电动真空助力系统某个真空管路发生空气泄漏，真空罐压力传感器检测到真空度不足，就会发送信号给控制器，控制真空泵工作。如果真空度一直不足，理论上真空泵会一直工作，但是设计的时候在持续工作 15s 之后会自动停止，防止真空泵过热。此时如果踩下制动踏板，VCU（整车控制器）检测到真空罐压力不足 55kPa，就会给真空泵报警继电器和组合仪表发出信号触发仪表报警，如图 7-47 所示。若 8s 后真空仍未恢复到 55kPa 以上，会给 MCU（驱动电机控制器）发送信号，将车辆速度限制在 9km/h。

图 7-47　仪表故障制动故障

电动真空助力系统电路图如图 7-48 所示。接通 12V 直流电后，真空泵控制器发送信号让真空泵开始工作，真空罐压力达到 55kPa 以上时，真空罐压力传感器闭合，发出高电平信号到真空泵控制器和 VCU，真空泵控制器的时间模块延时 10s，真空泵停止工作。等真空度下降到－55kPa 以下，真空罐压力传感器断开，发出低电平信号给真空泵控制器和 VCU，真空泵控制器收到信号后，控制真空泵再次开始工作，如此循环。

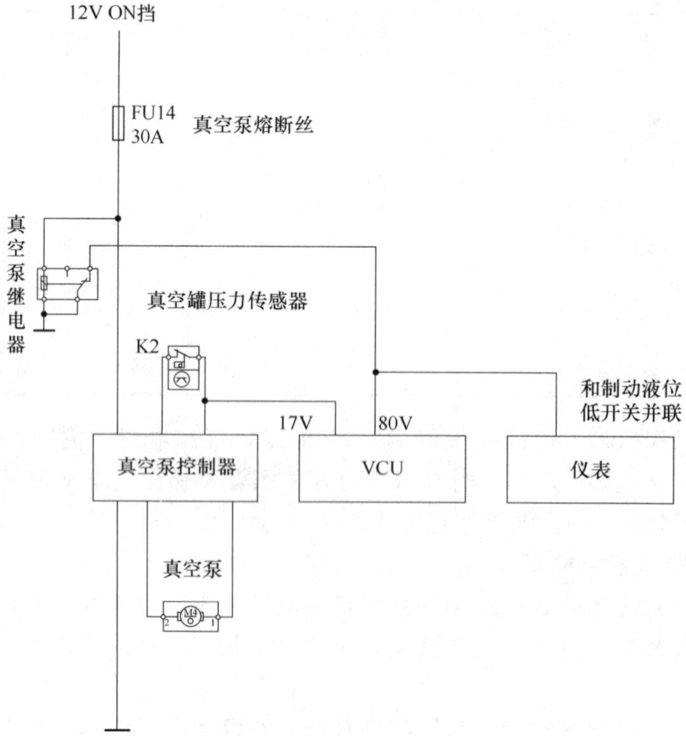

图 7-48　电动真空助力系统电路图

（2）电动真空助力系统接线方式和针脚定义如表 7-5 所示。

1）真空泵控制器针脚示意图，见图 7-49。

表 7-5　**真空泵控制器针脚定义**

针脚号	针 脚 功 能	线 束 走 向
1	12V 正极输入	前机舱低压电器盒(30A 熔断丝)
2	12V 正极输出	负极搭铁
3	触点 1	真空罐压力开关
4	触点 2	真空罐压力开关
5	12V 正极输入	电动真空泵输入正极
6	12V 负极输出	电动真空泵输入负极

2）真空泵针脚示意图，见图 7-50，见表 7-6。

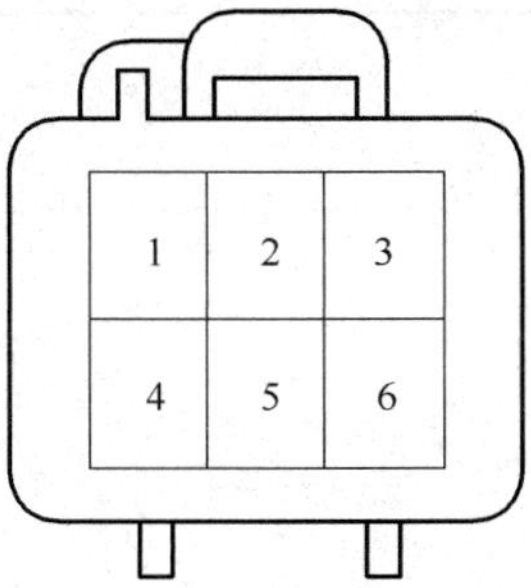

图 7-49　真空泵控制器针脚示意图

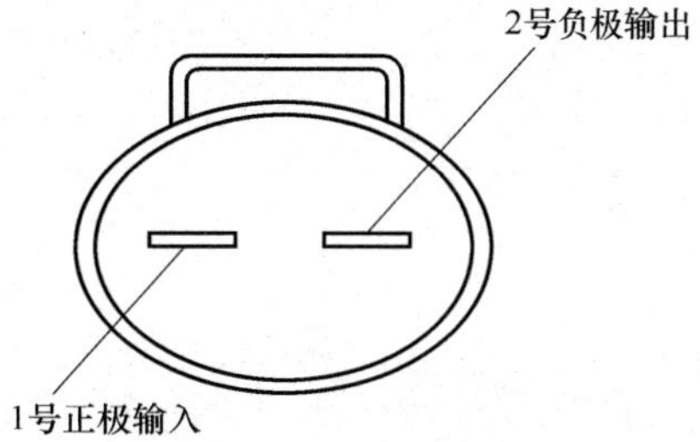

图 7-50　真空泵针脚

表 7-6　**真空泵针脚定义**

针脚号	针 脚 功 能	线 束 走 向
1	12V 正极输入	真空泵控制器
2	12V 负极输出	真空泵控制器

3）真空罐针脚示意图，见图 7-51，见表 7-7。

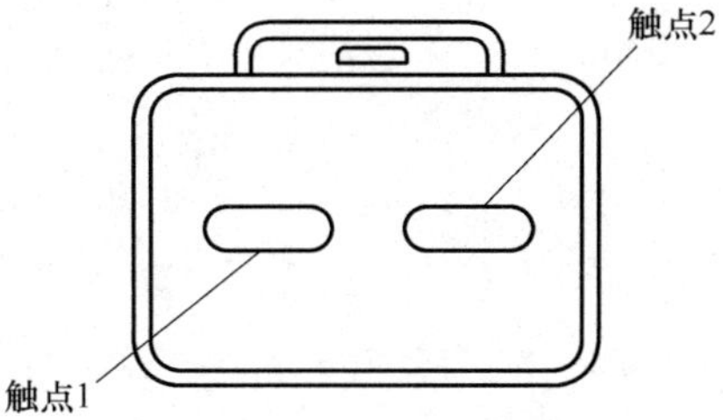

图 7-51　真空罐针脚示意图

（3）电动真空助力系统检查与诊断。电动真空助力系统检查与诊断的步骤与方法如表 7-8 所示。

表 7-7　真空罐针脚定义

针脚号	针 脚 功 能	线 束 走 向
1	触点 1	真空泵控制器
2	触点 2	真空泵控制器

表 7-8　电动真空助力系统检查与诊断步骤

序号	检查步骤	检查结果及操作方法		
1	检查熔断丝是否熔断	正常:进行下一步	不正常:熔断丝熔断	更换熔断丝
2	检查电动真空泵是否损坏	正常:进行下一步	不正常:电路有故障或电动真空泵损坏	检修电路或更换电动真空泵
3	检查真空罐是否漏气	正常:进行下一步	不正常:真空罐漏气	更换真空罐
4	正确检修操作后检查故障是否出现	正常:诊断结束	不正常:故障未消失	从其他症状查找故障源

项目八　电动汽车高压系统的检修

任务一　动力电池的拆装与检修

任务引入

车主小王购买了一辆北汽 EV160 汽车，在车辆使用 2 年后，出现续航里程严重下降的情况，经各项检测诊断后，判定该车动力电池故障，需要对电池进行更换。作为维修技师的你，该如何完成拆装及相应检测呢?

【任务目标】

掌握动力电池拆装的操作方法，掌握动力电池的检测方法，掌握动力电池常见故障诊断与排除。

【相关知识】

一、动力电池系统的认知

1. 动力电池的类型及组成

纯电动汽车动力电池一般采用锂离子电池，当前汽车用锂离子电池的类型有三元锂电池（以钴酸锂、锰酸锂或镍酸锂等化合物为正极，以可嵌入锂离子的碳材料为负极，使用有机电解液）、磷酸铁锂电池等。动力电池总成在车体下部，动力电池的组成部件包括：各模块总成、CSC 采集系统、电池控制单元、电池高压分配单元以及维修开关等，如图 8-1 所示。

电池管理系统（BMS）能够对动力电池组总电压、总电流、每个测点温度以及电池单体的电压参数进行实时监控，并进行故障诊断、SOC（剩余电量）计算、短路保护、漏电检测、报警显示、充放电模式选择及控制等。BMS 可以将动力电池相关参数上报整车控制器（VCU），由 VCU 控制动力电池的充电和放电功率等。

2. 动力电池结构

（1）电池单体。电池单体是直接将化学能转化为电能的基本单元装置，由电极、隔膜、电解液、外壳和端子等组成，并可以进行充电，如图 8-2 所示。

（2）电池模组。电池模组是将一个以上电池单体按照串联、并联或串并联方式组合，且只有一对正负极输出端子，并作为电源使用的组合体。一般情况下电池模组的单体电池个数为 6～12 个，其结构如图 8-3 所示。

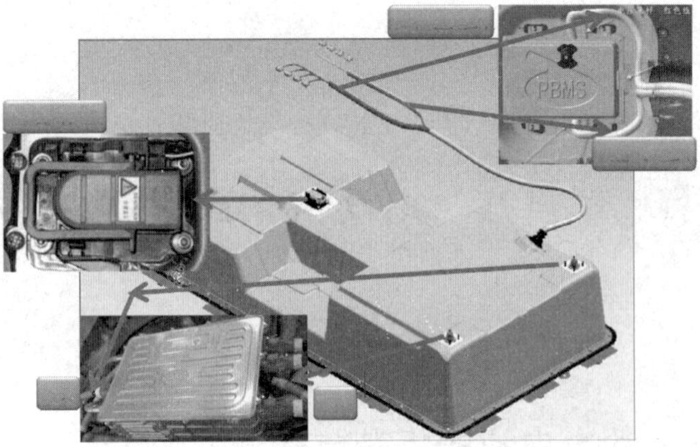

图 8-1　动力电池系统的组成

图 8-2　动力电池单体

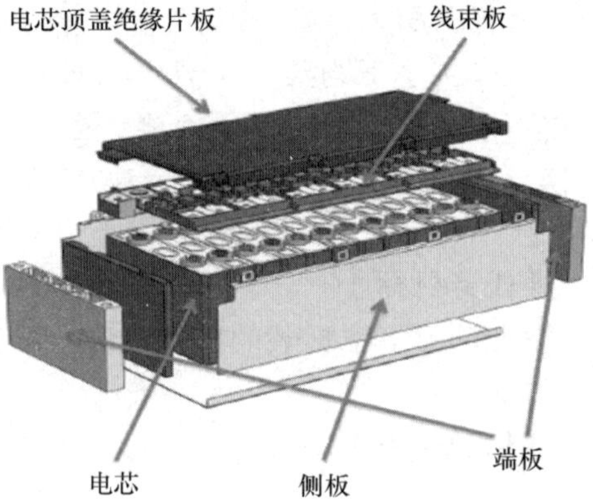

图 8-3　电池模组

（3）CSC 采集系统。每个电池单元有多个 CSC 采集系统，以监测其中每个电池单体或电池模组电压、温度等信息。CSC 采集系统将相关信息上报电池控制单元，并根据电池控制单元的指令执行单体电压及温度均衡控制。

（4）电池控制单元。电池控制单元安装在动力电池总成内部，是电池管理系统的核心部件。电池控制单元将单体电池电压、电流、温度及整车高压绝缘等信息上报整车控制器（VCU），并根据整车控制器的指令完成对动力电池的控制，如图 8-4 所示。

（5）电池高压分配单元。电池高压分配单元安装在动力电池总成的正、负极输出端，由高压正极继电器、高压负极继电器、预充继电器、电流传感器以及预充电阻等组成。

（6）维修开关。为了提高车辆维修过程中的安全性，部分电动汽车安装有维修开关，其位于电池总成中间表面位置，一般需要打开驾驶室内副仪表手套箱开关或后排座椅便可操作维修开关。在高压零部件的检查及维护前，需要断开维修开关以确保切断高压，防止出现电击伤害，其结构如图 8-5 所示。

二、动力电池的拆装

1. 操作注意事项

（1）动力电池包属于高压部件，拆装工作务必严格按照要求进行操作。

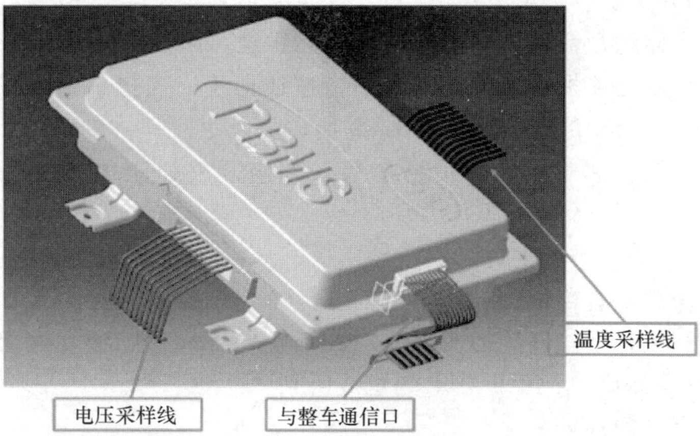

图 8-4　电池控制单元

（2）拆装或装配动力电池包及托盘总成前，务必确保点火开关处于 OFF 挡，并拔下维修开关，再断开蓄电池负极。

（3）操作动力电池包及整个高压系统过程中务必穿戴好绝缘手套及防护用具。

（4）拆下任何高压部件配线后，立刻用绝缘胶带将外露金属包裹好。

2. 维修开关的拆装

对于不同的纯电动汽车，如果有维修开关，首先应拆卸维修开关，如果没有维修开关，在断电成功后方可拆装动力电池。

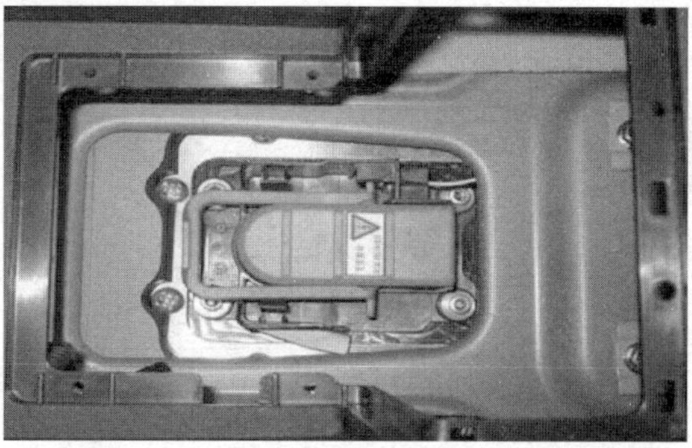

图 8-5　维修开关

（1）在拆装维修开关之前，首先确保点火开关处于 OFF 挡，并拔下钥匙，如图 8-6 所示。

（2）拆下低压蓄电池负极，断开整车低压控制电源，并用绝缘胶带将负极包裹好，以防操作过程中再次结合，如图 8-7 所示。

图 8-6　关闭点火开关拔下钥匙

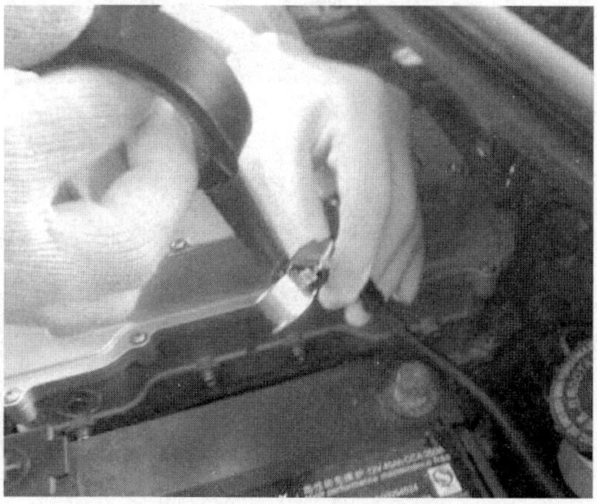

图 8-7　拔下低压蓄电池负极

（3）拆卸维修开关。

1）打开副仪表储物盒盖板，并拆卸副仪表储物盒，如图 8-8 所示。

2）拇指按住维修开关把手卡扣，其余手指按住把手，当把手由水平位置转到垂直位置时，向上垂直拔出维修开关插头，如图 8-9 所示。

3）关闭副仪表储物盒盖板，防止异物落入维修开关插座中，造成维修开关短路或破坏。

（4）安装维修开关。

1）打开副仪表储物盒盖板。

2）连接维修开关，维修开关插头垂直对准插座向下轻按，如受到阻力，则侧旋转插头 180°再向下轻按，然后使把手卡扣卡到位或听到“咔嚓”声。

3）安装副仪表储物盒。

4）关闭副仪表储物盒盖板。

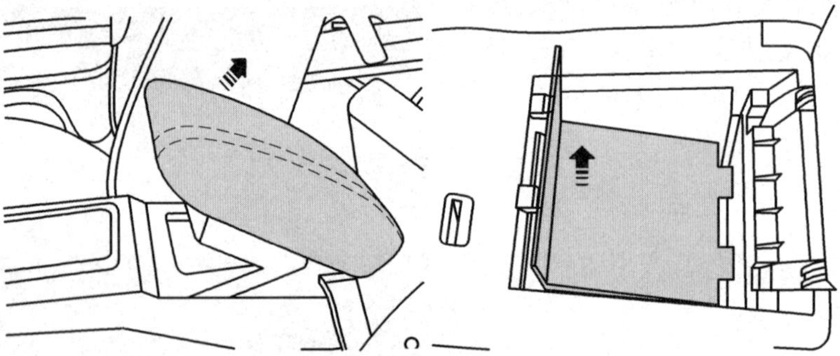

图 8-8　副仪表储物盒的拆卸

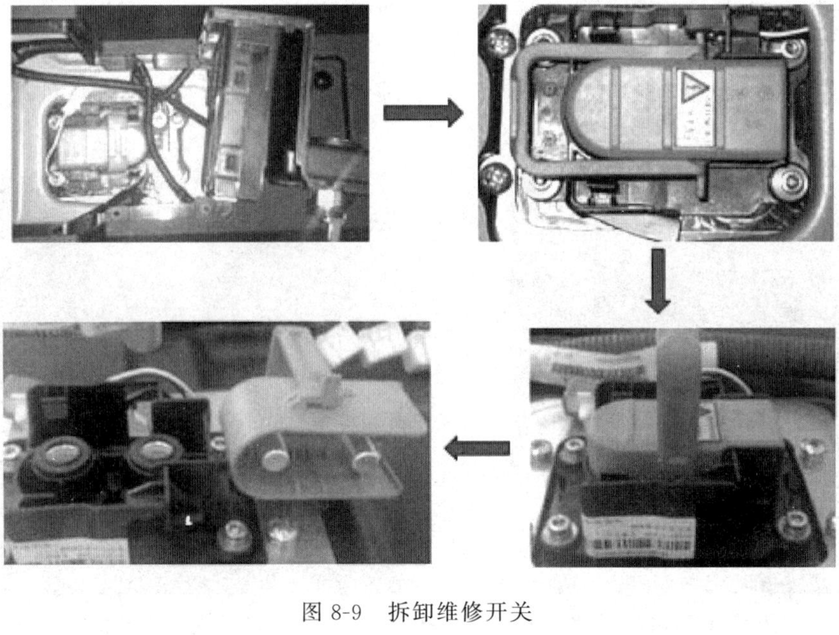

图 8-9　拆卸维修开关

3. 动力电池的拆装

（1）在拆装动力电池之前，首先确保点火开关处于 OFF 挡，并拔下钥匙，如图 8-10 所示。

（2）拆下低压蓄电池负极，断开整车低压控制电源，并用绝缘胶带将负极包裹好，以防操作过程中再次结合，如图 8-11 所示。

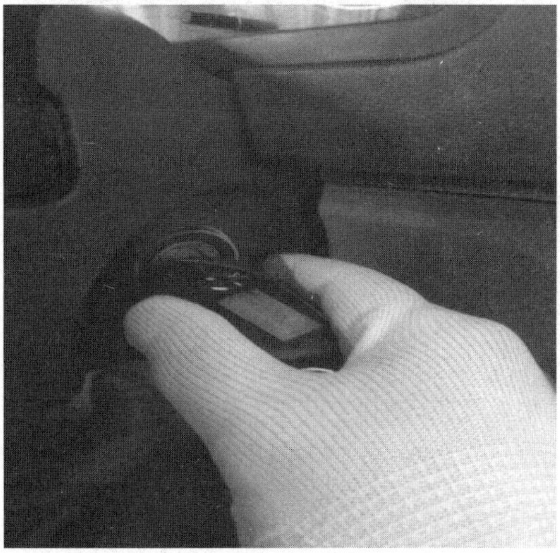

图 8-10　关闭点火开关拔下钥匙

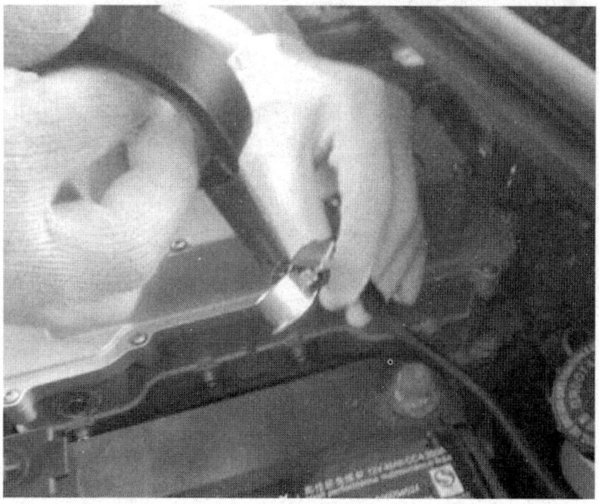

图 8-11　拔下低压蓄电池负极

（3）支撑动力电池总成。

1）将车辆用举升机升起到适合的高度，并锁止举升机，如图 8-12 所示。举升时确保举升机的支点不要在动力电池上。

2）置入电池平台车，使用平台车支撑动力电池总成。注意使用过程中平台车的位置及平衡情况。

图 8-12　举升车辆

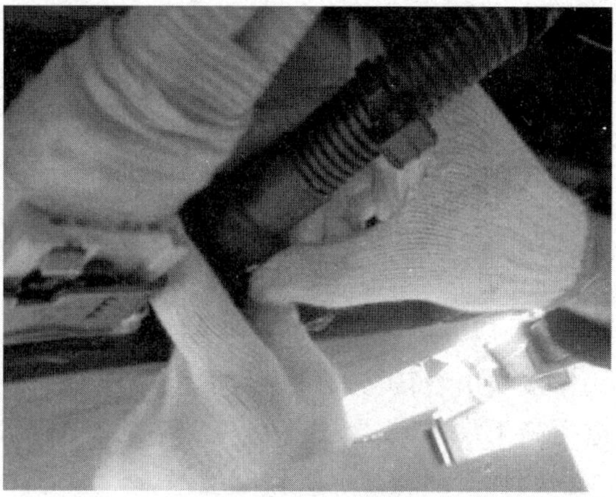

图 8-13　断开动力电池低压连接器

（4）拆卸动力电池总成。

1）断开动力电池低压线束连接器，如图 8-13 所示。

2）断开动力电池高压线束连接器，如图 8-14 所示。

3）拆卸动力电池总成的固定螺栓，如图 8-15 所示。

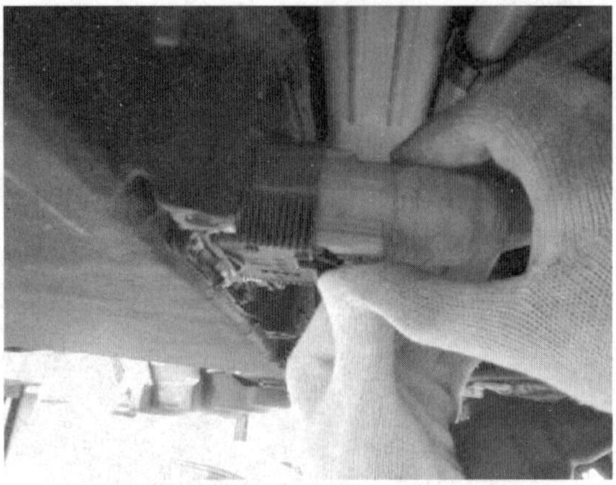

图 8-14　断开动力电池高压连接器

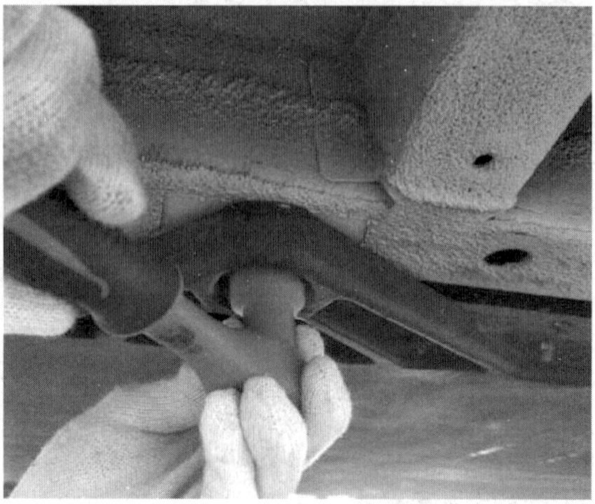

图 8-15　拆卸动力电池螺栓

4）缓慢降下平台车，取出动力电池总成。

（5）动力电池总成的安装。

1）缓慢举升平台车，调整平台车位置，使动力电池总成的安装孔与车身对齐，如图 8-16 所示。

2）安装动力电池的固定螺栓。

3）连接动力电池外壳上的高压及低压连接器，连接时注意“一插、二响、三确定”。

4）连接蓄电池负极。

5）关闭前机舱盖。

图 8-16　动力电池平台车安装动力电池

三、动力电池系统的检测

（1）高压回路的切断。

1）点火开关处于 OFF 挡，并拔下钥匙。

2）断开低压蓄电池负极。

3）断开动力电池高压及低压连接器。

4）等待 5～10min，使其内部电容放电。

5）用万用表检测高压回路之间的电压，如图 8-17 所示。在测量过程中严禁万用表针头短接和接触任何非目标测量金属部件，并佩戴好绝缘手套，标准电压应低于 5V。如果电压高于 5V，需继续等待高压系统电压下降。

（2）检测动力电池供电绝缘性。

1）将高压绝缘测试仪的挡位调至 1000V。

2）用高压绝缘测试仪分别测量动力电池两个高压线束端子与车身接地之间的电阻，大于 20MΩ 为正常，如图 8-18 所示。如果电阻小于 20MΩ 需进行修理或更换。

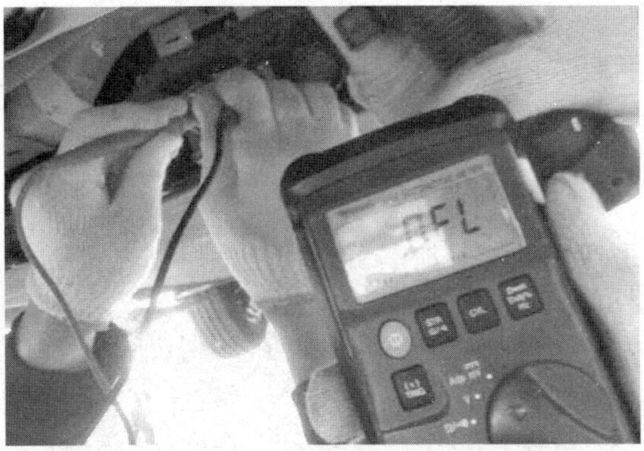

图 8-17　检测高压回路的电压

图 8-18　测量动力电池高压与车身地之间的绝缘性

（3）检测动力电池高压端子的绝缘性。

1）将高压绝缘测试仪的挡位调至 1000V。

2）用高压绝缘测试仪分别测量动力电池两个高压线束端子之间的电阻，大于 20MΩ 为正常，如图 8-19 所示。如果电阻小于 20MΩ 需进行修理或更换。

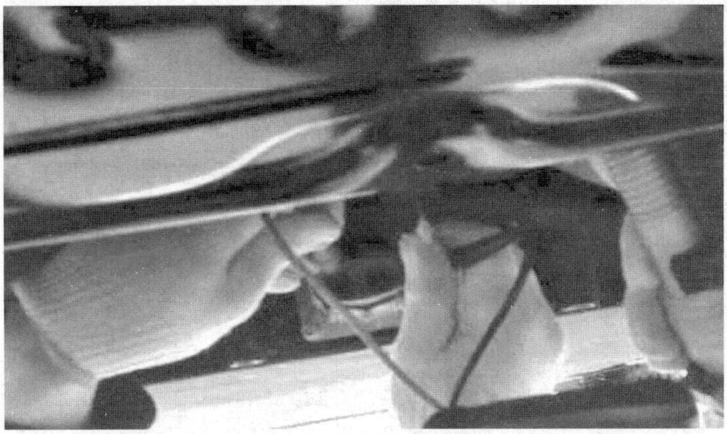

图 8-19　测量动力电池高压端子之间的绝缘性

任务二　电机控制器拆装与检修

任务引入

车主小王购买了一辆北汽 EV200 汽车，在车辆行驶 8000km 以后，出现车辆不能行驶的情况，伴随有动力电池高压切断等故障显示，经维修技师检查以后，确定该车电机控制器无法与整车控制器通信，作为维修人员的你，该如何解决该问题呢？

【任务目标】

掌握电机控制器的拆装方法，掌握电机控制器端子信息，掌握电机及电机控制常见故障诊断与排除。

【相关知识】

一、电机控制系统的认识

1. 电机控制器

电机控制器安装在前机舱内，采用 CAN 网络通信控制，控制着动力电池组到电机之间的能量传输，同时采集电机位置信号、温度信号以及三相电流检测信号，精确控制驱动电机的运行，其结构如图 8-20 所示。

图 8-20　电机控制器

电机控制器是一个既能将动力电池中的直流电转换为三相交流电以驱动电机，同时具备将车辆行驶过程中的惯性能（车轮旋转的动能）转换为电能（三相交流电转换为直流电）给动力电池充电的装置。车辆在减速、下坡或滑行阶段，驱动电机转变成发电状态，可以实现车轮旋转的动能到电能的转换，实现能量的回收（给电池充电），如图 8-21 所示。

2. 电机控制系统的结构及功能

（1）电机控制器结构。电机控制器内部由 DC/AC 逆变器、冷却器、电流传感器、电压传感器以及温度传感器等组成，如图 8-22 所示。

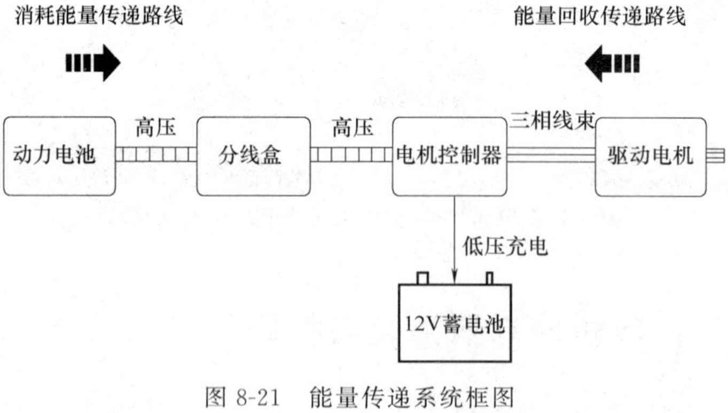

图 8-21　能量传递系统框图

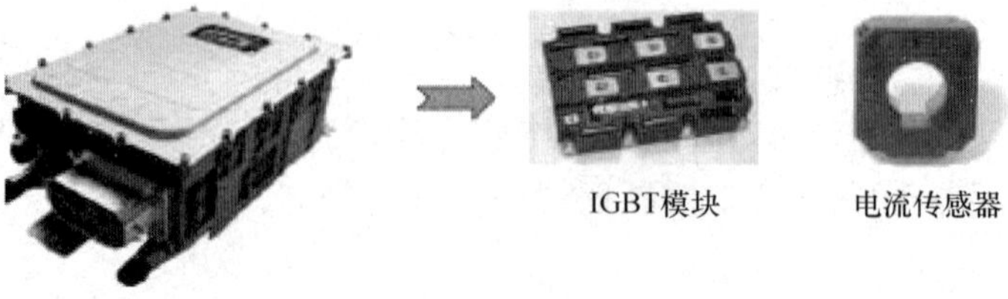

图 8-22　电机控制器的组成

1）DC/AC 逆变器由 IGBT、直流母线电容、驱动和控制电路板等组成，可以实现直流与交流之间的转变。

2）冷却器由冷却通道及冷却液等组成，主要用于电子功率元件散热。

3）电流传感器用以检测电机工作的实际电流（包括母线电流、三相交流电流）。

4）电压传感器用以检测供给电机控制器工作的实际电压（包括动力电池电压、12V 蓄电池电压）。

5）温度传感器用以检测电机控制系统的工作温度（包括 IGBT 模块温度、电机控制器电路板温度）。

（2）电机控制系统模式及自诊断。

1）转矩控制模式。电机控制系统控制电机轴向四个象限的转矩。由于没有转矩传感器，转矩指令由整车控制器发送到电机控制器，其中信号被转换成电流指令，并进行闭环控制。转矩控制模式只有在获得初始偏移角度时才能进行。

2）静态模式是在电机控制器处于被动状态（待机状态）或故障状态时被激活。

3）主动放电模式用于高压直流端电容的快速放电，主动放电指令来自整车控制器的指令或由电机控制器内部故障触发。

4）系统诊断功能。当发生故障时，软件根据故障级别使电机控制器进入安全状态或限制状态。安全状态包括主动短路模式，限制状态包括四个级别的功率/转矩输出限制。电机控制器软件中提供基于 ISO-14229 标准的诊断通信功能，如表 8-1 所示。

表 8-1　　系统诊断项目及内容

诊断项目	诊断内容
传感器诊断	电流传感器、电压传感器、温度传感器、位置传感器等故障诊断
电机诊断	电流调节故障、电机性能故障、主动短路或空转条件不满足，转子偏移角诊断等
CAN 通信诊断	CAN 内存检测、总线超时、报文长度、Checksum 校验、收发计数器诊断等
硬件安全诊断	相电流过流诊断、直流母线电压过压诊断、高/低压供电故障诊断、处理器监控等

二、电机控制系统的拆装

1. 操作注意事项

（1）动力电池包属于高压部件，拆装工作务必严格按照要求进行操作。

（2）拆装或装配动力电池包及托盘总成前，务必确保：点火开关处于 OFF 挡，并拔下维修开关，再断开蓄电池负极。

（3）操作动力电池及整个高压系统过程中务必穿戴好绝缘手套及防护用具。

（4）拆下任何高压部件配线后，立刻用绝缘胶带将外露金属包裹好。

2. 拆装电机控制器

对于不同的纯电动汽车，如果具有维修开关，首先应拆卸维修开关，如果没有维修开关，在断电成功后方可拆装电机控制器。

（1）在拆装维修开关之前，首先确保点火开关处于 OFF 挡，并拔下钥匙，如图 8-23 所示。

（2）拆下低压蓄电池负极，断开整车低压控制电源，并用绝缘胶带将负极包裹好，以防操作过程中再次结合，如图 8-24 所示。

图 8-23　关闭点火开关拔下钥匙

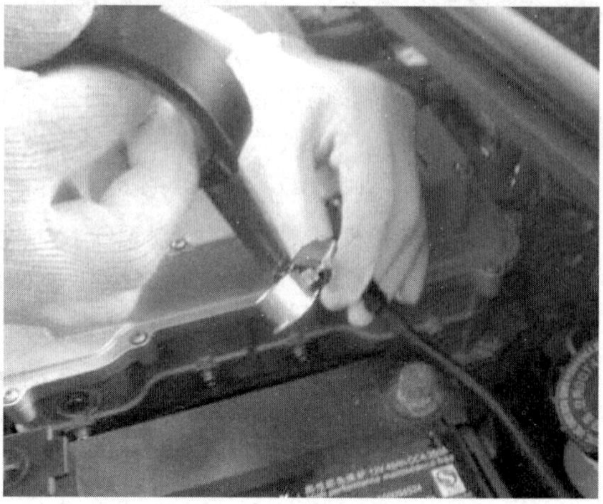

图 8-24　拔下低压蓄电池负极

（3）电机控制器的拆卸。在电机控制器拆卸之前，需要将冷却液放出来，在电机控制器安装完成之后，需要重新加注冷却液。

1）断开电机控制器低压线束连接器，如图 8-25 所示。

2）断开电机控制器高压输入线束连接器，如图 8-26 所示。

图 8-25　断开电机控制器低压连接器

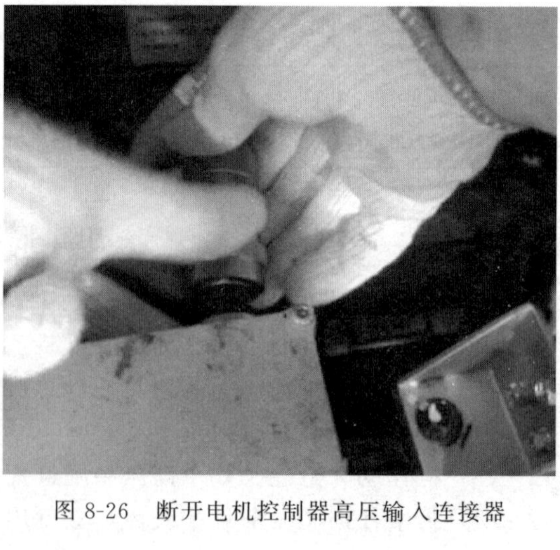

图 8-26　断开电机控制器高压输入连接器

3）断开电机控制器高压输出线束连接器，如图 8-27 所示。

4）断开电机控制器进出水管的连接，如图 8-28 所示。

5）拆卸电机控制器与车身之间的固定螺栓，如图 8-29 所示。

6）移出电机控制器。

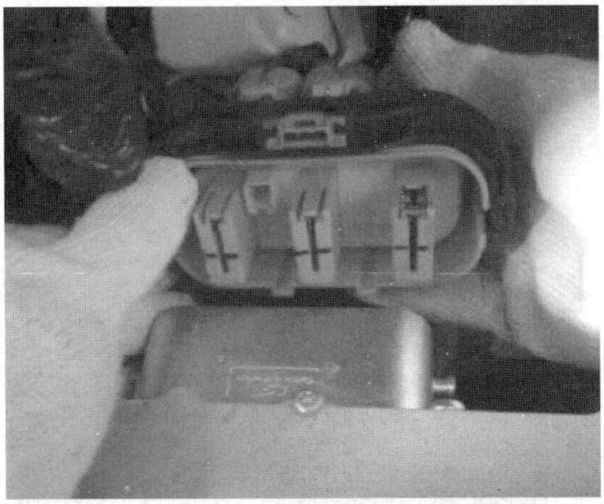

图 8-27　断开电机控制器高压输出连接器

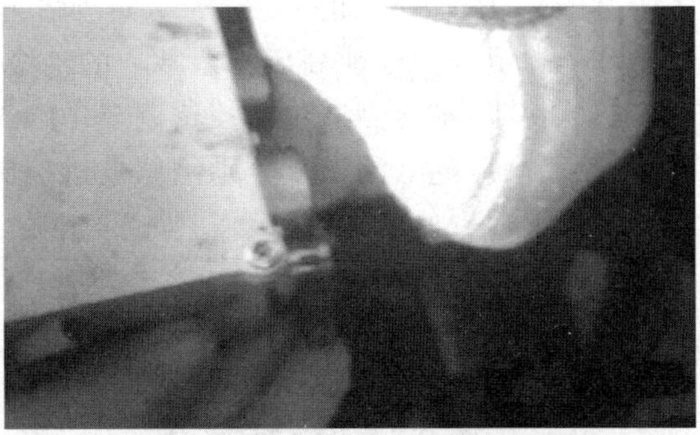

图 8-28　断开电机控制器进出水管

（4）电机控制器的安装。

1）固定电机控制器与车身之间的固定螺栓。

2）连接电机控制器进出水管。

3）连接电机控制器高压输出线束连接器。

4）连接电机控制器高压输入线束连接器。

5）连接电机控制器低压线束连接器。

6）加注冷却液。

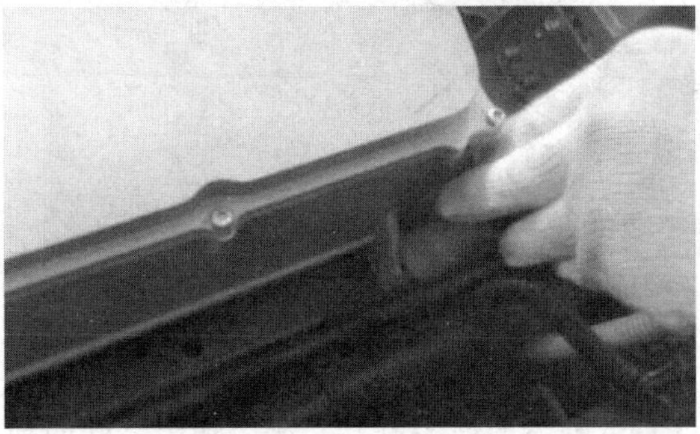

图 8-29　拆卸电机控制器与车身之间的固定螺栓

三、电机控制器的检测

（1）高压回路的切断。

1）点火开关处于 OFF 挡，并拔下钥匙。

2）断开低压蓄电池负极。

图 8-30　检测高压回路的电压

3）断开电机控制器高压及低压连接器。

4）等待 5～10min，使其内部电容放电。

5）用万用表检测高压回路之间的电压，如图 8-30 所示。在测量过程中严禁万用表针头短接和接触任何非目标测量金属部件，并佩戴好绝缘手套。标准电压应低于 5V，如果电压高于 5V，需继续等待高压系统电压下降。

（2）检测电机控制器供电绝缘性。

1）将高压绝缘测试仪的挡位调至 1000V。

2）用高压绝缘测试仪分别测量电机控制器高压输入线束端子与车身接地之间的电阻，大于 20MΩ 为正常，如图 8-31 所示。如果电阻小于 20MΩ 需进行修理或更换。

（3）检测动力电池高压输入端子的绝缘性。

1）将高压绝缘测试仪的挡位调至 1000V。

2）用高压绝缘测试仪分别测量电机控制器两个高压输入线束端子之间的电阻，大于 20MΩ 为正常，如图 8-32 所示。如果电阻小于 20MΩ 需进行修理或更换。

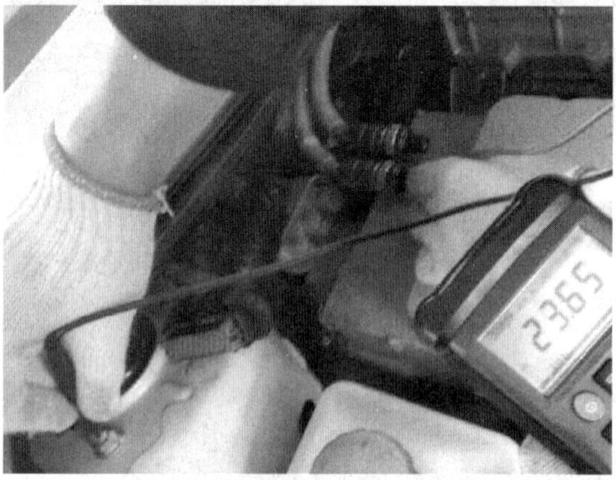

图 8-31　测量电机控制器高压输入与车身地之间的绝缘性

图 8-32　测量电机控制器高压输入端子之间的绝缘性

（4）检测电机控制器三相电输出之间的绝缘性。

1）将高压绝缘测试仪的挡位调至 1000V。

2）用高压绝缘测试仪分别测量电机控制器三相（两两相测）输出线束端子之间的电阻，大于 20MΩ 为正常，如图 8-33 所示。如果电阻小于 20MΩ 需进行修理或更换。

（5）检测电机控制器三相电输出与车身接地的绝缘性。

1）将高压绝缘测试仪的挡位调至 1000V。

2）用高压绝缘测试仪分别测量电机控制器高压输出线束端子与车身接地之间的电阻，大于 20MΩ 为正常，如图 8-34 所示。如果电阻小于 20MΩ 需进行修理或更换。

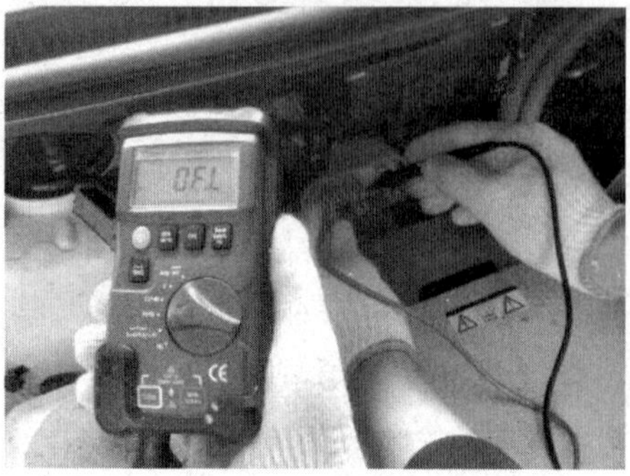

图 8-33　测量电机控制器高压输出端子之间的绝缘性

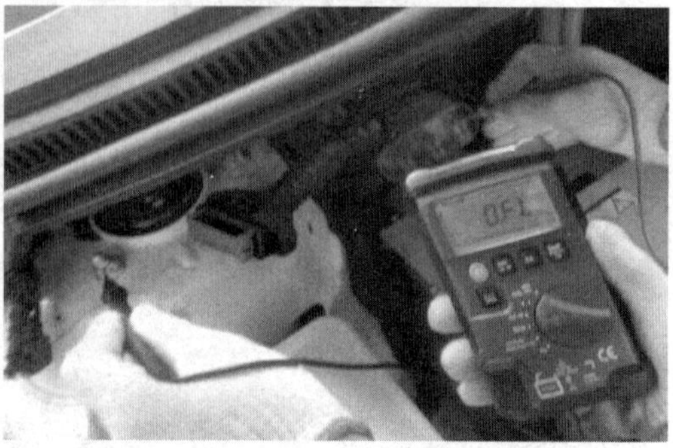

图 8-34　测量电机控制器高压输出与车身地之间的绝缘性

四、电机控制系统诊断

1. 电机控制器低压供电回路故障

（1）电机控制器低压供电及搭铁回路电路简图，如图 8-35 所示。

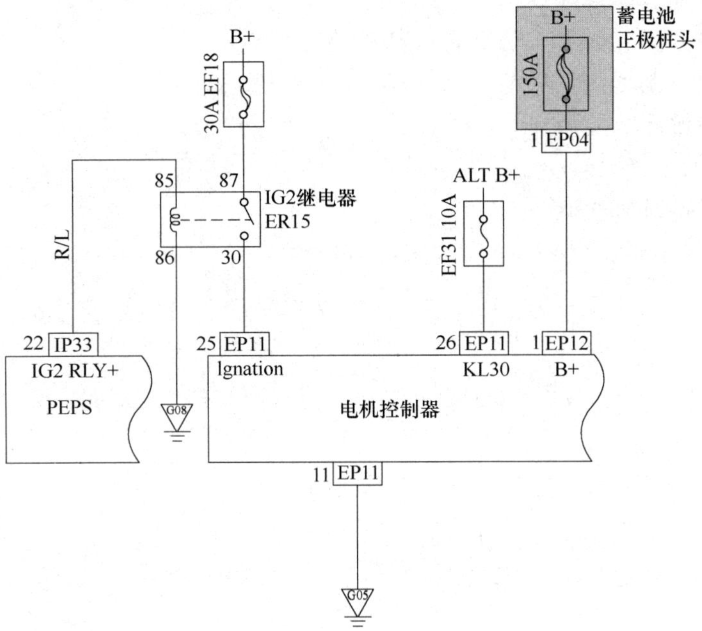

图 8-35　电机控制器简图

（2）诊断步骤。

1）检查蓄电池电压。

① 点火开关处于 OFF 状态。

② 用万用表测量蓄电池电压。

③ 确定测量值是否符合标准（标准电压：11～14V），如果不符合标准需更换蓄电池。

2）检查电机控制器及蓄电池正极保险丝是否熔断。

检查保险丝是否熔断，如有熔断需更换相同规格的保险丝。

3）检查电机控制器电源电压。

① 点火开关处于 OFF 状态。

② 断开电机控制器低压连接器

③ 操作启动开关使其处于 ON 挡位置

④ 用万用表测量电机控制器低压线束连接器的 25 和 26 与车身接地之间的电压值，（标准电压：11～14V），如果不符合标准需修理或更换线束。

4）检查电机控制器接地电阻。

① 点火开关处于 OFF 状态。

② 断开电机控制器低压连接器。

③ 用万用表测量电机控制器线束连接器 11 号端子与车身接地之间的电阻（标准电阻：小于 1Ω），如果不符合标准需修理或更换线束。

5）更换电机控制器。

① 点火开关处于 OFF 状态。

② 断开蓄电池负极。

③ 拆卸维修开关（如果车辆具有维修开关）。

④ 更换电机控制器。

⑤ 确定故障排除。

6）诊断结束。

2. 电机控制器通信故障

（1）电机控制器通信电路简图，如图 8-36 所示。

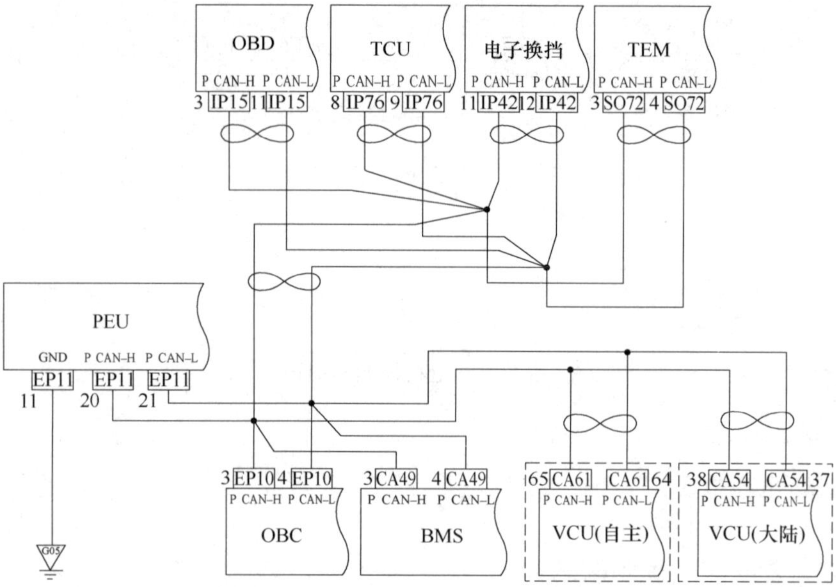

图 8-36 电机控制器通信简图

（2）诊断步骤。在执行电机控制器通信故障之前，首先通过故障诊断仪的数据列表，分析各项数据的准确性，有利于快速排除故障。

1）使用故障诊断仪读取故障代码。

① 点火开关处于 ON 挡状态。

② 连接故障诊断仪，读取系统故障代码。

2）检查电机控制器的通信屏蔽线路。

① 点火开关处于 OFF 状态。

② 断开电机控制器线束连接器。

③ 用万用表测量电机控制器线束 10 号端子与车身接地之间的电阻（标准小于 1Ω），如果不符合标准需修理或更换线束。

3）检查电机控制器的通信线路。

① 点火开关处于 OFF 状态。

② 断开电机控制器线束连接器。

③ 用万用表测量电机控制线束连接器 21 号端子与诊断接口 11 号端子之间的电阻（标准小于 1Ω），如果不符合标准需修理或更换线束。

④ 用万用表测量电机控制线束连接器 20 号端子与诊断接口 3 号端子之间的电阻（标准小于 1Ω），如果不符合标准需修理或更换线束。

4）P-CAN 网络完整性检查。

① 点火开关处于 OFF 状态。

② 用万用表测量诊断接口 3 号端子与 11 号端子之间的电阻值（标准电阻：55～67.5Ω），如果不符合标准需修理或更换线束。

5）更换电机控制器。

① 点火开关处于 OFF 状态。

② 断开蓄电池负极。

③ 拆卸维修开关（如果车辆具有维修开关）。

④ 更换电机控制器。

⑤ 确定故障排除。

6）诊断结束。

任务三 充电系统检修

任务引入

车主小王购买了一辆吉利帝豪 EV300 汽车，在车辆使用 1 年后，出现车辆无法充电的情况，需要对车辆充电系统进行检修，作为维修技师的你，该如何完成充电系统的故障排除呢？

【任务目标】

掌握纯电动汽车充电的操作方法，掌握充电系统的结构组成，掌握充电系统常见故障诊断与排除。

【相关知识】

一、充电系统的认知

1. 充电系统的概述

（1）充电方式及各充电系统组成部件。充电系统从功能上分为快充、慢充、低压充电以及制动能量回收四种，其中快充由直流充电接口、动力电池组成；慢充由交流充电接口、交流充电插座、交流充电插头、动力电池以及车载充电机组成；低压充电由 12V 铅酸蓄电池、DC/DC、分线盒以及动力电池组成；能量回收系统由制动开关、动力电池、驱动电机、整车控制器以及高压线束等组成。

（2）充电接口。交流充电口一般安装在车辆的油箱盖位置，快充充电接口一般在车辆前 Logo 下面。充电时，根据选择的充电类型，连接交流充电接口或直流充电接口到相应的充电插座，连接正确后开始充电。充电口连接后形成检测回路，当连接故障时，系统可以检测该故障，同时停止充电。

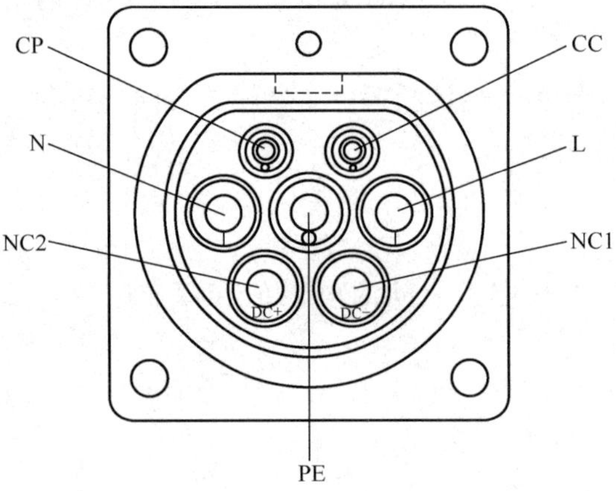

图 8-37　交流充电接口

1）交流充电接口。在充电连接过程中，首先连接保护接地端子，最后连接控制确认端子。在脱开的过程中，首先断开控制确认端子，最后断开保护接地端子，其结构如图 8-37 所示。

其中 CC 为充电连接确定；CP 为充电控制确定；NC1、NC2 为备用接头；L 为火线；N 为零线；PE 为地线。

2）直流充电接口。在充电插头和充电插座的连接过程中，端子耦合的顺序为：保护接地，直流电源正与直流电源负，低压辅助电源正与低压辅助电源负，充电通信与充电连接确认。在脱开的过程中，则顺序相反，其结构如图 8-38 所示。

其中 DC＋、DC－为高压直流电源正、负；CC1、CC2 为充电连接确定线；S＋、S－为充电通信 CAN-H、CAN-L；A＋、A－为低压辅助电源正、负；PE 为地线。

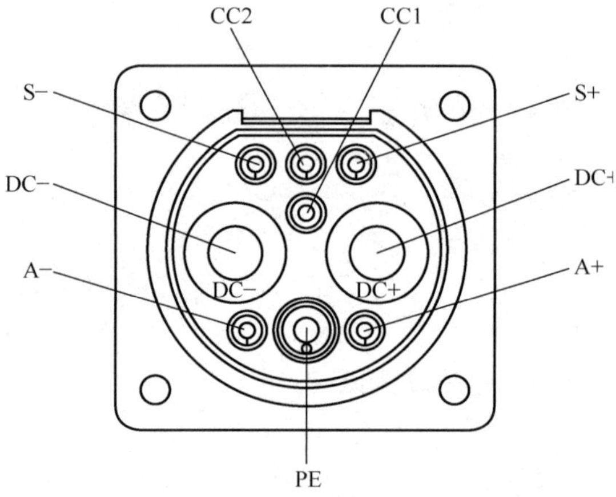

图 8-38　直流充电接口

(3) 充电指示灯。充电指示灯位于车辆充电接口上方，用于指示不同的充电状态，任意电源挡位。当辅助控制模块接收到 BMS 的充电状态信息时，驱动充电指示灯工作，显示充电状态。充电指示灯状态显示定义如表 8-2 所示。

充电指示灯由电池管理系统（BMS）信号提供给辅助控制模块（ACM），辅助控制模块控制指示灯状态，其控制流程如图 8-39 所示。

表 8-2　充电指示灯显示定义

指示灯颜色	动作	定义
—	熄灭	未充电
绿色	常亮 15min	充电完成
绿色	闪烁	正在充电
红色	常亮 15min	充电故障

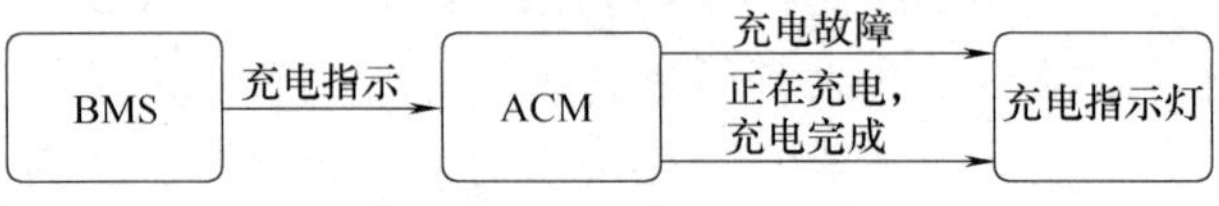

图 8-39　充电指示灯控制流程图

2. 家用随车充电接口

家用随车充电接口随车配备，装在家用随车充电包，用于交流慢充，其包括三脚充电插头、充电枪指示灯、充电枪、充电线缆等，如图 8-40 所示。

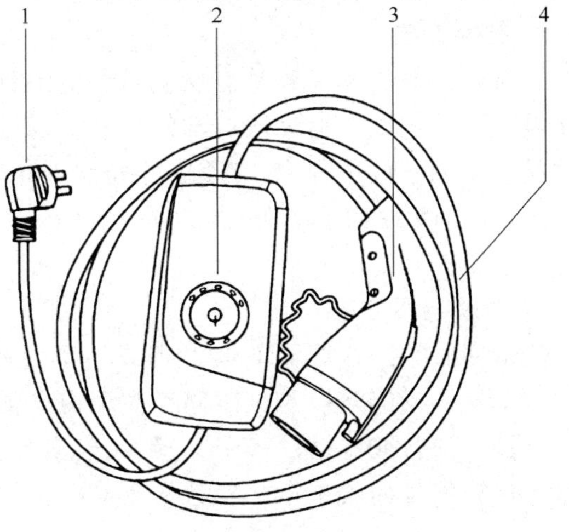

图 8-40　家用随车充电接口

1—三脚充电插头　2—充电枪指示灯

3—充电枪　4—充电线缆

二、充电系统工作原理

1. 快充充电

当直流充电设备接口连接到整车直流充电口时，直流充电设备（充电柜）发送充电唤醒信号给 BMS，BMS 根据动力电池的可充电功率，向直流充电设备发送充电电流指令。同时，BMS 控制高压正极继电器和高压负极继电器吸合，动力电池开始充电。一般充电时间为 30min 到 120min，可充至 80％的电量，其充电能量传递方式如图 8-41 所示。

2. 慢充充电

当车辆处于交流充电模式下，ACM 检测交流充电接口的 CC、CP 信号，同时唤醒 BMS。BMS 唤醒车载充电机并发出充电指令，控制主继电器闭合，动力电池开始充电。一般充电时间为 8～16h，可充至 100％的电量，其充电能量传递方式如图 8-42 所示。

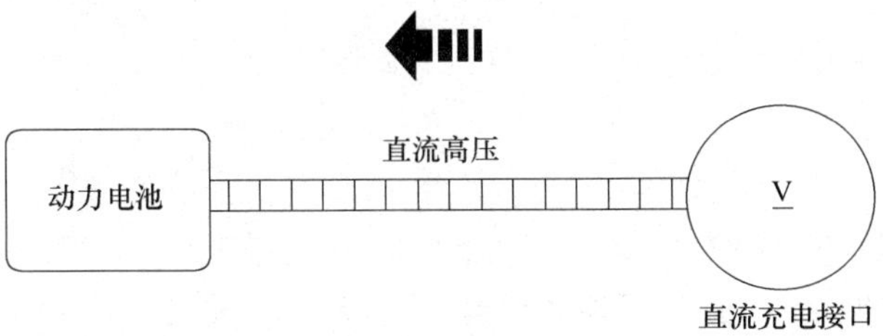

图 8-41　直流充电能量传递图

3. 充电锁

为防止车辆充电过程中充电枪丢失，车辆具有充电枪锁止功能。充电枪插入充电接口后，只要驾驶员按下智能钥匙闭锁按钮，充电枪防盗功能开启，此时充电枪无法拔出。

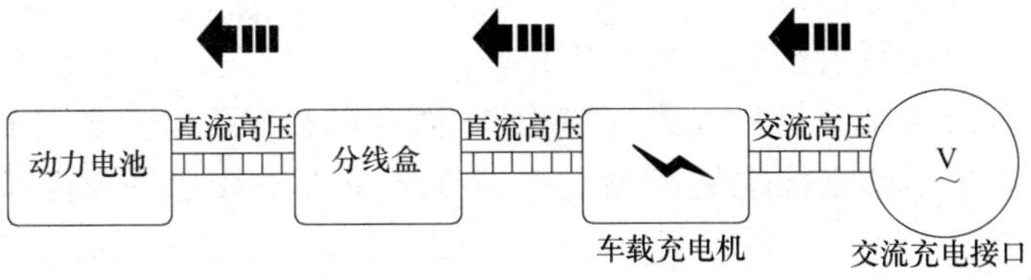

图 8-42　直流充电能量传递图

4. 低压充电

电动汽车高压系统需要由低压控制。在电动汽车上电前，低压电路系统由 12V 铅酸蓄电池供电，当高压上电完成后，DC/DC 控制器将动力电池的高压直流电转换成低压直流电供低压电器系统，同时给铅酸蓄电池充电。

5. 智能充电

长时间停放的车辆容易出现低压蓄电池自放电现象，从而造成馈电。当低压蓄电池严重馈电时将会造成车辆无法启动的现象。为了避免这一现象，部分纯电动汽车具有智能充电功能。车辆停放过程中，ACM将持续对电源蓄电池电压进行监控，当电压低于设定值时，ACM将唤醒BMS，同时VCU也将控制DC/DC对低压蓄电池进行充电，防止低压蓄电池馈电。

6. 制动能量回收

能量回收系统在车辆下坡滑行或制动过程中会将驱动电机从驱动状态转变成发电状态，将车辆的动能转换为电能储存在动力电池中。

车辆在滑行或制动过程中，VCU根据当前动力电池状态和驾驶员控制制动踏板位置信号，计算能量回收扭矩并发送指令给电机控制器，启动能量回收，其能量回收路径与能量输出相反。能量回收过程中电机消耗车辆行驶的惯性并发出交流电再输出给电机控制器，电机控制器将交流电转变成直流电给动力电池充电。

三、充电系统常见故障诊断与排除

1. 车载充电机通信故障

（1）电路分析。车载充电机低压电源供电不成功、搭铁线不能正常搭铁或CAN网络出现异常情况都会造成车载充电通信故障，从而不能使充电正常进行，其交流充电电路图如图8-43所示。

（2）诊断步骤。

1）使用故障诊断仪读取故障信息。

① 点火开关处于OFF挡。

② 连接故障诊断仪，读取系统故障代码。

2）检查车载充电机保险丝是否熔断。

① 点火开关处于OFF挡。

② 拔下保险丝EF20检查是否熔断，如熔断则更换相同型号保险丝。

3）检查车载充电机电源、接地之间的电压。

① 点火开关处于OFF状态。

② 断开电机控制器低压连接器。

③ 操作启动开关使其处于ON挡位置。

④ 用万用表测量车载充电机线束连接器1号端子和2号端子之间的电压值（标准电压：11～14V），如果不符合标准需检测是电源线还是搭铁线出现断路或虚接情况，予以修理或更换线束。

4）检查车载充电机的通信线路。

① 点火开关处于OFF状态。

② 断开电机控制器低压连接器。

③ 用万用表测量车载充电机线束连接器4号端子与诊断接口3号端子之间的电阻（标准电阻：小于1Ω），如果不在标准范围内需修理或更换线束。

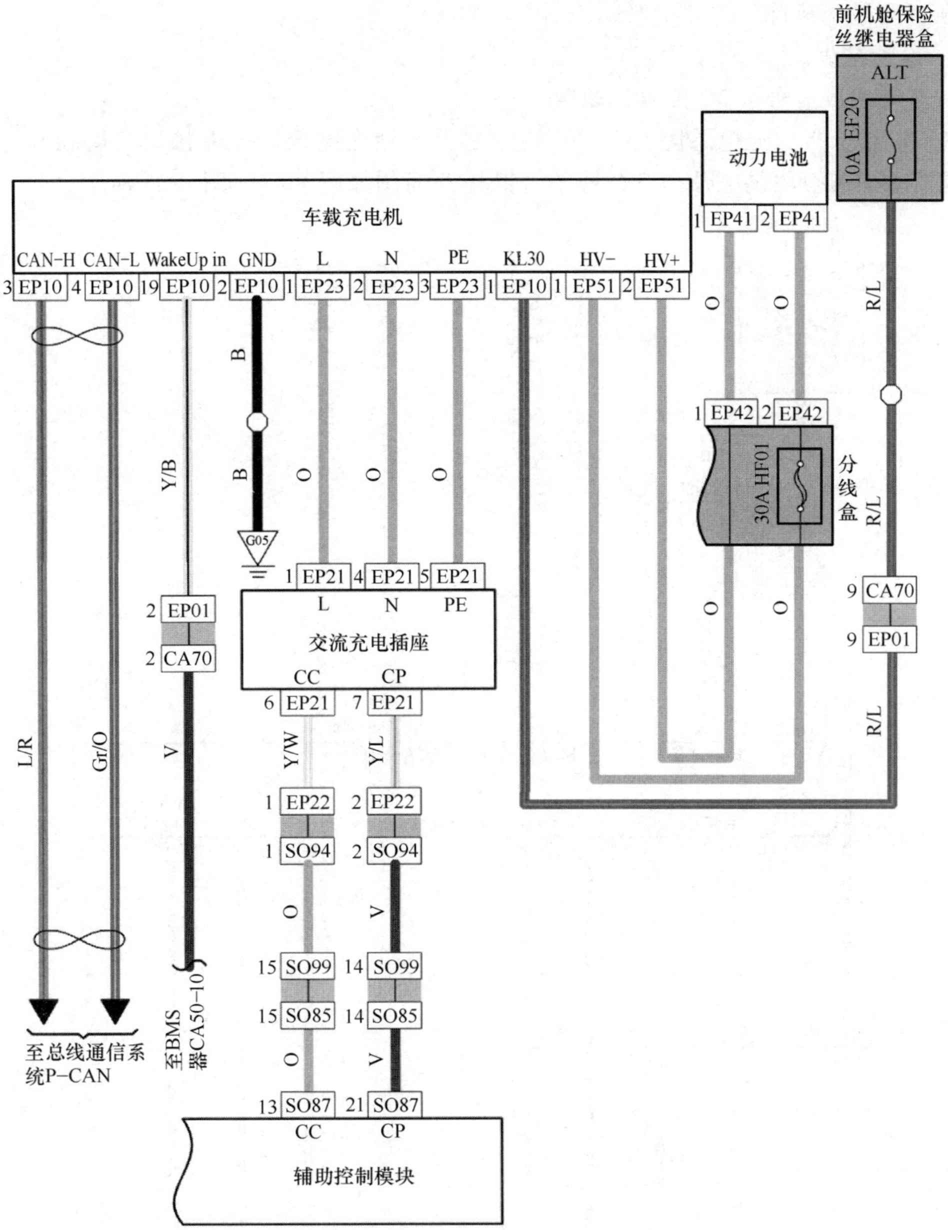

图 8-43　交流充电电路图

5）P-CAN 网络完成性检查。

① 点火开关处于 OFF 状态。

② 用万用表测量诊断接口 3 号端子与 11 号端子之间的电阻值（标准电阻：55～67.5Ω），如果不符合标准需修理或更换线束。

6）更换车载充电机。

① 点火开关处于 OFF 状态。

② 断开蓄电池负极。

③ 更换车载充电机。

④ 确定故障排除

7）诊断结束。

2. 充电感应信号（CC 信号）故障

（1）电路分析。充电感应 CC 信号故障主要包括充电枪和充电接口针脚松动、CC 线断路或辅助控制模块供电及搭铁故障等，其电路简图如图 8-44、图 8-45 所示。

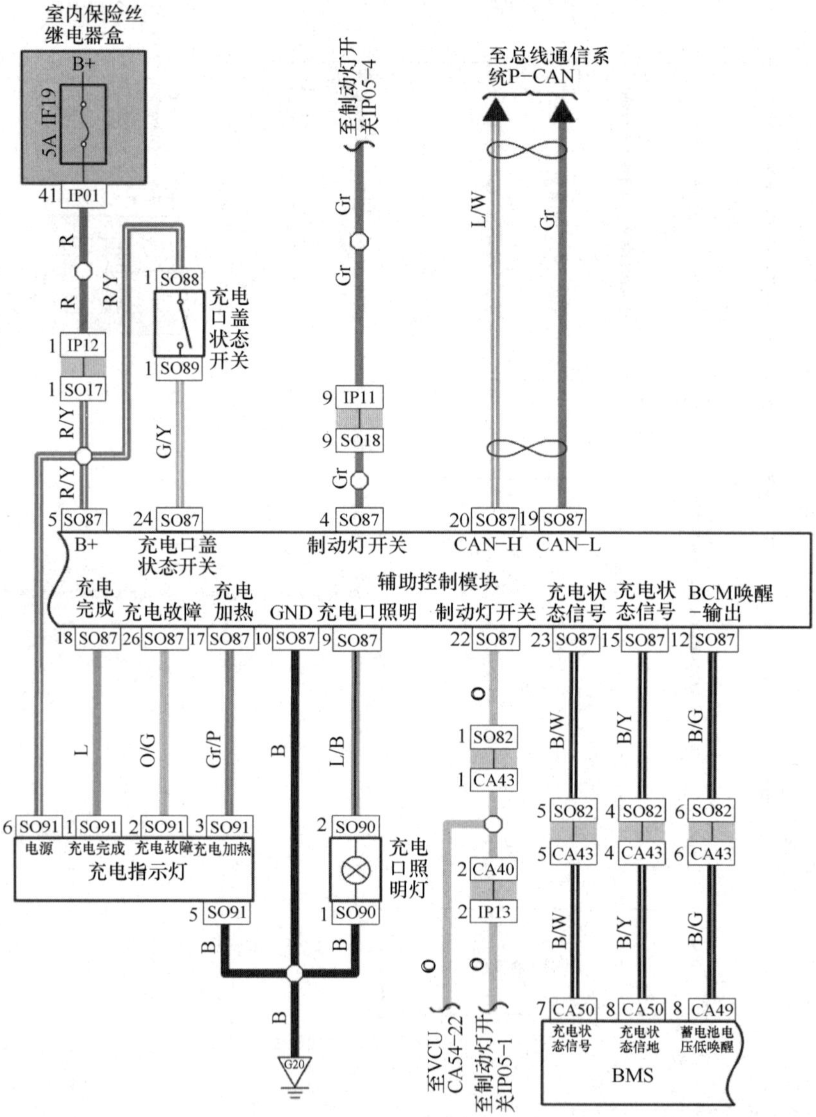

图 8-44 辅助控制模块电路图

（2）诊断步骤。

1）检查充电枪与充电口针脚是否松动。

① 点火开关处于 OFF 状态。

② 拆卸维修开关（如果没有维修开关，拔下蓄电池负极）。

③ 检查充电枪是否松动，如有更换充电枪。

④ 检查充电口针脚是否松动，如有更换充电口。

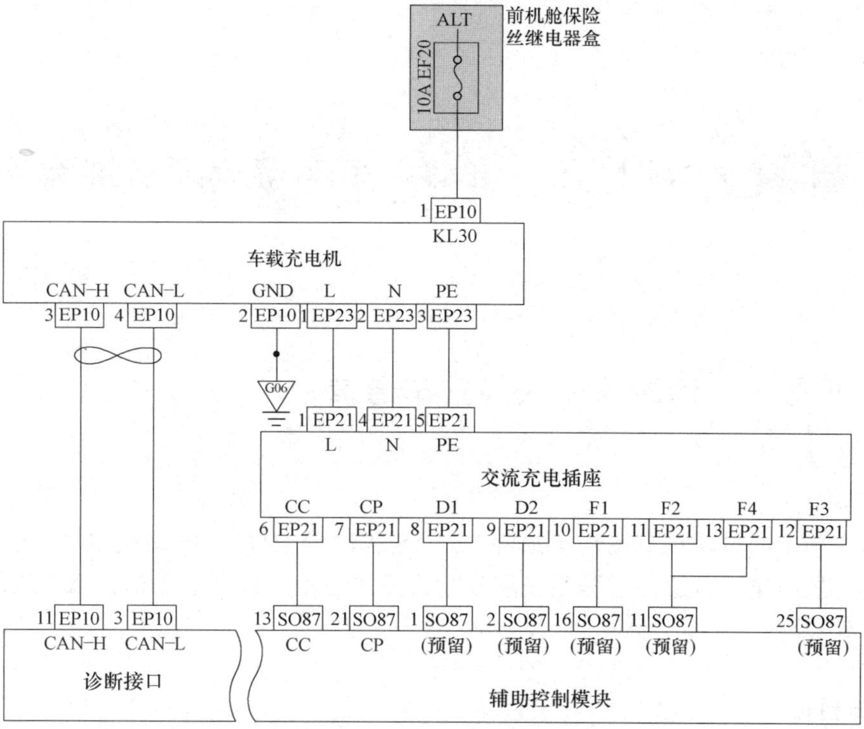

图 8-45　辅助控制模块与交流充电插座电路简图

2）检查辅助控制器与交流充电接口的 CC 信号线路。

① 点火开关处于 OFF 状态。

② 拆卸维修开关（如果没有维修开关，拔下蓄电池负极）。

③ 断开辅助控制模块线束连接器。

④ 断开交流充电接口线束连接器。

⑤ 用万用表测量辅助控制模块线束连接器 13 号针脚与交流充电接口 6 号端子之间的电阻（标准电阻：小于 1Ω），如果不在标准范围之内，需修理或更换线束。

3）检查辅助控制模块电源、接地之间的电压。

① 点火开关处于 OFF 状态。

② 断开辅助控制模块线束连接器。

③ 用万用表测量辅助控制模块线束连接器 5 号端子与 10 号端子之间的电压（标准为 11～14V），如不符合标准，需检查单独供电电源线和搭铁线是否出现断路或虚接，并予以修理或更换。

4）更换辅助控制模块。

① 点火开关处于 OFF 状态。

② 断开蓄电池负极。

③ 更换辅助控制模块。

④ 确定故障排除。

5）诊断结束。

项目九　电动汽车典型故障与排除

任务一　诊断仪无法与整车通信

任务引入

车主小王的电动汽车出现了故障，到4S店进行维修。电动汽车4S店小李在对小王的故障车进行检修过程中发现诊断仪无法与整车控制器通信。小李该怎么排除这一故障呢？

【任务目标】

掌握整车控制器系统的组成和功用，掌握汽车诊断仪的使用，掌握诊断仪无法与车辆通信的故障诊断与排除。

【相关知识】

一、整车控制系统的认识

1. 整车控制系统的组成

整车控制器是电动汽车的大脑，承担着能量与信息传递的功能，对电动汽车的动力性、经济性、安全性以及舒适性等都有很大的影响，是电动汽车的重要组成部分，其主要由低压电器控制系统、高压电器控制系统以及整车网络控制系统三部分组成。控制系统的结构如图9-1所示。

（1）低压电器控制系统。主要由低压电源（辅助蓄电池、DC/DC输出）和车辆所有低压电器系统以及各子控制系统组成。

（2）高压电器控制系统。主要由电机控制器、能源管理系统、车载充电控制器、DC/DC控制器以及空调控制器等组成。根据车辆行驶状态以及驾驶员的操作，由电能向机械能转变（驱动），或由机械能向电能转变（能量回收）。

（3）整车网络化控制系统。主要由整车控制器、电机控制器、能源管理系统、车身控制器、显示系统以及通信系统等组成。其中整车控制器是整车控制系统的核心，承担了数据交换和管理、故障诊断、安全监控、驾驶员意图分析等任务。

2. 整车控制系统的功能

整车控制系统的主要功能有：整车控制模式判断和驱动控制、整车能量优化管理、整车通信网络管理、制动能量回馈控制、故障诊断和处理、车辆状态监测与显示等。整车控

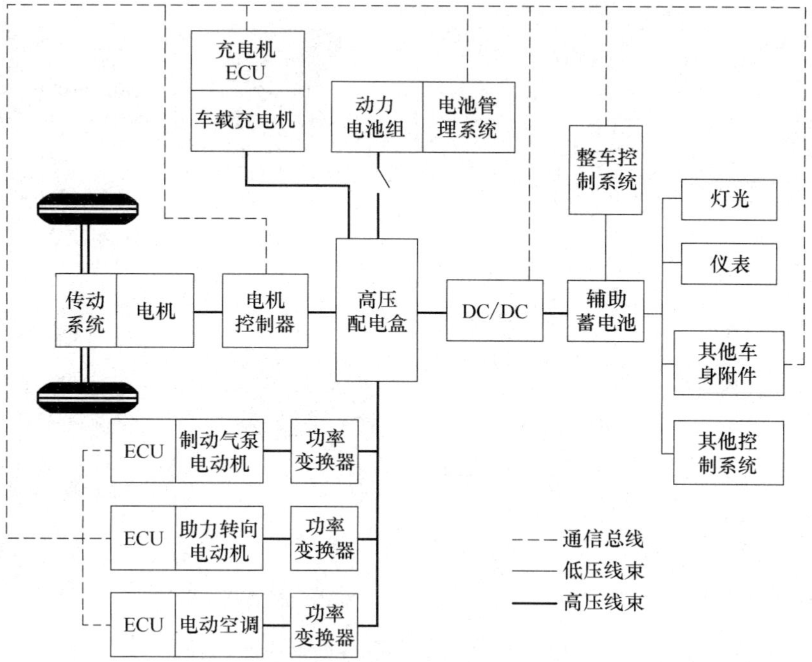

图 9-1 整车控制系统的结构

制器通过 CAN 总线和传感器端子来获得加速踏板开度、车速、挡位杆信息等，并根据这些信号进行分析计算，确定出最佳的控制方式。

（1）整车控制模式判断和驱动控制。整车控制器通过各种状态信息（启动钥匙、充电信号、加速/制动踏板位置、当前车速和整车是否有故障信息等）来判断当前需要的整车工作模式（充电模式和行驶模式）。然后根据当前的参数和状态及前一段时间的参数及状态，算出当前车辆的扭矩能力，按当前车辆需要的扭矩，计算出合理的最终实际输出的扭矩。例如，当驾驶员踩下加速踏板时，整车控制器向电机控制单元发送电机输出扭矩信号，电机控制系统控制电机按照驾驶员的意图输出扭矩。

（2）整车能量优化管理。纯电动汽车有很多用电设备，包括电机和空调设备等。整车控制器可以对能量进行合理优化来提高纯电动汽车的续航里程。例如当动力电池组电量较低时，整车控制器发送控制指令关闭部分起辅助作用的电气设备，将电能优先，保证车辆的安全行驶。

（3）整车通信网络管理。在整车的网络管理中，整车控制器是信息控制的中心，负责信息的组织与传输、网络状态的监控、网络节点的管理、信息优先权的动态分配以及网络故障的诊断与处理等。通过 CAN（EVBUS）线协调电池管理系统、电机控制器、空调系统等模块相互通信，如图 9-2 所示。

（4）制动能量回馈控制。电动汽车的电机可以在再生制动状态下工作。对制动能量进行回收利用是电动汽车和传统能源汽车的重要区别。整车控制器对行驶速度、驾驶员制动意图和动力电池组状态（如电池荷电状态 SOC 值）进行综合判断后，对制动能量回馈进行控制。如果达到回收制动能量的条件，整车控制器向电机控制单元发送控制指令，使电机工作在发电状态，将部分制动能量储存在动力电池组中，以提高车辆能量的利用效率。

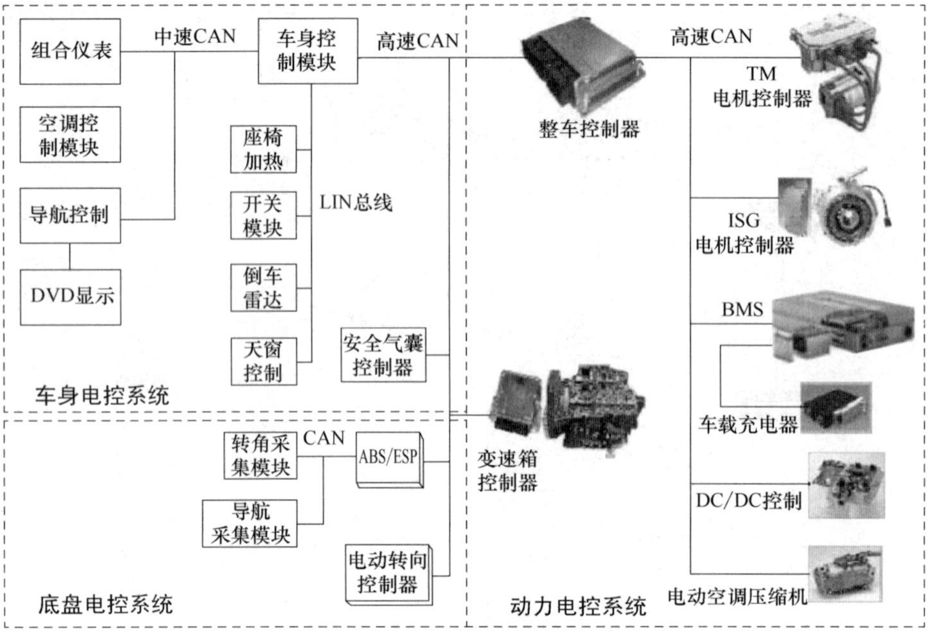

图 9-2　整车控制系统网络管理

（5）故障诊断与处理。连续监视整车电控系统，进行故障诊断及相应安全保护处理。根据传感器的输入及其他通过 CAN 总线通信得到的电机、电池、充电机等的信息，对各种故障进行判断、等级分类、报警显示；存储故障码，供维修时查看。故障指示灯指示出故障类型和部分故障码。

（6）车辆状态监测与显示。整车控制器应该对车辆的状态进行实时检测，并且将各个子系统的信息发送给车载信息显示系统，其过程是通过传感器和 CAN 总线，检测车辆状态及其动力系统及相关电器附件相关各子系统状态信息驱动显示仪表，将状态信息和故障诊断信息通过数字仪表显示出来。显示内容包括：车速、里程、电机的转速、温度、电池的电量、电压、电流以及故障信息等。

3. 整车控制系统与故障诊断的关系

故障诊断仪与诊断接口连接成功后，可以将车辆整车控制器内部储存的故障信息，以及整车控制监控到的各类信息进行显示及读取，有助于快速定位故障点，并排除故障。

二、北汽 EV160 诊断仪无法与诊断仪通信故障诊断与排除

1. 故障现象

小李购买了一款北汽 EV160 纯电动汽车，使用两年之后，出现汽车系统故障灯以及高压断开报警灯点亮的现象。待 4S 店维修人员通过北汽专用故障诊断仪与汽车诊断接口相连接后，发现车辆无法与整车通信。

2. 故障分析

出现无法通信的问题，主要表现在以下几个地方：

（1）整车控制器出现故障。

（2）诊断接口不正常。

（3）CAN 总线线束故障等。

3. 故障检测与排除

（1）诊断接口的检查，观察诊断接口是否存在退针、氧化等情况。

（2）诊断接口电路分析，诊断接口电路图，如图 9-3 所示。

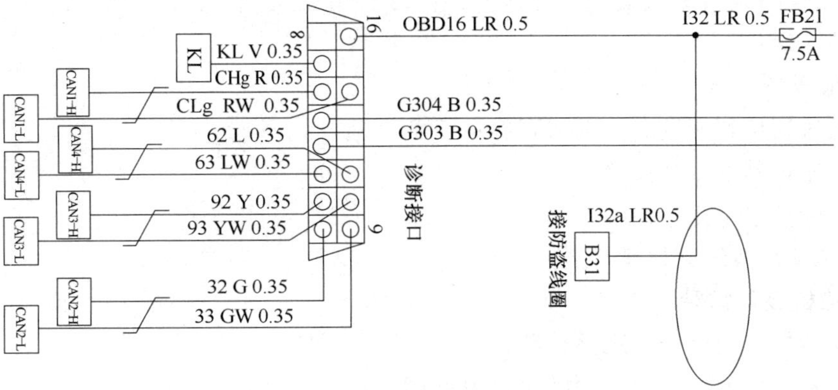

图 9-3 北汽 EV160 诊断接口电路图

检查诊断接口 16 号端子与 4 号端子之间的电压（标准为 11～14V），如果不在标准范围之内，则需单独检查 FB21 保险丝是否熔断，16 号端子与车身接地之间的电压，以及 4 号端子与车身接地之间的电阻。

1）FB21 保险丝的检测。在汽车前舱保险盒下找到 FB21 保险丝，拔出观察，用万用表测量保险丝两脚之间的通断，如果保险丝熔断，需更换相同型号的保险丝。

2）16 号端子与车身接地之间电压检测。用万用表测量 16 号端子与车身接地之间的电压，11～14V 为正常，如果不在标准范围内，需更换线束。

3）4 号端子与车身接地之间的电阻。用万用表测量 4 号端子与车身接地之间的电阻，标准为 10Ω 以下，如果出现无穷大或小于 10Ω，需更换线束。

（3）CAN 线检测。CAN 线检测包括 CAN 网络完整性检查以及 CAN 网络线束检测。

1）CAN 网络完整性检查。1 号端子与 9 号端子之间的电阻，标准为 55～65Ω，如果测量值小于这个标准，则需要更换网络线束，如果测量值无穷大，则对 CAN 网络线束通断进行检查。

2）CAN 网络线束检查。用万用表分别测量 1 号端子与 9 号端子与整车控制器相对的线束电阻，小于 1Ω 为正常，如果不正常需更换 CAN 总线线束。

（4）如果以上整车都出现故障，需更换整车控制器。

4. 整车控制器的更换

（1）将点火开关置于 OFF 挡。

（2）断开蓄电池负极，并用绝缘胶带包裹好。

（3）拔出整车控制器上两个线速插接件。

（4）拆卸固定整车控制器的四个螺钉，即可拆下整车控制器。

（5）更换一个整车控制器并安装。恢复蓄电池负极连接，点火开关置于 ON 挡，重新连接故障诊断仪，读取故障信息。

三、吉利帝豪 EV300 诊断仪无法与诊断仪通信故障诊断与排除

1. 故障现象

小李购买了一款吉利帝豪 EV300 纯电动汽车，使用 8000km 之后，出现汽车系统故障灯点亮，待 4S 店维修人员通过北汽专用故障诊断仪与汽车诊断接口相连接后，发现车辆无法与整车通信。

2. 故障分析

出现无法通信的问题，主要表现在以下几个地方：

（1）整车控制器出现故障。

（2）诊断接口不正常。

（3）CAN 总线线束故障等。

3. 故障检测与排除

（1）诊断接口的检查，观察诊断接口是否存在退针、氧化等情况。

（2）诊断接口电路分析，诊断接口电路图如图 9-4 所示。

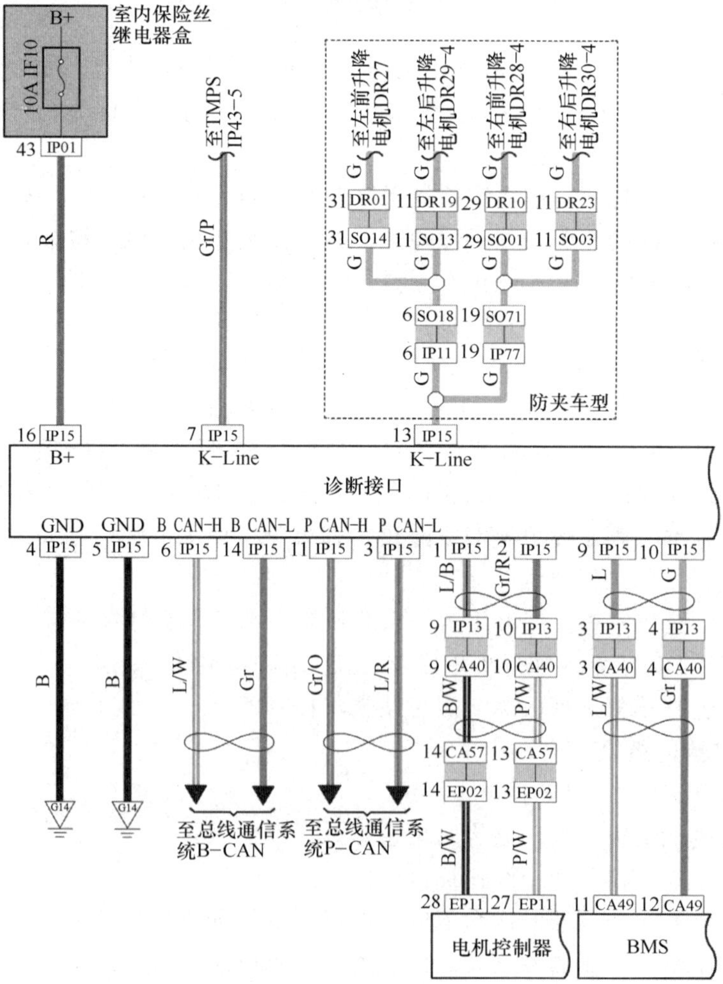

图 9-4　吉利帝豪 EV300 诊断接口电路图

检查诊断接口16号端子与4号端子之间的电压（标准为11～14V），如果不在标准范围之内，则需单独检查FB21保险丝是否熔断，16号端子与车身接地之间的电压，以及4号端子与车身接地之间的电阻。

1）FB21保险丝的检测。在汽车前舱保险盒下找到FB21保险丝，拔出观察，用万用表测量保险丝两脚之间的通断，如果保险丝熔断，需更换相同型号的保险丝。

2）16号端子与车身接地之间的电压检测。用万用表测量16号端子与车身接地之间的电压，11～14V为正常，如果不在标准范围内，需更换线束。

3）4号端子与车身接地之间的电阻。用万用表测量4号端子与车身接地之间的电阻，标准为10Ω以下，如果出现无穷大或小于10Ω，需更换线束。

（3）CAN线检测。CAN线检测包括CAN网络完整性检查以及CAN网络线束检测。

1）CAN网络完整性检查。3号端子与11号端子之间的电阻，标准为55～67.5Ω，如果测量值小于这个标准，则需要更换网络线束，如果测量值无穷大，则对CAN网络线束通断进行检查。

2）CAN网络线束检查。用万用表分别测量3号端子与11号端子与整车控制器相对的线束电阻，小于1Ω为正常，如果不正常需更换CAN总线线束。

（4）如果以上整车都出现故障，需更换整车控制器。

4. 整车控制器的更换

（1）将点火开关置于OFF挡。

（2）断开蓄电池负极，并用绝缘胶带包裹好。

（3）拔出整车控制器上两个线速插接件。

（4）拆卸固定整车控制器的四个螺钉，即可拆下整车控制器。

（5）更换一个整车控制器并安装。恢复蓄电池负极连接，点火开关置于ON挡，重新连接故障诊断仪，读取故障信息。

四、诊断仪无法整车通信故障总结

（1）诊断接口出现退针、简化的现象。

（2）诊断接口电源保险丝熔断。

（3）诊断接口电源与搭铁线出现断路或虚接。

（4）整车控制器异常等。

任务二　电机温度过高故障诊断与排除

任务引入

据客户反映汽车仪表显示电机温度过高，故障灯在行驶过程中点亮，并伴随着车辆被限速行驶，将车辆停车等候一定时间以后该故障灯熄灭。随着继续行车，该故障灯会再次点亮，并伴随着车辆再次限速。作为维修人员的你，怎么排除该故障呢?

【任务目标】

了解电机温度过高发生的原因，掌握汽车诊断仪的使用，掌握电机温度过高的故障诊断与排除。

【相关知识】

一、驱动电机系统的认识

驱动电机系统是纯电动汽车行驶中的主要执行机构，电机控制器接收整车控制器信号，将直流电转变成电机需要的三项交流电驱动电机，满足车辆的行驶或能量回收。

1. 驱动电机系统的组成

驱动电机系统由驱动电机、电机控制器组成，通过高低压线束、冷却管路与整车其他系统连接，并按照车辆的驱动方式布置在汽车底盘上面。

电机控制器根据整车控制器提供的信号（加速踏板信号、挡位杆信号、车速信号），同时结合电机温度、转矩、速度等信号，实时调节驱动电机的转矩输出，以实现整车的怠速、加速、停车以及能量回收等工况。电机控制器能对自身温度、电机转速、转子位置进行实时监测，并把信息传递给整车控制器，进而调节水泵和冷却风扇的工作，使电机保持在最佳状态下工作。

2. 驱动电机系统的工作模式

纯电动汽车大多采用单级减速器，取消了变速器，汽车速度由电机转速决定。一般设置有D挡（前进挡）、R挡（倒车挡）、N挡（空挡）以及E挡（经济挡），如图9-5所示。

图9-5 北汽EV160挡位信息

（1）D挡。当驾驶员踩住刹车，同时将挡位选择为D挡，踩下加速踏板，此时挡位信息和加速信息通过信号线传递给整车控制器，整车控制器把驾驶员的操作意图通过CAN线传递给电机控制器，再由电机控制器结合旋变传感器信息及电机温度信息，进而向电机输入三相交流电，驱动电机向前行驶。同时，电机控制器通过电流传感器、电压传感器以及温度传感器，感知电机当前功率、消耗电流大小、电压大小及温度高低，并把这些信号数据通过CAN网络传送给整车控制器。

（2）R挡。当驾驶员踩住刹车，挂上R挡，整车控制器接收驾驶员挂挡信号，再通过CAN总线发送给电机控制器，此时电机控制器结合当前转子位置信息，通过改变IGBT模块和W/V/U通电顺序，进而控制电机反转。

（3）N挡。在N挡状态，整车控制器通过CAN总线控制单电机控制器，切断电能传递至驱动电机，使汽车处于停车状态。

（4）E挡。当驾驶员踩住刹车，将挡位挂入E挡，此刻，能量回收效率较高，动力输出相对平缓，可以尽可能提高汽车续航里程。当驾驶员松开刹车时，驱动系统自动识别，并使驱动电机处于发电状态，回收部分汽车惯性能，也起到一定的降速、制动的效果。

3. 驱动电机工作条件

驱动电机系统正常工作需满足以下条件：

（1）整车控制器正常，动力电池电量充足且高压输入正常。

（2）低压电源正常（启动前低压蓄电池电压介于11～14V，启动后DC/DC正常工作）。

（3）驱动电机系统与整车通信正常。

（4）旋变传感器、温度传感器等正常。

（5）电容放电正常。

（6）三相交流电输出电路整车（各相之间绝缘性大于20MΩ）。

（7）电机及电机控制器温度正常等。

二、电机温度过高故障诊断与排除

1. 故障现象

一辆吉利EV300纯电动汽车车仪表显示电机温度过高，故障灯在行驶过程中点亮，并伴随着车辆被限速行驶，将车辆停车等候一定时间以后该故障灯熄灭。随着继续行车，该故障灯会再次点亮，并伴随着车辆再次限速。

2. 故障分析

缺少冷却液或冷却系统出现故障都会造成电机温度过高，同时电机温度传感器及相关信号线束异常会造成电机温度过高故障，主要情况如下：

（1）缺少冷却液。

（2）冷却系统异常。

（3）温度传感器异常。

（4）信号线束异常。

（5）电机控制器异常等。

3. 故障诊断与排除

（1）检查冷却液液面高低。通过目视冷却液液面高低，如缺少冷却液应按照要求适量加注冷却液，同时检测冷却管路是否出现老化、破裂或接头处是否存在漏液的情况，如有需更换相应管路。

（2）检查冷却液情况。冷却液一般采用红色或绿色，目视冷却液是否存在变质或存在杂质，如有需更换冷却液，同时检测冷却水管是否存在堵塞的情况，如有需高压清理堵塞情况。

（3）检查冷却系统。检查冷却系统风扇及水泵是否正常工作。

1）点火钥匙处于ON挡位置，确定水泵是否正常工作，如果水泵没有工作，优先排除水泵故障。

① 优先检查控制电路，检查EF17保险丝是否熔断，检查主继电器是否正常工作，检

查线路是否断路或虚接，如有则修理或更换。

② 检查 EF03 保险丝是否熔断，如有则更换相同规格型号的保险丝。

③ 检查水泵继电器 ER08 是否正常工作，如不能正常工作，则更换相同型号的继电器。

④ 检查水泵电路，在电路中是否存在断路、虚接等情况，如有则修理或更换线束。

⑤ 以上都没有问题，则更换水泵。

2）点火钥匙处于 ON 挡位置，确定散热风扇是否正常工作，如果风扇没有工作或工作不正常，则排除散热风扇故障。

① 优先检查控制电路，检查 EF17 保险丝是否熔断，检查主继电器是否正常工作，检查线路是否断路或虚接，如有则修理或更换。

② 检查 EF27 保险丝是否熔断，如有则更换相同规格型号的保险丝。

③ 检查风扇继电器 ER11、ER12 是否正常工作，如不能正常工作，则更换相同型号的继电器。

④ 检查风扇电路，在电路中是否存在断路、虚接等情况，如有则修理或更换线束。

⑤ 以上都没有问题，则更换风扇。

（4）检查驱动电机与电机控制器之间的信号。驱动电机与电机控制器的信号主要有温度及旋变信息，其中涉及电机温度过高的故障，主要与温度信息有关，其电路简图如图 9-6 所示。

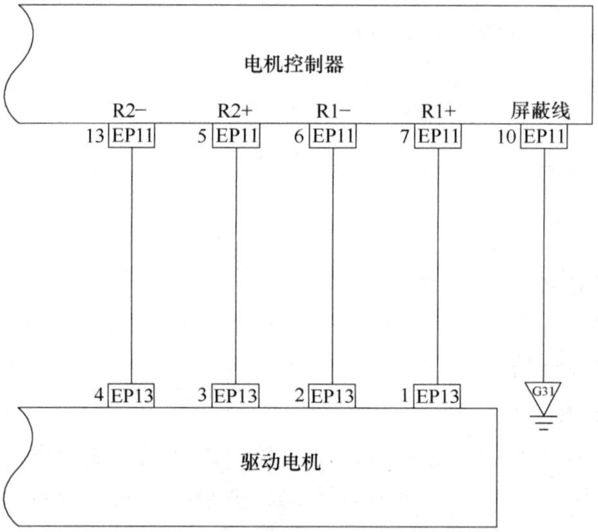

图 9-6　电机控制器与驱动电机的电路简图

1）检查驱动电机信号屏蔽线。

① 点火开关处于 OFF 挡，并拔出。

② 断开蓄电池负极电缆。

③ 拆卸维修开关。

④ 断开电机控制器线束连接器 EP11。

⑤ 点火开关置于 ON 挡状态。

⑥ 用万用表测量电机控制器线束连接器 EP11 的 10 号端子与车身接地之间的电阻（标准小于 1Ω），如果不符合标准需修理或更换。

2）检测电机温度传感器的电阻及信号。

温度传感器随着温度的变化电阻发生相应的变化，其中 −40℃时，正常电阻阻值为（241±20）Ω；20℃时，正常电阻阻值为（13.6±0.8）Ω；85℃时，正常电阻阻值为（1.6±0.1）Ω。阻值随温度升高而降低，温度越高阻值越低。分别测量两个温度传感器信号。

① 点火开关处于 OFF 挡，并拔出。

② 断开蓄电池负极电缆。

③ 拆卸维修开关。

④ 断开驱动电机线束连接器 EP13。

⑤ 断开电机控制器线速连接器 EP11。

⑥ 点火开关置于 ON 挡状态。

⑦ 其中温度传感器信号 1 测量点如表 9-1 所示。

表 9-1　测量位置及标准

测量位置 A	测量位置 B	测量值标准
EP13-1	EP11-7	标准电阻：小于 1Ω
EP13-2	EP11-6	标准电阻：小于 1Ω
EP13-1	EP13-2	标准电阻：大于 10kΩ
EP13-1	车身接地	标准电阻：大于 10kΩ
EP13-2	车身接地	标准电阻：大于 10kΩ
EP13-1	车身接地	标准电压：0V
EP13-2	车身接地	标准电压：0V

⑧ 确定测量值是否符合标准，如果不符合需修理或更换线束。

⑨ 再次检查电机温度传感器 2 的信号线路，测试方法与温度传感器 1 相同。

（5）更换电机控制器。

1）点火开关处于 OFF 挡，并拔出。

2）断开蓄电池负极电缆。

3）拆卸维修开关。

4）更换驱动电机。

5）确定故障排除。

（6）诊断结束。

三、电机温度过高故障总结

（1）正常使用车辆过程中，按保养维护要求，更换冷却液。

（2）管路破损或水管接口松动都会造成冷却液泄漏。

（3）散热风扇及水泵的工作情况直接影响冷却液温度高低，硬件部分一般不容易出现问题。一般出现水泵或散热器不能正常工作的现象，多与保险丝或继电器的工作情况有关。

（4）温度传感异常或信号屏蔽线出现问题都会造成电机温度过高。

（5）操作过程中，按照维修手册要求，规范地完成检修工作。

参考文献

［1］ 蔡兴旺．新能源汽车结构与维修［M］．北京：机械工业出版社，2014．

［2］ 陈黎明，王小晋．电动汽车结构原路与故障诊断［M］．北京：机械工业出版社，2015．

［3］ 赵立军，佟钦智．电动汽车结构与原理［M］．北京：北京大学出版社，2012．

［4］ 崔胜民．新能源汽车技术［M］．北京：北京大学出版社，2000．

［5］ 敖东光，宫英伟，等．电动汽车结构原理与检修［M］．北京：机械工业出版社，2020．

［6］ 吕冬明，杨运来．新能源汽车电机及控制系统检修［M］．北京：机械工业出版社，2020．

［7］ 王毅，龚航军．新能源汽车电机驱动系统检修［M］．北京：机械工业出版社，2018．

［8］ 韩炯刚，石光成．新能源汽车高压安全与防护［M］．北京：机械工业出版社，2018．

［9］ 蒋鸣雷．新能源汽车动力电池结构与检修［M］．北京：机械工业出版社，2018．

［10］ 周毅．纯电动汽车电机及传动系统拆装与检测［M］．北京：机械工业出版社，2018．

［11］ 宁德发．电动汽车结构·原理·检测·维修［M］．北京：化学工业出版社，2018．

［12］ 张仕奇．电动汽车充电系统原理与检修［M］．北京：化学工业出版社，2019．